煤炭资源整合协同博弈管理机制、策略与效果评价研究之一

# 煤炭资源开发整合管理创新模式与实证研究

MANAGEMANT INNOVATION MODEL AND EMPIRICAL RESEARCH OF THE COAL RESOURCES DEVELOPING CONSOLIDATION

宋华岭 张漪 韩丽丽 著

经济管理出版社
ECONOMY & MANAGEMENT PUBLISHING HOUSE

# 前　言

目前，中国的煤炭能源发展面临着如何为高速发展的国民经济提供可靠的能源保障以及确保国民经济安全的大问题。煤炭作为有限的不可再生的矿产资源，在我国国民经济的发展中起着不可替代的作用。资源开发模式对科学合理地开发我国有限的煤炭资源、提高资源利用率、延长我国能源的使用寿命、保障资源供应的可持续性、保护生态环境等具有重要意义。本书特别对我国的优质和稀缺的煤炭资源状况进行分析，提出优质煤种、特殊煤种、稀缺煤种保护性开采及煤炭资源保护性开采和储备的管理创新战略。因此，本书研究意义重大，具有战略性、前瞻性和创新性，在理论研究和实践应用方面，对我国煤炭企业的生存与发展、国民经济与社会的长期稳定发展、国家能源与经济安全具有重要的意义。

本书主要分两个部分，第一部分为和协管理与循环经济理论研究，结合山西焦煤西山煤电集团资源开发循环经济模式——循环经济工业园区的建设与管理实践，进行了煤矿循环经济、产业链实证分析，研究与创建适合煤炭行业管理的理念、思想、理论与方法以及煤炭资源开发和协管理理论体系。第二部分主要研究现代煤炭企业内部管理，对目前的煤炭资源开发管理和西山大型煤炭企业的内部经营管理理论与实践进行创新与改革研究，创建精细化与集约化的资源型煤炭企业管理新模式，提高企业的管理效率与经济效益。

**一、资源开发模式的管理创新——循环经济开发与人工系统和自然体系的和协管理模式**

本书研究、应用和创新和协管理、循环经济、矿区生态、产业链的理论，对国内外相关研究现状进行了分析，提出和协管理的理论体系及采矿工程哲学观点。

（1）充分运用系统工程理论、循环经济理论、矿区生态学理论、产业链与价值链理论及系统论中的分析方法，进行循环经济园区产业链系统的建模推演及机理分析，并进行循环经济系统设计和不同方法综合集成分析的研究利用。

（2）结合山西焦煤西山煤电集团公司的情况，对西山煤电集团循环经济和可持续发展的现状进行了分析，指出在西山矿区和西山煤电集团进行和协管理和可持续发展，发展循环经济和建立循环经济园区的必要性；提出了建设西山煤电集团循环经济园区、系列产业链，即电力、煤气联产甲醇和高载能化工、建材、运输、煤炭液化等多元化产业，建立战略关联产业链系统的理论依据。

（3）研究了国内外不同类型的资源利用与开发循环经济模式；论证了我国现代煤炭企业资源开发的新模式，对山西焦煤西山煤电集团循环经济园区模式进行了论证；确定山西焦煤西山煤电集团公司发展模式选择方案；建立多矿集约化与单矿和双矿耦合的循环经济资源开发高效综合利用的创新模式，创建实现人造系统与自然系统和谐与协同的现代资源开发管理的新模式。

## 二、山西焦煤集团西山煤电集团现代资源型煤炭大企业集团内部精细化与集约化管理创新

1. 分析了煤炭大企业集团管理创新的模式

本书研究企业管理体制形成的多种模式，如组织结构采用"M"型（事业部制）、超"M"型（超事业部制）或"M+H"型（事业部+子公司）结构；同时按照管理控制方式的不同，逐步形成了"联合舰队"型和"航空母舰"型两大体制模式；研究山西焦煤集团与西山煤电集团大集团管理的新模式。

2. 进行了资源开发煤炭大企业集团管理创新——集约与精细管理

山西焦煤西山煤电集团进行了集约化管理的创新，既提高了大集团产业集中度，同时又解决了大集团母子公司之间集权分权关系和管理集约化变革等重大问题，如山西焦煤西山煤电集团在大集团的纵横方向上形成了集约化组织结构的框架和业务流程集约化管理运行机制。

在经营单位内部形成了精细化管理运行机制，集约化管理人流、物流（销售

和采购)、资金流、信息流、技术创新和安全服务等重大业务。在母子公司重大体制制约下,优先从重大业务事项集约化管理入手,实现管理体制创新,促进管理集约化进程。

在产权体制突破的前提下,根据目前多样化的公司集群、管理跨度大、管理层次多、机构设置部门繁多、职能集聚率低、功能复杂,呈塔式组织结构模式的特点,山西焦煤集团西山煤电集团创建脊椎型组织结构,进行组织结构扁平化和流程化创新,构建专业化、业务集约化管理和园区化管理体制构架,进行全方位的资产重组和流程再造,实现组织结构与运行集约化管理的根本改造,对管理业务流程的节点——每个经营单位的管理效率和效果进行管控与保障,在经营单元—单位内实行全面精细化管理,实现了管理理论与实践的全面创新,丰富了组织管理理论与实践经验,形成了山西焦煤西山煤电集团的集约—精细化管理创新体系。

山西焦煤西山煤电集团资源开发管理的循环和协、集约精细模式的成功,是我国大型现代化矿井绿色开发、循环经济与可持续发展、节能减排、矿山环境保护的先进范例。它集目前世界上最先进的循环经济与环境保护技术和矿山开发理念于一身,创建了一种新的开发模式。对促进我国矿山的环保产业发展,实现哥本哈根世界气候大会确定的节能减排目标,减少大气污染物的排放,遏制全球气候变暖都起到了推进作用,为全人类的可持续发展和环境保护事业做出了重要的贡献。

### 三、山西焦煤西山煤电集团在煤炭资源开发管理领域对资源整合战略、稀缺优质资源保护性开发战略提出了新的管理理念与模式

1. 煤炭资源整合与开发战略管理创新研究

在煤炭行业离散式、粗放式开发的背景下,西山煤电集团进行了资源整合管理创新,确定重组整合的思路、原则及程序,根据因矿制宜的原则,多种方式推进小煤矿重组。创新制定整合的管理策略、战略与战术,采用"一矿一策",稳步推进移交和复产工作,进行统筹规划与合理布局,建设高标准现代化矿井,发挥集团优势,实现安全整合,推进煤矿整合升级发展。在煤炭资源整合管理理论与实践方面,形成了独特的资源整合管理体系。为此,山西焦煤集团西山煤电集

团的煤炭资源整合管理创新研究成果"大型骨干企业区域煤炭资源的整合与重组"获第十九届全国企业管理现代化创新成果一等奖。

2. 稀缺优质资源保护性开发战略管理创新

煤炭在我国能源和经济安全中具有重要的战略地位,尤其是作为稀缺优质资源的焦煤在国民经济发展中具有十分重要的作用,因此,实行稀缺优质资源保护性开发战略十分必要。本书在对稀缺优质煤炭资源保护性开发战略规划进行分析的基础上,研究山西焦煤西山煤电集团资源保护开发的具体案例,并提出了具体对策,包括加大技术创新力度;加大勘查力度,增加炼焦煤储备资源;加强资源开发规划和生产监管;提高炼焦煤产业集中度等措施。为我国现代煤炭资源保护性开发管理理论与实践提供了前瞻性理念研究与可靠的理论实践经验。

**四、成果取得了显著的社会与经济效益**

该成果取得了以下明显的社会效益:第一,山西焦煤集团与西山煤电集团的管理体制得到大整合,管理效率大大提高,综合优势成为一个新的经济增长点。第二,大集团生产规模取得大跨越,山西焦煤西山煤电集团成功转型为以煤为主、跨地区、跨行业、产权多元、产业多元、产品多元的新型现代企业,集团产业结构得到大调整,坚持走循环经济、绿色经济的资源开发和协发展模式,大力发展以煤炭深加工为主的产业链和产业群,不断增加煤炭产业的附加值。集团投入大量资金对选煤厂进行大范围建设和大面积技术改造,配采、配洗、配煤、配销,产品结构更加科学合理,经济附加值大幅提升。第三,大集团管理水平得到大提高,不断完善安全管理制度和安全文化体系,有力地保证了安全生产的巩固和加强,西山煤电百万吨死亡率连续六年控制在 0.15 以下,安全生产达到了国际先进水平。

同时,该成果还取得了以下显著的经济效益:随着山西焦煤集团西山煤电(集团)公司资源开发管理创新成果的深入实施,煤炭资源开发的创新模式——循环经济园区各产业链的完善和建设项目的投产,其营业销售收入和利润都有了大幅度的提高。2009~2012 年,各园区各产业整体销售收入分别为 123.37 亿元、169.42 亿元和 303.72 亿元;税后利润分别为 22.29 亿元、26.44 亿元和 28.15 亿元。集团公司营业收入累计 807.08 亿元,利润总额 119.33 亿元。2013 年全年再次实现安全"零"目标;生产原煤 4676.5 万吨,比考核指标增加 202.5 万吨;精煤 1883.3 万吨,比考核指标增加 53.3 万吨;销售收入 865 亿元,比考核指标增加 115 亿元。

山西焦煤西山煤电集团研究与形成的煤炭资源开发管理创新的新模式实践取得了很好的管理效果。2005 年 10 月,西山煤电集团公司被国务院六部委确定为国家首批循环经济试点单位;2009 年 11 月,被联合国开发计划署等 6 个国际性组织列为"联合国清洁煤技术示范企业";2011 年,被评为"中华环境友好企业",成为资源开发管理创新实践的典范。

本书以西山煤电集团的资源开发模式管理创新为实证研究,主要研究了其循环经济开发与人工系统和自然体系的和协管理模式、现代资源型煤炭大企业集团内部精细化与集约化管理创新、煤炭资源开发管理领域对资源整合战略、稀缺优质资源保护性开发管理创新战略,提出了资源开发管理新理念与模式,它集目前世界上最先进的循环经济与环境保护技术和矿山开发理念于一身,创建了一种新的开发模式。这将是我国大型现代化矿井的绿色开发、循环经济与可持续发展、节能减排、矿山环境保护的先进范例,对资源开发管理理论研究与实践应用具有重要意义。

本书的完成只是一个阶段性成果,学术研究永无止境。作者力求达到研究目的,但有待进一步深入研究。同时,也恳切希望广大学者、同仁提出批评和指导。在此对书中引用的研究成果和文献的作者表示真诚的感谢和崇高的敬意,对支持本书出版的同事、朋友和出版社的编辑们表示诚挚的谢意,本书作为国家自然科学基金项目"煤炭资源整合协同博弈管理机制、策略与效果评价研究"(71373148)的研究成果之一,感谢国家自然科学基金项目和山东能源经济协同创新中心(山东省 2011 计划)对本书出版的资助。

作者
2014 年秋于烟台

# 目　　录

## 第一章　煤炭资源开发的模式研究 ……………………………………… 1

### 第一节　资源开发模式研究 …………………………………………… 1
一、可持续利用模式 ……………………………………………… 1
二、循环经济模式 ………………………………………………… 2
三、综合开发利用模式 …………………………………………… 3
四、资源整合开发模式 …………………………………………… 5
五、生态创新模式 ………………………………………………… 7
六、资产化利用模式 ……………………………………………… 8

### 第二节　循环经济与矿区生态 ………………………………………… 11
一、研究的理论意义和现实价值 ………………………………… 11
二、对传统发展模式的反思 ……………………………………… 12
三、循环经济发展模式基本特征 ………………………………… 13
四、产业生态理论研究现状 ……………………………………… 14
五、产业生态实践发展——生态工业园 ………………………… 16
六、我国产业生态研究现状及分析 ……………………………… 18
七、煤矿循环经济工业园在国外的发展现状 …………………… 19
八、煤矿循环经济工业园在国内的发展现状 …………………… 20

### 第三节　西山煤电集团的资源开发模式 ……………………………… 22

## 第二章　西山循环经济产业系统和协管理模式 …… 27

### 第一节　和协管理的基本理论 …… 27
一、和协管理的和谐管理理论 …… 28
二、和协管理的协同理念 …… 30

### 第二节　循环经济产业价值链和协管理 …… 33
一、西山循环经济产业价值链和谐与协同 …… 33
二、依据"变废为宝"的机理，创建剩余物综合利用产业价值链 …… 34

### 第三节　大、中、小循环全面和协循环经济体系 …… 38
一、建设多层面无限宏微观循环经济体系 …… 38
二、矿井煤炭开采的层面上实现资源利用的小循环和协 …… 40
三、园区内产业层面实现各企业单元间的封闭循环和协体系 …… 43
四、在矿区层面上，建设生态工业园区，实现资源利用的中循环和协 …… 44
五、在社会层面上，实现资源利用的大循环和协 …… 46

### 第四节　西山循环经济的大循环和协体系 …… 46

## 第三章　西山资源开发多矿循环经济集约管理模式研究 …… 48

### 第一节　古交循环经济示范基地建设大工程体系 …… 48
### 第二节　资源开发新模式的建设与实施——古交循环经济园区建设 …… 50
一、总体目标 …… 50
二、产业发展目标 …… 51
三、循环经济建设目标 …… 51
四、经济发展目标 …… 52

### 第三节　古交循环经济产业生态群落系统建设 …… 53
一、循环经济一级产业生态群落——煤炭生产洗选项目建设 …… 54
二、循环经济二级产业生态群落项目建设实施 …… 63
三、循环经济三级产业生态群落项目建设实施 …… 65

四、配套项目 …………………………………………………… 68

**第四章　资源开发的管理新战略——西山煤电集团煤炭资源整合与重组** … 71

　第一节　煤炭资源的整合与重组战略实施背景 ………………………… 71

　　一、改变煤炭行业离散式、粗放式资源开发模式 ……………… 71

　　二、煤炭资源整合资源开发新模式支撑我国能源管理战略部署 … 72

　　三、煤炭资源整合开发模式为西山煤电集团做大做强提供战略机遇 …………………………………………………………… 73

　第二节　煤炭资源的整合与重组战略实施过程 ………………………… 73

　　一、确定重组整合的思路、原则及程序 ………………………… 74

　　二、因矿制宜，多种方式推进小煤矿重组 ……………………… 75

　　三、依法整合，充分保证各方合法权益 ………………………… 77

　　四、"一矿一策"，稳步推进移交和复产工作 …………………… 77

　　五、统筹规划、合理布局，建设高标准现代化矿井 …………… 79

　　六、强化安全管理，实现安全整合 ……………………………… 81

　　七、发挥集团优势，推进整合煤矿升级发展 …………………… 83

　第三节　煤炭资源整合与重组战略实施效果 …………………………… 84

**第五章　稀缺优质煤炭资源开发的保护性战略管理模式** ……………… 85

　第一节　煤炭在我国能源和经济安全中的战略地位 …………………… 85

　　一、我国的煤炭生产与消费 ……………………………………… 86

　　二、我国的煤炭需求 ……………………………………………… 87

　　三、世界煤炭需求展望和煤炭工业发展趋势 …………………… 87

　第二节　稀缺炼焦煤炭资源保护性开采开发模式 ……………………… 88

　　一、资源风险分析 ………………………………………………… 88

　　二、稀缺煤炭资源保护性开采战略规划——炼焦煤限产规划 … 89

　　三、西山煤电集团资源保护开采研究 …………………………… 93

　　四、对策与建议 …………………………………………………… 95

## 第六章 资源开发型煤炭集团管理体制研究 ········· 97

### 第一节 资源开发型煤炭集团公司管理体制研究 ········· 97
一、大集团公司及其特征 ········· 97
二、国外煤炭大型企业发展的趋势 ········· 99
三、我国资源开发型煤炭集团公司 ········· 103
四、我国煤炭资源开发型集团公司管理体制特征 ········· 107
五、大集团公司管理与控制模式涉及的问题 ········· 108
六、我国煤炭资源开发企业传统管理模式及其弊端 ········· 111

### 第二节 集成管理与集约化管理研究 ········· 114
一、集成管理 ········· 114
二、集约化管理 ········· 118
三、精细化管理 ········· 122

## 第七章 典型煤炭资源开发型企业——西山煤电集团集约与精细化管理体系构建 ········· 124

### 第一节 西山煤电集团进行集约—精细化管理创新的必要性 ········· 124
### 第二节 西山煤电集团的集约化组织结构改革创新 ········· 126
一、原有组织结构分析 ········· 126
二、西山大集团集约化管理体制的构建 ········· 127
三、集约化管理组织机构模式创新——企业脊椎型组织结构的构建 ········· 129

## 第八章 西山煤电集团的八大集约—精细化管理体系 ········· 135

### 第一节 战略管理与控制集约化 ········· 135
### 第二节 人力资源集约化管理创新 ········· 136
一、人力资源集约化管理组织机构 ········· 136
二、人力资源集约化管理与控制机制 ········· 136
三、人力资源集约化管理实施效果 ········· 143

### 第三节　财务集约—精细化管理机制创新 ………………………… 143
一、财务集约化管理组织机构 ………………………………… 143
二、财务集约化管理机制 ……………………………………… 145

### 第四节　技术创新集约化管理创新 ……………………………… 147
一、技术创新集约化管理组织机构 …………………………… 147
二、技术创新集约化管理运行机制 …………………………… 148
三、科技集约—精细化管理的实施效果 ……………………… 152

### 第五节　安全集约化管理与控制 ………………………………… 152
一、安全集约化管理组织机构 ………………………………… 152
二、安全集约化管理机制 ……………………………………… 153

### 第六节　信息集约—精细化管理 ………………………………… 157
一、信息化集成管理组织机构 ………………………………… 157
二、信息集约—精细化管理系统结构 ………………………… 159
三、管理机制——集团统一流程化管理体系 ………………… 160

### 第七节　物流集约—精细化管理 ………………………………… 163
一、西山煤电集团物流集约化管理的组织结构 ……………… 163
二、物流集约化管理机制 ……………………………………… 164
三、集约化物流管理和集约整合营销的社会经济效果 ……… 171

### 第八节　二、三级集约化管理——分公司—矿（厂）集约化管理 …… 173
一、矿（厂）的集约化管理主要内容 ………………………… 173
二、生产矿组织集成管理模式 ………………………………… 174
三、管理机制与实施效果 ……………………………………… 175
四、运作过程集成管理模式 …………………………………… 176

## 第九章　西山煤电集团管理创新社会、经济效益评价 ………… 180

### 第一节　西山煤电集团管理创新取得管理效果 ………………… 181
### 第二节　管理创新经济效益 ……………………………………… 186
一、整体经济效益情况 ………………………………………… 186
二、优化调整产业结构 ………………………………………… 186

## 第十章　西山煤电资源开发与企业管理创新模式经验总结与决策参考 ………… 188

### 第一节　坚持资源开发的循环经济创新管理模式，实现煤炭产业的转型 ………… 188
### 第二节　稀缺优质煤炭资源保护性开发技术与战略管理创新发展 ………… 190
一、坚持稀缺优质煤炭资源保护性开发技术集成管理创新 ………… 190
二、推动精细化开采管理体制创新，提供实现资源开发管理模式创新和产业转型基本保障 ………… 192
### 第三节　进一步深化大型煤炭企业精细化与集约化管理模式创新，提高管理效率 ………… 192
一、优化、精简组织机构，进一步提高组织运行管理效率 ………… 193
二、继续扎实深入推进企业内部经营精细化管理实施，节支降耗，提升效能 ………… 193
### 第四节　进一步推进落实稀缺优质资源保护性开发战略管理创新 ………… 195
### 第五节　以煤炭资源整合开发管理创新为龙头，进一步实现资源优化整合 ………… 196

## 参考文献 ………… 200

# 第一章 煤炭资源开发的模式研究

## 第一节 资源开发模式研究

目前，关于资源开发与管理模式的问题，国内外理论界和企业在相关领域进行了大量的研究和探索，特别是对资源的开发利用管理模式研究相对重视，当前提出的较为系统的理论观点包括：可持续利用模式、循环经济模式、资源整合模式、生态创新模式、资产化利用模式等。

### 一、可持续利用模式

一般认为，矿产资源是一种不可再生的自然资源，其消耗具有不可逆性，它会随着人类的开采利用而逐渐减少直到耗竭，因此，矿产资源的可持续利用问题是社会经济可持续发展面临的重大课题。余敬（2009）认为矿产资源的可持续利用是一个开放的动态系统，如同一个有流出、流入的蓄水池。这个系统的流出是指人类的使用；流入则是指由于科技进步与发展，不断发现新的、潜在的矿产资源以及替代资源或者循环利用矿产资源，从而使蓄水池中储量增加，只要流出少于流入，矿产资源可持续利用就能够成为现实。研究矿产资源的可持续利用实际上是研究矿产资源可持续开发利用的状态、水平和能力，其理论基础是可持续发展理论。当前国内外对矿产资源开发利用可持续发展的研究偏重于以地区、国家和世界层面的区域为研究对象,以行业或部门为对象的研究则相对薄弱。任建雄(2010)认为矿产资源的开发利用协调发展问题属于资源行业的可持续发展问题,由于矿产资源开发利用具有其内在规律,矿产资源开发利用过程涉及的因素繁多,研究矿产资源可持续开发利用问题具有较大的难度。国外对该领域的研究主要侧重以矿产资源开发利用中牵涉到的行业与可持续发展的关系为主,如倾听股东意见、加大宣传力度消除公众对矿产资源不可持续开发的认识,分析说明通过合理开采矿产资源并不会对环境带来不利影响;强调技术进步在加强矿产资源可持续开发利用中所起的关键作用;阐述资源性企业的核心价值,解释开采矿产资源活动与环境、社会经济的可持续发展的相容关系。

**二、循环经济模式**

循环经济是人类与环境关系长期演变的产物。从历史上看,人类的经济发展模式经历了传统经济模式、末端治理模式和循环经济模式三个阶段。矿产资源的开发利用也遵循这一发展规律,并开始向循环经济的模式转变。

目前,循环经济是实现我国人口、资源与环境可持续发展的重要途径和有效措施,是我国矿产资源新战略的理想选择。矿业循环经济是指地球上的矿产及矿产品遵循矿产物质的自身特征和自然生态规律,按其勘查、采选冶生产、深加工、消费等过程构成闭环物质流动,与之依存的能量流、信息流内在叠加,达到与全球环境、社会进步等和谐发展的一个经济系统。矿业循环经济的核心是矿产资源的综合利用。它是人类经济系统的基础,对人类的经济发展和环境变化有重大影响,而其本身发展又受到科学技术水平、人类认识水平的制约。煤炭自身特点决定了煤炭产业辐射领域广泛、涉及内容众多,如建材、运输、电力、煤化工、环保、制造、仪器仪表、冶金、伴生物加工、煤炭深加工、商业、文教、卫生等。因此,在进行以煤炭为核心的循环经济体系研究时,应将那些受辐射程度弱、规模较小的领域舍弃,只对那些受辐射程度强、规模较大的领域进行研究。

根据煤炭产业辐射范围的大小,煤炭资源循环经济的发展模式有企业、产业园区、城市和区域等层次,这些层次由小到大依次递进,前者是后者的基础,后者是前者的平台。在企业层次,与传统企业资源消耗高、环境污染严重,通过外延增长获得企业效益的模式不同,循环型企业对生产过程要求节约原材料和能源，淘汰有毒原材料，削减所有废物的数量和毒性；对产品要求减少从原材料提炼到产品最终处置的全生命周期的不利影响；对服务要求将环境因素纳入设计和所提供的服务中。因此，循环型企业是通过在企业内部交换物流和能流，建立生态产业链，使得企业从内部资源利用最大化、环境污染最小化的集约性经营和内涵性增长中获得企业效益。

在产业园区层次，生态工业园是一种新型工业组织形态，通过模拟自然生态系统来设计工业园区的物流和能流。园区内采用废物交换、清洁生产等手段把一个企业生产的副产品或废物作为另一个企业的投入或原材料，实现物质闭路循环和能量多级利用，形成相互依存、类似自然生态系统食物链的工业生态系统，达到物质能量利用最大化和废物排放最小化的目的。由于园区内企业之间的关系是互动与协调的，又使得企业获得丰厚的经济、环境和社会效益。生态工业园作为循环经济的一个重要发展形态，正在成为许多国家工业园区改造的方向。

在城市和区域层次，循环型城市和循环型区域通常以污染预防为出发点，以物质循环流动为特征，以社会、经济、环境可持续发展为最终目标，最大限度地高效利用资源和能源，减少污染物排放。循环型城市和循环型区域有四大要素：产业体系、城市基础设施、人文生态和社会消费。首先，循环型城市和循环型区域必须构建以工业共生和物质循环为特征的循环经济产业体系；其次，循环型城市和循环型区域必须建设包括水循环利用保护体系、清洁能源体系、清洁公共交通运营体系等在内的基础设施；再次，循环型城市和循环型区域必须致力于规划绿色化、景观绿色化和建筑绿色化的人文生态建设；最后，循环型城市和循环型区域必须努力倡导和实施绿色销售、绿色消费。

**三、综合开发利用模式**

我国矿产开发利用由于矿产分布地域差异大，已探明的资源储量中贫、细、杂矿和难选冶的共生矿多等诸多原因，造成资源储量利用率低、金属回收率低、综合利用程度低、产品单位能耗高、企业经济效益差的现象。长期以来，矿业沿用的是大量消耗资源和粗放式经营的传统经济发展模式。重速度和数量，轻效益和质量；重外延扩大再生产，轻内涵挖潜；对矿产资源重开发和轻保护，造成了资源的过度破坏和巨大浪费，矿产资源面临枯竭，矿业的可持续发展面临巨大的挑战。这就需要我国政府、理论界和企业从观念意识、发展战略、资源创新体系和深加工体系，进行从宏观到微观的全局性管理，具体到矿山企业在开发管理模式上应注重大型化、智能化和环保化矿山的构建。

开采规模向大型化发展。绝大多数国家及业内人士均认同大规模开采，把矿山开采作为对土地资源的临时占用，从指导思想上趋于速战速决，采完后便尽快恢复到原来的生态环境。对一些储量不大的矿山也设计成较大的规模，服务年限缩短，可有效地摒弃现阶段我国某些中小矿山受服务年限限制而使资源未能得到有效的利用。另外也可以避免中小矿山开采周期过长扩大生态影响范围及其他一些负面效应，例如占用土地使土地有效利用率降低、造成扬尘污染等。在开采资源品位总体下降的情况下，大规模开采还有利于提高资源的回收率，减少资源浪费。

环保型矿山建设将是未来趋势。目前，在全球范围内，从政府到公众，对环境保护的重视程度达到前所未有的程度，人类、资源与环境已成为人类社会发展的几大主题，建设生态矿山、改善矿山环境已成为矿业发展的必然趋势。由于对环境保护的日益重视，对采矿许可证的审批时间越来越长。现在，许多矿山从发现矿体开始，经过可行性分析、环境评价、初步设计、基建到投产，一般需要十多年，大的矿山甚至几十年。由于环境问题将会成为矿业发展面临的重大问题，今后该过程所需时间只会越来越长。面对这种形势，迫使矿业部门采取相应的对策，尤其是环保政策，致力于矿山资源开发的同时，尽力保持生态平衡不被破坏。另外，矿山资源开发的过程中，应制定出相应的资源综合利用措施及环境保护措施，例如溶浸采矿、无废工艺等。

智能化矿山的建设。从20世纪90年代开始，智能化矿山的建设被提出来，目前建立智能化矿山已经具备现实的发展基础。计算机已广泛运用于矿床模型、井巷几何模型、地质统计模型、采矿方法选择模型、生产规模、回采顺序、岩石力学评价模型以及技术经济评价模型的建立等，另外计算机还运用于设备控制，实现单机或作业线的自动化，从而使计算机对凿岩设备、装药设备、装载运输设备的性能、效率提高等方面起到巨大作用。此外，无线电通信系统、网络技术的发展，使采矿系统、支持系统及管理系统实现了网络化、适时化，这就为建立智能化矿山奠定了基础。

## 四、资源整合开发模式

矿产资源开发整合是矿产资源管理部门,根据市场经济运行规律对矿产资源开发利用进行的宏观管理模式,运用包括经济、技术、法律和必要的行政手段,结合产业政策和产业结构调整需要,通过收购、参股、兼并等方式,对矿业企业依法取得的矿业权及矿业企业的生产要素进行重组,使优势资源向优势企业集聚,逐步形成以大型矿业集团为主体,大、中、小型矿业企业协调发展的矿产开发新格局。

世界工业化发展的历史表明,资源优势并不总是资源型地区经济发展的福音,更多的时候却成为经济发展的诅咒。如果这些影响不能被有效地降低,则可能会对当地经济的长期发展形成阻碍,使该地区的经济陷入"资源优势陷阱",制约经济的可持续发展,并带来诸多的社会问题。矿产资源的开发整合可以集中解决矿山开发布局不合理,实现资源规模化和集约化开发,是调整矿产开发结构、促进矿业经济增长方式转变的有效途径,是在矿业领域实施"转方式,调结构"战略的具体措施。

近些年来,我国经济社会的快速发展和现代化进程不断加快,对矿产资源的需求量迅速增加。但我国资源分布不均衡,矿产资源特别是能源的分布极不平衡,中西部资源密集,而东部沿海地区则比较匮乏。我国西部地区的"资源优势陷阱"现象是我国沿用传统的矿产资源开发利用模式的结果。改革开放以来,我国多数资源型地区矿产资源处于无序、低水平开发状态。在许多资源富集地区和矿业城市,长期以采矿为主,不重视矿业与其他相关产业的协调发展,形成了缺乏竞争力的、单一的、低层次的矿业结构。许多资源型地区和企业,由于长期不重视人力资源开发和技术创新,不重视非矿产业或新兴产业的阶梯培育,造成了严重后果,导致当地的生产力水平低下。随着资源的衰竭,地区矿业经济在转型中也遇到诸多难以逾越的障碍,特别是因矿产资源无序开采、粗放式开发,造成资源浪费、环境污染等问题。同时,由于资源开采利用中的资源产权制度、开发监管制度不健全,导致出现大量的寻租现象,助长了资源开发的短期行为,降低了资源配置效率。

矿产资源开发整合意味着传统粗放经营模式的改变。通过并购整合,调整优化矿产资源开发结构,实现规模化和集约化经营,提高矿产资源开发利用水平。从政府层面讲,应进一步开展调查研究,制订切实可行的整合实施方案,扎实开展工作,积极稳妥地推进整合。

抓住当前整合时机,加快矿业结构调整和产业优化升级。抓住国家调整经济结构、转变经济增长方式的有利时机,加大矿业结构调整力度,着力解决产业集中度低、矿业产能过剩、产业整体素质不高的问题。严格控制新增产能,加快淘汰落后生产能力的企业。同时要深化改革,加大推进矿业企业跨地区、跨所有制整合力度,实现优化资源配置,鼓励优势企业在横向整合的基础上进行纵向整合,整合相关探矿企业、采矿企业和冶炼厂等,综合采、选、冶、加工一体化发展,减少中小企业数量,实现规模经营,以提高市场竞争力,促进矿业的集中化、大型化和基地化。

2009年安徽省和河南省分别总结形成了探矿权整合的泥河模式和嵩山模式,为全国的探矿权多要素整合提供了借鉴。实践表明,没有任何一种整合模式能够有效实现全部矿业权的整合,应该根据各地、各矿区、各矿业权实际情况,因地制宜,采取多种适当模式进行整合。对各地出现的整合模式进行研究、分析与总结,推广先进模式,推进矿产开发结构调整。统筹考虑矿产资源及技术、人才、企业文化、企业制度、资金等要素,进一步推进多要素整合。各地要创新整合模式,总结推广成功经验。积极探索多元投入,实施联合出资、整装勘查,勘查开发一体化,开创"风险共担、成果共享、互利共赢"的新模式。鼓励整合主体向资源高效开发利用、资源综合回收率高、应用深部找矿技术和难处理矿高效选冶技术的企业倾斜。

矿产资源开发的整合模式可以分为横向整合、纵向整合和混合整合。横向整合又称水平整合,是指为了提高矿业企业的规模效益和市场占有率,两个或两个以上从事同一行业生产的矿业企业之间所进行的并购行为。这种整合方式不仅能够扩大自身规模,增强实力,形成集约化经营,产生规模效益,而且可以发挥经营管理上的协同效应,是企业获取自己不具备的优势资产、削减成本、扩大市场份额、进入新的市场领域的一种快捷方式。横向整合是出现最早并且数量最多的整合形式。近年来,我国的矿产资源开发整合在政府推动下发展十分迅速,横向整合所占比例超过50%,对行业发展产生了重要影响。

纵向整合也称垂直整合，是生产经营同一矿产品的先后不同生产阶段，在工艺上具有投入产出前后关系的矿业企业之间的并购行为，主要是采、选、冶等产业链上下游之间的整合。这些矿业企业之间不是直接的竞争关系，而是供应商和需求商之间的关系。通过市场交易行为内部化，有助于减少市场风险，节省交易费用。通过纵向整合活动，使企业在市场整体范围内实现垂直系统化。

混合整合又称为复合整合，指横向整合和纵向整合相结合的矿业企业整合，是指分属不同矿业领域，既无工艺上的关联关系，产品也完全不相同的矿业企业间的整合。目前混合整合的对象除了矿业企业之外，已扩展到包括矿业企业之外的其他企业。根据实际发生的情况，混合整合还可以细分为产品扩张型整合和地域市场扩张型整合。

横向整合、纵向整合、混合整合都是矿产资源开发整合的类型或模式，但是它们的不同点在于整合双方产品与产业的联系以及整合的目的不同。横向整合是对生产或经营同一产品的同行业企业进行的并购，目的在于扩大企业经营规模。纵向整合是对生产工艺或经营方式上有前后关联的矿业企业进行的并购，其主要目的在于组织专业化生产和实现产销一体化。混合整合即对无直接生产或经营联系的矿业企业进行的并购，以达到资源互补、优化组合、扩大市场活动范围、分散风险的目的。

### 五、生态创新模式

矿业生态创新是指矿业主管部门和矿产所在地政府、矿产企业、矿业开发经营者在以可持续的方式合理开发利用矿区资源，在减少或消除环境污染和维持生态平衡的基础上，推动包含生态效益和社会效益在内的广义经济价值的增长，实现矿区生态经济社会复合系统可持续发展的全面（技术和非技术）创新过程。

矿业生态创新的内涵主要包括：①生态创新是在科学发展观指导下，实现可持续发展经济社会的复合创新。②生态创新是人们有目的地改变人与自然的关系，建立良性循环的矿业生态经济社会系统，实现矿业生态化。③生态创新不是以单纯追求经济效益为目标，而是达到经济、生态、社会三方面效益的统一与共同提高。④生态创新的成果是追求经济、生态、社会效益相协调的技术、制度、观念等的有机统一。

基于科学发展观的矿业可持续发展，生态创新体系包括三个层面，即生态观念创新、生态制度创新和生态技术创新。在这三个体系中，观念创新体系是基础，它与制度创新体系一起构成了技术创新体系的外部条件和社会支撑，而技术创新体系则是核心和关键，是实现经济社会可持续发展的内部条件和保障。

在矿产资源开发利用过程中，采矿、选矿、冶炼会产生大量的废渣（废石和尾矿）、废水和废气，对周围甚至相当大范围的土壤、水体和大气造成严重污染。矿产资源开发破坏了地质环境，从而诱发了众多地质灾害。因此，在矿产资源开发利用中实施生态创新战略，能避免或减轻对地质环境的破坏程度，避免或减少地质灾害的发生，有利于生态环境保护。

**六、资产化利用模式**

我国矿产资源开发中存在矿山数量多、开发规模小、生产技术不高、短期行为非常突出、资源综合利用率低，安全事故多以及环境破坏严重等问题。其主要原因是矿产资源的产权不明晰，所有权主体缺位，矿业权无偿取得未根本改变，矿业权市场还存在"双轨制"，矿业权二级市场不完善，以及矿产资源的管理体制不健全。因此，应该确立矿产资源资产化管理的改革思路，在确保资源国家所有权的基础上，保证企业产权，全面推行有偿取得矿业权的"单轨制"，加快中介机构建设，发挥好政府的"规则服务型"职能。实施矿产资源的资产化开发利用可以从以下几个方面着手：

第一，确保国家所有权，保证企业产权。在目前多级政权体制和所有制结构下，矿产资源的所有者只能是国家，应该按照矿产资源的潜在价值，通过市场机制配置矿产资源，各种经济主体有偿取得矿产资源的经营权。所有权和产权不是一回事，所有权强调的是法律规定的所属关系，而产权是法律规定的经济利益主体获得经济效益的权利。在市场经济中，产权必须明确定义，并且专属。"多重产权"使产权产生不确定性，从而挫伤产权主体对资源投资的积极性，或诱发过度开采和短期行为，引起法律纠纷。只有产权明晰并给予保护，禁止他人非法侵占，市场交易行为才具有可靠的基础。国家对于合法取得矿业权的经营者，应该确保其在有效期内对矿产资源的勘探、占有、处置及取得相应收益的权利。国家应该按照资产化管理的原则，将矿产资源的管理纳入国有资产进行管理，使矿产资源资产真正成为国有资产的重要组成部分，加大实施矿产资源有偿使用制度和资源补偿机制的力度，维护国家所有权，保障企业的产权安全。

第二，建立矿产资源价值评估体系，全面推行有偿取得矿业权的"单轨制"。由于历史原因形成的矿产矿业权市场上的"双轨制"，一部分矿业权无偿取得，而另一部分则要花钱取得，导致当今市场上矿业权的价格普遍偏低。准确评估矿产资源的价值是另一个难点，而这又是矿产资源资产化管理的第一步，只有确定了矿产资源的价值，才能很好地对矿产资源实行资产化管理。如果评估出的矿业权价款不能反映其真实的价值，那么资产化管理也就很难实施。目前，关于矿产资源价值的评估方法，大多采用收益现值法，由于矿产资源资产的特殊性，其价值量的大小在很大程度上取决于资源条件。要评估其价值，必须首先建立资源条件与开采费用和售价间的关系模型，而影响矿产资源开采费用和售价的资源条件（主要包括资源赋存条件、质量条件、地理位置条件等）相当复杂，有的甚至很难准确进行定量评价。同时，由于其中的一些经济指标（如矿产品售价和开采成本等）受时间、政策等因素的影响较大，因此，要综合考虑矿产资源的质量、地理条件、时间、政策因素对模型的影响，建立矿产资源价值的测算模型。一般来说，矿产品市场价格减去探采成本、相关税费及行业平均利润，即为矿产资源资产的价值底数。在确定了矿产资源价值的基础上，要逐步废除矿业权市场上现行的"双轨制"，全面推行矿业权有偿取得的"单轨制"，鼓励民间资本与外资投资矿业，形成矿业投资主体多元化的局面。新设立的探矿权或采矿权，均应经评估并缴纳探矿权或采矿权价款（或出让金）；原已取得的探矿权处置时，国家已投入的勘查费转入探矿权人的国家资本金（或国家基金），超出原勘查费投入部分的价款，实行利益分成；原无偿取得的采矿权，应逐步转为有偿取得，采矿许可证到期申请延续登记的，应先进行评估，后补缴价款，再进行延续登记，部分大中型国有矿山一次性缴纳有困难的，可分期缴纳，并可按国家规定申请将部分或全部价款转为国家资本金；国有矿山破产重组，采矿权要重新进行评估，并按市场规则进行转让。

第三，加快中间代理机构建设，培育公平、开放、竞争的矿业权市场。矿产资源资产化管理能否很好地实施，关键在于矿业权市场，特别是矿业权有形市场能否长期稳定，而矿业权市场长期稳定的关键，是要建立市场中介代理制。设立非政府职权的代理机构，代理矿业权的出让业务，以及矿业权申请和矿业权转让业务，增强矿业权一级市场上的市场交易气氛与色彩。另外，还要从以下个几方面建立和完善矿业权市场中介要素，以培育公平、开放、竞争的矿业权市场：①在现有基础上，加强和完善矿业权评估制度，适当增加评估机构。②建立和完善矿业权咨询制度。③建立和完善矿业权经纪制度。④在全国建立一定数量、不同规模的矿业权交易市场，定期召开矿业权交易会。⑤政府要建立矿业权中介行业规范、道德准则、合同示范文本、议价通则、信誉评估体系、执业资格认证等制度。

第四，政府要发挥好职能作用，建立健全与矿产资源资产化管理相适应的法律法规体系，加强矿法宣传。目前，我国已相继出台了一系列与矿产资源资产化管理相关的法律法规，为矿产资源资产化管理提供了运行准则和法律依据。但从目前市场运作情况看，已有的法律法规还不能落实"保护和合理利用矿产资源"的全部内容，也不能满足矿业权市场发展的要求，需要尽快建立统一的"游戏规则"，这样才能保证矿业权市场在公开、公正、公平的原则上进行，才能为矿产资源资产化运作提供法律制度的保障。维护一个良好的矿产资源资产化运作的市场环境，要建立正常有序的矿产资源管理秩序。政府要通过市场机制和强制力，有效维护矿产资源国家所有权人和矿业权人的权益，为企业创造更加良好的市场环境。要加强政府的管理职能和服务职能，为确保矿业权市场竞争的效率与公平，政府应加强公正严明的立法和执法，加强监管，规范社会各角色的行为，惩治违法行为。同时，强化矿业权一级市场的出让，规范矿业权二级市场的转让，推进矿业体制的改革，用市场机制代替行政审批，建立适应矿产资源资产化管理的出让许可制度。按照战略性矿产和一般性矿产的种类以及规模大小划分，简化矿业权许可证的发放审批程序和办证要件，以适应市场经济发展的需要。

矿产资源开发管理是个复杂的系统问题，涉及经济、生态环境、社会等诸多领域，涉及的学科种类繁多，不同的研究者从不同的研究切入点提出了不同的管理模式和方法。但总体上看，国内外对矿产资源的开发利用模式研究尚处于起步阶段，研究还不够全面，没有对矿产资源开发利用的管理模式及其内在规律进行科学的归纳和总结。

## 第二节 循环经济与矿区生态

为实现人造系统与自然系统的和谐与协同,煤矿产业必须实施循环经济、绿色开采、节能减排与环境保护,这是当今现代煤炭资源开发企业的根本出路,也是煤炭资源产业可持续发展的必由之路。

### 一、研究的理论意义和现实价值

我国是发展中国家,人口众多,资源相对短缺,生态环境脆弱,经济发展与生态环境的突出矛盾成为制约经济发展和社会进步的主要因素,这种情况在矿区表现得较为突出。党的十六大提出全面建设小康社会的奋斗目标,在经济建设和经济体制改革中,走新型工业化道路,大力实施科教兴国战略和可持续发展战略成为首要任务。走新型工业化道路,必须把可持续发展放在十分突出的地位,坚持计划生育、保护环境和保护资源的基本国策。可持续发展的战略目标是实现经济、社会、科技、资源、生态协调发展,经济持续发展是核心,环境保护和资源的持续利用是基础,社会实现总体协调、健康的持续发展是目的。

矿区由于受到矿业生产特殊规律(矿产资源耗竭、矿业经济效益递减和就业压力自然递增等规律)的影响和制约,其发展既有别于典型的农区、林区和牧区,也不同于其他非矿业大中城市,并且在资源、环境、经济和社会发展方面独具特色。

本书结合我国矿区实际,以矿区为对象,以矿区可持续发展为目标,以系统科学为指导,以产业生态学为基础,综合运用各种相关学科的新成果,建立基于产业生态理论的矿区资源循环利用及生态产业链结构设计研究框架,具有重要的科学理论意义和现实意义。

(1)由于矿区的形成与发展独具特色,在这类典型的经济社区开展有关资源循环利用及生态产业链结构研究,不仅是对产业生态理论的补充与拓展,还可以进一步丰富与完善可持续发展理论,使其更具有普遍的理论意义。

(2) 矿区资源循环利用及生态产业链的结构将决定整个矿区工业生态系统的稳定性和可持续性，因此，研究矿区资源循环利用及生态产业链的结构对于促进矿区可持续发展具有重要的现实意义。如果忽视或轻视矿区资源循环利用及生态产业链的构建，则无法实现矿区可持续性。一个粗放的单一产业格局，承担不起可持续发展的经济基础性作用，更谈不上与区外经济耦合协同发展；一个内部互相独立的、条块分割的"孤岛式"运行的系统和"坐吃山空"的发展模式也是无法长期生存和演进的。从矿区可持续发展的产业基础设计入手，构建矿区资源循环利用模式及生态产业链结构，不仅能达到区内经济、环境和社会的"三赢"理想状态，同时也为今后矿区产业集群的形成，进而创建与区外经济耦合协同发展系统提供一个科学有效的平台，有助于丰富和完善可持续发展研究方法，并将成为实现矿区可持续发展的一个重要的有效途径。

(3) 由于我国矿区存在着十分尖锐复杂的资源、环境、经济和社会问题，因此，矿区在发展经济的同时，如何保护生态环境，促进矿区可持续发展建设是当前迫切需要解决的问题，体现了较强的现实意义。同时本书的研究成果对一般的区域可持续发展研究也具有一定的借鉴意义。

所以，本书将循环经济和生态产业学相结合，以西山煤电集团循环经济园区为研究对象，在理论上，创建与发展和协资源开发管理学、矿区循环经济与产业生态学，研究矿区的循环经济园区的建设和园区内的产业链的最佳构建模式；在实践上，最终创建出现代煤矿资源系统全面利用、资源可持续发展、开采清洁绿色、环境最优保护的开发模式，实现和协管理的终极目标。

## 二、对传统发展模式的反思

20世纪是人类工业化进程最快的时代，同时也是地球生态破坏最为严重的时期。社会经济发展模式的不可持续性给人类带来最为严峻的挑战。工业文明以来出现的环境问题具有普遍性和全球性。这些问题使人类不得不反思自己的行为模式，探索新的发展模式。

1962年蕾切尔·卡逊（Rachel Carson）的《寂静的春天》一书问世，标志着人类生态意识的觉悟和"生态时代"的来临。在这部书中记录了自工业革命以来发生的许多重大公害事件，将环境保护这一全球性的严重问题公布天下；

1972年罗马俱乐部出版了以反增长或零增长为特征的《增长的极限》一书。该书第一次向人类提出了单纯的经济增长并不一定是社会发展的观念，提醒人类要重新审视过去的发展道路。今天看来，人类历史上对自然的无限索取与破坏和自然本身承受能力之间的差距是造成人与地球关系紧张的重要原因。

从20世纪40年代开始，人类开始积极反思和总结传统经济发展模式不可克服的矛盾，努力寻找新的发展模式，探索在发展经济的同时保护资源、改善环境的发展战略。70年代开始，以联合国召开的一系列环境会议为标志，可持续发展的思想逐步形成并得到公认。

1972年6月16日，联合国在瑞典首都斯德哥尔摩召开了人类第一次环境会议，通过了《联合国人类环境会议宣言》，唤起了各国政府关注环境问题尤其是环境污染问题的意识，呼吁各国政府和人民为维护和改善人类环境、造福人类而共同努力。此次会议引发了人类对环境与发展问题的全方位关注，是人类关于环境与发展问题思考的第一个里程碑。

**三、循环经济发展模式基本特征**

（1）循环经济是以"资源—产品—再生资源—产品"为特征的经济发展模式。

循环经济确定了新型的经济发展模式，将传统的以"资源—产品—废弃物"型的线性经济系统转变为"资源—产品—废弃物—资源"型的循环性经济系统，从根本上改变了人们的思维方式、生产方式和生活方式。它要求全社会增强珍惜资源、循环利用资源、变废为宝、保护环境的意识，实现资源的减量化、产品的反复使用和废弃物资源化。它要求政府在产业结构调整、科学技术发展、城市建设等重大决策中，综合考虑经济效益、社会效益、环境效益，节约利用资源，减少资源与环境财产的损耗，促进经济、社会与自然的良性循环。这种特征具体表现为低消耗、低污染、高利用率和高循环率，使物质资源得到充分合理的利用，把经济活动对自然环境的影响降到尽可能小的程度，是符合可持续发展原则的经济发展模式。

（2）循环经济在不同层面实现了有机结合。

循环经济在不同层面上将生产和消费纳入一个有机的可持续发展框架中，摆脱了传统工业经济那种"拼命生产,拼命消费"的误区,提倡物质的适度消费、层次消费,在消费的同时考虑到废弃物的资源化,建立循环生产和消费的观念。

(3) 循环经济是一种"共赢"的发展模式。

循环经济以协调人与自然关系为准则,模拟自然生态系统运行方式和规律,实现资源的可持续利用,使社会生产从数量型的物质增长转变为质量型的服务增长。并且,循环经济还延伸了生产链,推动了其他新型产业的发展,从而促进了整个社会的发展。因此,循环经济是以实现社会、经济和环境的"共赢"发展的一种经济发展模式。

### 四、产业生态理论研究现状

(1) 工业代谢理论的产生及研究进展。

目前的工业过程总体来讲是线性的、不可逆转的材料转换过程。它始于原材料的提取,然后通过物理分离过程去除杂质,再经过加工和安装过程生产出成品,并经过消费者消费后形成废物,最后对产生的废物进行处理。显然,随着不可再生资源的日渐耗竭及最终废物的不断增加,这种工业过程是不可持续的,必须加以改变。因此,迫切需要了解自然生态系统的运行规律,并模拟自然界中的新陈代谢现象来改造工业系统,以提高可再生的生产过程和产品及各种副产品的使用效率,促进工业的可持续发展,这就要求开展工业新陈代谢分析。作为循环经济的重要理论支撑工业代谢理论应运而生。

作为一个生物学名词,新陈代谢指的是一个生命体的内在发展过程,即生物体在吸收了富含能量的低熵材料(食物)后,用它维持自身的生存和发挥其各项机能,并在此基础上使自身得到增长并进行繁殖。这一词汇也可用于描绘人类的工业活动,人类创造的整个经济系统的运行也像生物系统一样,通过从外界吸取能量来完成材料的转换过程,并产生相应的工业废物。它也应当是一个自我组织的消耗系统,并处于稳定状态,远离热动力平衡。在此基础上,我们可以得到一个新的名词——工业新陈代谢,指的是工业活动把原材料(如生物原料、燃料、矿物和金属等)转换成产品和废物的物理化学过程。

代谢论的概念可以追溯到 1857 年莫尔苏特(Jarob Moleshott,1822~1893)的著作,他认为生命是一种代谢现象,是能量、物质与环境的交换过程。工业新陈代谢的概念形成于1988年9月在东京举行的由联合国大学（UNU）和联合国教科文组织共同组织的一个学术会议，随后在罗伯特·埃莱斯等人的推动下，不断地发展和完善。代谢论形成两个分支，一支向生物化学方面发展，另一支向生态学方面发展。

20世纪后，以上两个分支又倾向于向演化的自组织理论发展。20世纪60～70年代，三位美国人（Abel Wolman, Kenneth Boulding, Donella Meadows）的著作对"工业代谢"（Industrial Metabolism）的实证研究有着决定性的影响。

A. Wolman（1965）在美国《科学》杂志第一次发表了他对美国城市物质代谢的经验估计，他指出为满足城市居民家居、工作、休闲所需的物质直至废弃物的处理形成了城市的代谢。

K. Boulding（1966）强调人类社会由"牧童经济"（Cowboy Economy）向"飞船人经济"（Spaceman Economy）转变。牧童经济所描述的地球是一个物质富裕开放的地球系统，其特征为高的物质吞吐量。飞船人经济时代是一个物质不丰的封闭地球系统，其特征在于质量与复杂性。

Meadows（1972）第一次用计算机模型虚拟了人口、工业、农业、污染和资源的增长关系，最后警告人类增长必有极限，超过极限人类必崩溃。这就是他的名著《增长的极限》。

德国Wappertal研究所（1990）提出MIPS、生态包袱等重要概念。Robert Ayres及Allen Kneese（1968，1969，1974）针对美国人口和GDP增长提出了美国社会物质流分析的经验资料（每人每年的物质投入）。

工业新陈代谢概念的应用范围极广，可以从单个制造企业或公司，到多个企业聚集的工业园、整个城市、某个地区、某个国家，直至全球范围。

（2）理论研究动态。

工业代谢理论研究的是工业系统所有生物物理组成部分的总和。其基本手段是分析与描述，旨在弄清楚与人类活动相关的物质与能量的流动与储存的动力。从资源的采掘直到生物地球化学循环过程，这是物质不可逆转并迟早要发生的循环。同时，作为迅速发展的工业生态学的一个重要组成部分，为进行系统化的环境管理服务，工业新陈代谢提供了一个整体化审视工业过程与环境兼容性的手段，因此它受到了工业生态学专家的高度重视。目前，在西方国家已开展了铝、铜、氯、锌、铬、硫、硫酸、氟、石棉、氯碱、硅、煤灰、橡胶和包装材料的工业新陈代谢研究，了解了生产这些产品过程中污染产生的原因，寻找了相应的再回收、再循环和再利用的渠道和办法，并应用于实践，取得了明显的环境和经济效益。同时，也有许多专家从政策制度角度进行了相应的研究，识别了目前经济体制下阻碍提高材料效率和再循环、再利用的因素，并找到了解决办法。目前，工业新陈代谢的研究正向纵横两个方向发展。纵向上，在对原有行业分析的基础上，不断结合新的技术和新的管理手段，使得原有的解决办法不断优化。横向上，对工业新陈代谢的研究正从上面所列举的行业向更多的行业扩展，如目前已有人开始了对计算机行业和生物制药行业的新陈代谢研究。而且不只是企业本身，高等院校和政府也积极参与这项研究，并把相应的研究成果尽快应用于实践，从而推动工业新陈代谢的研究不断走向深入。

**五、产业生态实践发展——生态工业园**

(1) 生态工业园研究概况。

最近几年，国外研究生态工业园区的著述逐渐增多。内容涉及生态工业园区的生态系统性质（Cote R. P. et al., 1995），生态工业园区的历史发展（Lowe E. et al., 1995），生态工业园区中能量传递、物质循环和协同（Themoshare, 1997），生态工业园区的设计与操作（Cote R. P. et al., 1995），生态工业园区的案例研究（Research Triangle Institute, 1994），生态工业园区与环境保护的关系（Dunn et al., 1997），生态工业园区的外观指标（Cornall Center for the Environment, 1996），生态工业园区与经济增长（Kirschner et al., 1995），生态工业园区中的土地利用（Audra J. et al., 1998），生态工业园区的规划与实践（Raymond P. et al., 1998），加拿大生态工业园区的发展政策（Peck and Associate and Dalhousic University, 1997）等。总体来看，国外研究视野开阔，理论研究和应用研究并行，并开始出现了注重案例分析、规划实践和发展对策研究的趋势。

生态工业园概念的提出主要基于理论界对工业生态学的不断探索和研究。1989年9月美国通用汽车公司的研究部副总裁罗伯特·福布什（Robert Frosch）和负责发动机研究的尼古拉斯·加洛布劳斯（Nicoas Gallopoulos）在《科学美国人》杂志上发表的题为《可持续工业发展战略》的文章正式提出了工业生态学的概念。工业生态学把整个工业系统作为一个生态系统来看待,认为工业系统中的物质、能源和信息的流动与储存不是孤立的简单叠加关系,而是可以像在自然生态系统中那样循环运行,它们之间相互依赖、相互作用、相互影响,形成复杂的、相互连接的网络系统。此外,该理论还认为理想的工业生态系统应能以完全循环的方式运行,"零污染"、"零排放",在这种状态下,没有绝对意义上的废料。因此,工业生态学被认为是人类社会活动中协调经济、社会和环境各系统之间关系最为有效的理论工具。

(2)产业生态系统启发人们进行生态工业园的建设。

生态工业园和生态工业网络实际上就是不同尺度上的产业生态系统。建设产业生态系统,结合其他环境管理手段,如副产品交换、清洁生产等,是解决区域经济发展所产生的环境问题的有效手段,也是实现可持续发展的一个有效途径。

近年来,在丹麦、德国和美国等国家建成了一批工业生态园区。工业生态园区是生态经济理论在工业区的创新性实践活动,它标志着生态经济理论具有重要的实践价值。

(3)生态工业园是产业生态学原理实现的基本途径。

产业生态学原理的基本实现途径是生态工业园(EIP)、生态工业网络(EIN)和副产品交换(BPX),通常情况下是这三种途径的综合。例如,EIP中的企业成员可能也参与区域EIN,而EIP和EIN的企业之间都可进行BPX。这三种实现途径也就从不同尺度上构成了区域生态管理的基本模式。

产业生态理论的应用构筑了一个到目前为止普遍认为在工业生产领域中最优的生态管理模式——循环利用。而当多角度建立产业耦合后,便会形成近似于网络组织的网络循环形态。

(4)生态工业园是工业生态学实践应用的结果。

生态工业园概念的提出可以追溯到美国Indigo发展研究所Ernest Lown教授(Indigo Development,1992),他将生态工业园定义为:一个由制造业企业和服务业企业组成的企业生物群落,通过管理包括能源、水和材料这些基本要素在内的环境与资源方面的合作来实现生态环境与经济的双重优化和协调发展,最终使该企业群落寻求一种比每个公司优化个体表现实现个体利益总和还要大得多的群体效益。

### 六、我国产业生态研究现状及分析

1999 年，段宁博士率先在我国将循环经济理念应用于生态工业园区和循环经济区域研究工作。2000 年，陆钟武院士创新性地提出了具有时间概念的元素流分析方法，并借此研究了我国钢铁工业的废钢资源问题以及铅的代谢问题；毛建素与陆钟武院士提出的穿越环境高山论，对我国发展生态工业园具有现实指导意义。2003 年，段宁博士等提出的产品代谢和废物代谢概念，很快被应用于国内十几个城市生态工业园和发展循环经济规划中，解决了当前我国生态工业园建设的一个很有实际意义的理论问题。

目前，在国内研究生态工业的机构和学者已不在少数，中国科学院、中国社会科学院、国务院发展研究中心、中国环境科学研究院、清华大学等都有专门的机构研究生态工业，并为地方和企业实行生态工业发展模式做规划和论证。

以上研究成果为国内外学者进一步研究产业生态学理论、方法及其应用提供了理论基础，但综观国外产业生态问题研究现状，尚存在以下不足：①比较注重对人类社会经济发展未来和"全球问题"的研究，宏观领域研究成果较多而中观和特定微观领域研究较少，实证分析较多而理论成果较少；②西方发达国家近年来在产业生态问题的研究上更强调生态环境保护的重要性，主张经济低增长甚至零增长，这显然不符合目前发展中国家经济安全的需要。

与国外相比，我国产业生态学研究工作的开展相对较晚，但发展很快。20 多年来，我国产业生态理论工作者围绕产业生态学的基本理论、方法与应用问题进行了大量的研究，取得了一些重要成果：一是产业生态系统的构成要素、结构和功能理论；二是产业生态系统基本矛盾与动力机制；三是产业生态经济协调发展理论；四是产业生态投资理论；五是在方法上，我国学者在借鉴国外产业生态理论与方法研究成果的基础上，进一步研究了投入产出模型、线性规划、价值方法、不确定性多目标规划模型、系统动力学以及费用效益分析等方法及其应用。

综上所述，我国在产业生态学领域已取得了一些重要的研究成果，这些研究成果为进一步进行矿区生态产业链结构模型的研究提供了研究基础。综观国内学者目前对产业生态理论与应用的研究状况可以看出，现有研究成果尚存在以下一些问题：①总的来看，研究工作尚处于起步阶段，在理论上还有很多问题亟待进一步深入研究,如产业生态系统规划、设计、分析、成长机制、实现战略途径、系统评价与预测,以及产业生态学与可持续发展的联系与互动关系等;②在研究方法上,定性研究较多而定量研究较少,规范分析较多而实证分析还很薄弱;③近年来的研究成果过分强调人的活动对自然生态环境的适应以及自然环境对经济发展的制约关系,而忽视了生态与经济之间的互动、协调和统一关系,尤其对如何以产业发展来促进生态环境改善问题的研究还很不够,有关区域系统内各行业之间的生态经济投入产出关系还缺乏深入系统的定性与定量相结合的综合研究成果;④在研究领域上,宏观领域研究较多而微观领域研究较少,对农区、林区、牧区研究较多,而对城市研究较少,特别是对矿区这一特殊的经济社区所面临的日趋严重的生态经济问题及其相关理论研究涉及更少,因而可以说这是一个亟待完善的研究领域,需要加以补充和进一步深入系统探索。

**七、煤矿循环经济工业园在国外的发展现状**

(1) 德国鲁尔矿区工业园。

德国鲁尔矿区的成功转型是世界煤炭产业发展循环经济最为成功的代表。坐落在德国西部的北莱茵—威斯特伐伦州的鲁尔区,被称为煤的故乡,在德国经济发展和社会生活中占有十分重要的地位。鲁尔矿区是典型的煤炭资源城市,矿区的发展经历了由资源开发到资源枯竭、由钢铁振兴到企业没落的过程。通过清理改造和产业结构调整,鲁尔工业区经济走出了低谷,从以煤炭和钢铁工业为中心的资源型生产基地,转变为以煤炭和钢铁生产为基础,以电子计算机和信息产业技术为龙头,多种行业协调发展的新型经济区,产业结构调整取得了明显的成果,成为世界老工业区改造和矿区经济转型成功的典范。

(2) 澳大利亚煤矿循环经济园区。

澳大利亚煤矿开发和运行的环境控制非常广泛,典型案例是新南威尔士州的猎人谷矿区。该地区有煤矿22座、电厂3座、葡萄园50个、国家公园4个,还有养马场、旅游景点、娱乐场所及商业活动场所。北阿色山露天矿位于猎人谷的上部地区,是开发和环保并举的样板。所有新南威尔士州政府的开发建设,都受到环境规则和评估法以及1992年采矿法的影响。北阿色山矿的开发属于"指定开发"类型,要求必须准备环境评估文件。该矿区环境管理计划包括煤炭和覆盖层运输距离最佳化,以减少噪声和粉尘影响。在昆士兰州,1989年矿产资源法是煤炭工业全面环境规划和立法的一个主要步骤。该法要求采矿租赁申请人确定采矿时必须采用环保方法,详细到煤矿如何取得工程进展以及如何进行土地复原。1991年,此综合环境管理方法发展成环境管理审查战略(EMOS)。

**八、煤矿循环经济工业园在国内的发展现状**

(1)山西同煤集团塔山循环经济园区。

该园区是中国煤炭行业首个循环经济园区。园区规划为"一矿八厂一条路",以世界上单井口最大的井工矿井——年产1500万吨的塔山矿为龙头,建设了选煤厂、高岭岩加工厂、综合利用电厂和坑口电厂、水泥厂、砌体材料厂、甲醇厂、污水处理厂和一条铁路专用线。塔山循环经济园区于2003年开工建设,2009年8月30日正式建成投运。同煤集团摒弃了传统的"资源—产品—废弃物"单项直线式经济发展模式,采用了"资源—产品—废弃物—再生资源"反馈式循环经济发展模式,真正实现了煤炭资源利用低消耗、低排放、高效率,实现了以尽可能小的资源消耗和环境成本获得尽可能大的经济效益和社会效益。塔山工业园区的建设,从根本上扭转了多年来大量消耗、大量废弃、大量污染的传统经济增长模式,为资源型企业的可持续发展开辟了一条新路。2008年,塔山循环经济园区实现销售收入近50亿元,实现利税27.5亿元,项目全部达产后,销售收入将超过100亿元。

(2)山东新汶矿业集团华丰煤矿循环经济园区示范工程。

该工程宗旨是要进一步加强综合利用煤矸石、煤泥、矿井水及其主产品原煤、洗精煤等资源合理循环、能量合理流动和价值逐级增值的产业链,增强华丰煤矿可持续发展的能力。其骨架项目是通过利用华丰矿及周边煤矿所产的煤矸石、煤泥等低热值燃料为原料进行发电、制造新型墙体材料,发展大量利用废渣的水泥等项目。通过电厂发电、集中供热消除矿区及周边地区散热燃烧造成的资源浪费和环境污染,并减少煤矸石、煤泥和矿井水等废物的外排。华丰煤矿现有煤矸石近900万吨,且每年以15万吨的速度递增。其于2001年投产的矸石砖厂一期工程为年产5000万块(折标砖)煤矸石承重空心砖生产线,并通过更换模具生产其他建材产品,本项目每年可利用煤矸石30万吨,减少了堆场用地,同时也减少了煤矸石对环境的污染。现有厂房10公顷,都是占用原矸石山占地。现存煤矸石可满足生产30年以上。华丰煤矿矸石热电厂一期工程于1996年建成投产,有2台6MW(兆瓦)机组和3台35吨/小时循环流化床锅炉,年消耗矸石及低热值燃料17万吨,为进一步解决低热值燃料积压占地和集中供热问题,于2002年在原有厂址建成了热电厂二期工程,使得热电厂最终容量为37MW(兆瓦)。每天需用矿井水7000吨,直接从矿井水处理站通过管道供给。年消耗煤矸石15万吨,煤泥8万吨,散杂煤2万吨,由于靠近矿井和洗煤厂,原料使用废弃物,因此发电成本较低,经济价值可观。华丰煤矿矿井水资源较丰富,年矿井水总量为893.3万立方米,年总涌水量600万立方米,年排水费用560万元,主要为岩溶裂隙水,矿井水由井下分多级排到地面,既造成水资源的浪费,也对周围环境造成污染。而自从投资200万元修建矿井水、各种污水处理站,对矿井水循环利用之后,矿井水可以用于生产、基建、卫生、防尘、绿化等。洗选厂推广电磁高频筛,实现洗煤废水闭路循环,节约了地下水资源。2002年全矿共计用水138.45万立方米,同比减少96万立方米。通过资源的良性循环,为华丰煤矿创造了新的增长点,销售收入和利润额都产生较大增幅,同时矿区环境及企业声誉都有了明显改善,获得了较高的经济、环境和社会价值。

(3)山东兖矿集团循环工业园区。

近年来,兖矿集团转变对煤炭由普通燃料到重要化工原料的认识,大力推进煤炭洁净利用和深加工,延伸煤炭产业链,提高产品附加值,培育煤化工、煤电铝接续主导产业。按照"大项目—多联产—产业基地"发展方向,拉长产业链。在山东,重点建设以煤气化及多联产为主线的鲁南化工园区、以煤炭焦化及下游产品加工为主线的兖州化工园区、以坑口高硫煤洁净利用为主线的邹城化工园区,形成鲁南煤化工基地。基地建成后,每年将消耗高硫煤550万吨,使高硫煤变废为宝,可延长矿区薄煤层矿井服务年限20年。统计显示,2005年以来,兖矿集团通过资源循环利用,年均处理各类污水3700万吨,烟气300亿立方米,削减COD(化学需氧量)5600吨,削减$SO_2$(二氧化硫)排放量9300吨,削减烟尘排放量42万吨,综合利用煤矸石、灰渣等工业固体废物740万吨,固废综合利用率连年保持100%,创造了良好的经济和社会效益。

(4)山西孝义梧桐工业园的煤—电产业园。

园区本着"以消化全部低热值燃料为目的,自发自用、多余上网"的建设思路,重点实施了东义集团、金辉煤焦公司、金岩电力煤化工有限公司3个2×15MW(兆瓦)煤矸石发电项目,以及辉鑫、晋茂2个2×6000KW(千瓦)粉煤灰、煤矸石综合利用发电项目。东义集团将炼焦下游产品煤矸石变废为宝,建设了2×15MW(兆瓦)煤矸石发电项目,年消耗煤矸石30万吨,年发电量2.25亿度,每年可实现销售收入4.8亿元,形成了以发电为龙头,热电气联供,污水处理、余热养殖、建材生产并举的综合利用产业链。低热值发电已经成为梧桐工业园的非煤产业。

(5)徐州张双楼煤矿循环经济园区。

按照资源"吃干榨尽"目标,发展循环经济,目前已基本建成煤泥干燥、煤矸厂砖厂、矿井水、地热综合利用项目,为发展煤焦化项目积极创造条件,延伸煤基产业链。另外,该集团还规划建设"煤矸石—电—热—建材—土地复垦综合利用"西部循环经济区和"地热值煤—电—水泥—土地复垦综合利用"的东部循环经济区。

(6)陕煤集团黄陵煤化工循环经济园区。

该园区以白石焦化项目为主体,是继曹家峪2×98万吨焦化、西峪2×300MW(兆瓦)煤矸石电厂项目启动之后,黄陵煤化工循环经济园区规划建设中的4×98万吨黄陵煤化工项目的重要组成部分,概算总投资34亿元,占地1100余亩。项目建成后,可年产冶金焦196万吨,甲醇20万吨,实现年销售收入47.9亿元,实现利税6.9亿元。

另外,黑龙江鹤岗鹤矿集团、包头神华集团、平顶山平煤集团、义马煤业集团等各大国内煤炭企业为了实现可持续发展战略,增强持续竞争力,目前都在积极实施循环经济举措,建设循环经济项目。

## 第三节 西山煤电集团的资源开发模式

西山煤电集团作为一个煤炭资源开发企业集团,经历了五十年的发展历程,在资源开发管理的模式上,有着独特的资源开发与发展模式。它集目前我国煤炭开发管理之大成,形成了循环和协与集约精细的开发管理创新模式。

1. 资源型产业开发循环经济模式创新

摒弃了传统的"资源—产品—废弃物"单项直线式经济发展模式,采用"资源—产品—废弃物—再生资源"反馈式循环经济发展模式;创新了产业链式发展的新模式:依据资源禀赋条件,经过科学设计和精心实施,开创建设了产业链完整的煤炭资源新型循环经济园区,建设了以煤为主,集煤、电、化工、建材、矿物加工、矿井水资源化等产业为一体的链式发展、现代科学技术高度集成的循环经济园区,形成"煤—电—建材"、"煤—焦—化"、"煤—伴生资源"三大产业链。

同时对煤矿循环经济模式进行管理创新,建设"大—中—微"、"点—线—面"结合的三维立体空间,即地下、地面、空间结合三位一体全方位、新老矿区结合全系统延拓,"首—末"端结合全过程治理循环经济大体系。根据西山煤电集团的煤矿产业特征,研创了多矿集约化循环经济园区模式、双矿耦合式循环经济园区模式,对煤矿建设循环经济的模式进行了创新。

实现产业链闭合,物料平衡,资源梯级利用,低消耗、低排放、高效率,取得了巨大的社会、经济、生态和环境效益,为煤炭资源的开发利用开辟了一条新路。

2. 资源开发与生态系统和协管理模式

西山的资源开发人造系统工程项目大规划宏图、大循环经济、大规模工程、大建设成就、大产业集群,是一个大系统工程,如此巨大的工程要与环境生态系统和谐协同——和协,这是一个资源开发的新理念与新模式。

西山循环经济园区的发展之路更为完善、合理,煤炭资源利用更为彻底,环境保护效果更好,实现了从资源开发到资源彻底利用的完全闭环循环经济模式,真正实现了"黑色煤炭,绿色开采",是完全绿色的世界煤炭经济园区的新典范。西山资源开发模式的人造系统与生态环境系统和谐与协同发展,形成了企业发展与社会、环境的有机结合,形成企业与社会和谐共存的模式。

3. 资源开发管理与企业管理的集约精细管理创新

在循环经济园区产业企业组织结构上改变传统的金字塔式结构形式,开展了组织结构扁平化创新,构建起"责任法人"的企业治理结构和产业板块化管理、业务专业化管理以及循环经济园区化管理相结合的体制构架,创建了循环经济产业企业管理的新模式。

(1) 对资源开发技术进行精细化开采技术集成管理创新。

在煤、电、化工、冶金和建材项目建设中,集成创新采用先进技术、先进设备和先进工艺,各产业链节点的先进技术综合集成,形成了强大的循环经济园区集成创新技术体系。

稀缺煤炭资源的精细化开采技术创新体系:采用先进的精细、绿色和清洁开采技术,特别是以古交矿区稀缺优质煤炭精细化开采综合技术为代表的创新体系,集薄煤层开采的刨煤机、螺旋采煤机、钻煤机、无人工作面开采和中厚煤层轻型支架放顶煤采煤机开采、复合铝土泥岩条件下中厚煤层开采等先进设备和绿色开采清洁生产的煤柱回收、"三下"开采、沿空留巷"Y"型通风、厚煤层错层位巷道布置无煤柱开采、边角煤开采、不规则煤柱及块段高效开采、煤矿残采区遗弃资源回采等技术集成创新,创造了领先世界的薄煤层开采技术,推动了我国采矿技术的发展与进步,为我国稀缺优质煤炭精细化开采提供了工程与技术示范。

采用先进的精洗精选技术。采用西山矿区多煤种不同可选性烟煤的高效分选工艺研究、无压三产品重介旋流选煤技术、快开式隔膜式压滤机表面改质机+微泡浮选机为核心的浮选工艺、酸性高泥化煤泥水处理、焦精煤快速装车取样系统等一系列技术。

污水处理系统。采用"撇油预沉调节+絮凝反应+斜管沉淀+砂层过滤(水力自动反洗)+加药消毒"工艺。

自动化综合配煤技术。古交配煤厂是目前国内工艺先进、规模最大的配煤厂。年设计配煤能力540万吨,自动化程度高、运行可靠,整个配煤、运输、取料全部集中控制,自动完成。取料机是目前亚洲最大的桥式刮板混匀取料机,处理能力达到1500吨/小时,堆取方式采用水平分层堆放、全断面取料,堆煤层可达123层,混均程度高,均化比可达到0.6。

先进发电技术。古交发电厂是全国最大的燃用洗中煤坑口电厂,规划装机容量为3000兆瓦,电厂具有燃用中煤、高效脱硫、直接空冷、中水复用、GIS组合开关、封闭式储煤配煤等特点，是一个科技含量高、经济效益好、资源消耗低、环境污染少的新型发电企业。

清洁型焦炉余热发电技术。使单一的炼焦变为焦电联合生产，实现节能减排、清洁生产、保护环境，同时还降低了焦炭的生产成本，提高了企业经济效益。

先进的炼焦装备和工艺。新技术焦化厂，焦炭生产设备为 QRD-2000 型清洁型热回收焦炉。设计焦炭年生产能力为 60 万吨冶金焦。燃烧产生的热量除部分供焦炉焦炭生产外，其余以热烟气形式排放。焦炉完全达产后，每小时热烟气（1050℃）排放量为 38.4 万立方米，实现每小时 128.86 吉焦的热量损失综合利用。

稀缺煤炭资源的精细化开采技术创新体系形成了强大的循环经济园区，集成创新技术体系，也形成了资源开发技术、精细化管理模式创新。

（2）资源开发煤炭企业管理创新——集约与精细管理。

西山煤电集团进行了集约化管理的创新，对大集团集约化管理的人流、物流（销售和采购）、资金流、信息流、技术创新、安全服务等重大业务进行集约化管理模式与实践。在母子公司重大体制制约下，优先从重大业务事项集约化管理入手，实现管理体制创新，促进管理集约化进程。在结构调整、产业升级、循环经济建设、多元化产业发展的时代背景下，进行国有大集团的管理模式改革。尤其要在产权体制突破的前提下，在多样化的公司集群，管理跨度大、层次多，机构设置部门繁多，职能集聚率低、功能复杂，呈塔式组织机构的模式特点下，创新脊椎型组织结构，进行组织结构扁平化和流程化创新。构建专业化和业务集约化管理和园区化管理体制构架，进行全方位的资产重组和流程再造，实现组织结构与运行集约化管理的根本改造，对管理业务流程的节点——每个经营单位的管理效率和效果进行管控与保障，在经营单元—单位内实行全面精细化管理。

西山煤矿资源开发管理的循环和协、集约精细模式的成功，将是我国大型现代化矿井绿色开发、循环经济与可持续发展、节能减排、矿山环境保护的先进范例。该模式集目前世界上最先进的循环经济、环境保护技术以及矿山开发理念于一体，创建了一种新的开发模式。同时，促进我国的矿山环保产业的发展，实现哥本哈根气候大会确定的节能减排的目标，减少大气排放，遏制全球气候变暖，为全人类的可持续发展和环境保护事业做出了重要的贡献。

2005年10月，西山煤电集团被国务院六部委确定为国家首批循环经济试点单位；2009年11月，被联合国开发计划署等6个国际性组织列为"联合国清洁煤技术示范企业"；2011年，被评为"中华环境友好企业"。

沿着西山煤电企业发展历史沿革，去探索研究煤炭资源开发管理创新的新模式。

# 第二章 西山循环经济产业系统和协管理模式

## 第一节 和协管理的基本理论

严峻的煤炭生产现实,要求必须对目前的煤炭资源企业管理理论进行创新与改革,提出适合于煤炭行业管理的理念、思想、理论与方法,通过管理手段促进矿井系统和环境生态系统的安全发展、和谐发展,这是我国贯彻落实科学发展观的必然要求,同时也是保护生态环境、造福后代和实现可持续发展的必由之路。除与其他行业具有的共性外,煤矿企业具有明显的系统、和谐、协同的生产与管理特征,因此,创建一种和协管理理论体系是十分迫切的。

在长期的煤矿生产和管理实践中,总结西山煤电集团资源开发管理的理论与实践,发现煤矿企业管理的真谛,悟出"和协管理"的基本思想与理论体系,即系统科学的思想、和谐的哲学理念、协同的组织管理理论的集合。该理论的基本思想是以系统工程、和谐思想和协同理论为基础,协同企业组织各子系统,以实现人与社会、自然的生态和环境各子系统和谐共存,达到整体最佳绩效为目标,揭示三大哲学定律的循环本质与生产技术进步的循环递进规律,建立了和协度等一系列和协参量的概念与模型、组织机制,提出与形成了"高新科学技术创新是实现和谐共存管理目标的核心力量"的工程技术观。

## 一、和协管理的和谐管理理论

煤矿企业作为社会组织主体的现代企业,其所赖以生存的市场环境、技术环境、生产环境、人力资源环境、信息环境等是动态变化的。资源与环境、发展与竞争、市场与技术、经营与法制、效益与责任、管理与人性、安全与生产等非和谐问题,成为制约企业成长和经济发展的瓶颈。企业组织的生涯目标与员工职业生涯规划的现实冲突;矿区的社会管理,矿井子系统间的失序、失调;创新管理缺失,组织变革乏力;管理原则、管理理论、管理行为与管理目标和结果的背离;煤炭资源整合与企业兼并的各种利益集团的博弈;产业落后与升级转型;资源枯竭与可持续发展等矛盾的解决,呼唤和协管理。

(1) 和谐的概念。

和谐:系统间的相互共存,体现的是共存,是并行的、和平的。和谐是一个哲学的概念,和谐思想可以说是儒家文化的精髓,包含两个意思,一为"和",二为"合","和合"思想是中国传统文化的重要思想。

孔子曰:"礼之用,和为贵。"孟子曰:"天时不如地利,地利不如人和。"可见儒家思想对"和"非常重视,这里的"和"主要讲的是人与人之间的关系要和睦、和谐、和平,并以此来构建"家和万事兴"的局面。

(2) 和谐的内涵。

"和"由"禾"与"口"组成,说的是让大家都有饭吃才能"和",体现了耗散系统的物质基础基本特性。系统的耗散就是外部的环境要对系统进行物质、能量与信息的输入,所谓"吃"进交换。所以,对于企业、社会,要解决物质基础问题,先解决大家的吃饭问题,并由此引发出企业对员工业绩的评价、分配机制、激励机制等问题,解决了这些,企业组织的功能才能正常发挥,员工才能踏踏实实、和和气气地工作。而对于类似矿井的复杂系统,环境要对其进行物质、能量与信息的充分输入,提供必要的保障,如地质保障系统以及对自然条件环境如水、火、瓦斯、矿山压力等活动规律的充分把握。技术人力、采矿技术装备、安全等投入,这些是保证系统和谐的物质基础。

"谐"由"皆"与"言"组成,说的是让大家都能发表意见与建议才能"谐",体现了系统的信息交流特性。对于企业对人的管理来说,企业关注的是员工的业绩，而员工关注的是自己个人价值的提升和个人需求的满足。要让企业"和谐"，就必须要让大家有说话和提意见的权利，有正常沟通的渠道，即信息的交流要通畅、信息量要足够，否则就无法和谐。和谐对于社会管理内涵更丰富，社会主义和谐社会定义为"民主法治、公平正义、诚信友爱、充满活力、安定有序、人与自然和谐相处"，这是对和谐社会的确切定义。

对于矿井复杂系统，要保证各个子系统的功能正常发挥、运行秩序井然，系统间的信息正确，交流传递渠道通畅，就要保证信息的输入、对称和完备。

（3）煤矿人造系统与自然系统的和谐。

矿井系统是人造系统，除了前述的矿井"人—机—环境"复杂人造系统，即人—机系统间的和谐外，其中的环境系统除了井下井筒、大巷、采区、工作面等人可达到的空间小气候环境外，也包括地面的生态与环境自然系统，这是地下、地面、空中的三维空间立体的大系统。实现这个大系统的和谐，就是煤矿开采的"天人合一"。

儒家"合"的思想主要是通过"天人合一"来体现，"天人合一"反映了儒家提倡人与自然、天道等和谐相处的思想。董仲舒说："天亦有喜怒之气，哀乐之心，与人相副。以类合之，天人一也。"这里的"天"主要有两种含义，既包括自然、宇宙、星辰等具体的天，也包括天道、神灵、义理、皇权等抽象的天，虽然对天人合一的解释很多，但"天人合一"思想表达的意思都是人与天是相通的，最终都归为"德"。比如人们常说"天地良心"，其实说的就是天与人一样，都是有良心、有道德的。儒家告诉我们，既然天与人一样也有性格，那么通天理的方法是感应，即用人的心灵去体会自然、天道的心灵。

孔子在《系辞传》中写道：古者伏羲氏之王天下也，仰则现象于天，俯则观法于地，观鸟兽之文与地之宜，近取诸身，远取诸物，于是始作八卦。以通神明之德，以类万物之情。远古的伏羲氏之"始作八卦"，乃起于观察，普遍观察天、地、人、物之后，归纳所得，制作为八卦的思想符号。这正是哲学思考的程序，由眼前自然现象出发，经观察、综合、比较而得出万物的共性，然后归纳创制出象数以代表此共性。这段文字前句言八卦既为归纳万物之共性而产生，故能"通"万物之德（"德"言德性）；后句言以其通万物之性，故能就万物之情实而予以区分种类（指八卦分别象征天、地、雷、风、水、火、山、泽八类）。

"人法地,地法天,天法道,道法自然",万法归宗。因易而成道、儒、释,道学崇尚自然,儒家崇尚伦理,释佛崇尚觉悟。"天行健,君子以自强不息","地势坤,君子以厚德载物"。系辞云:"乾知大始,坤作成物。乾以易知,坤以简能。易则易知,简则易从。易知则有亲,易从则有功。有亲则可久,有功则可大。可久则贤人之德,可大则贤人之业。""天人合一","内圣外王","内外兼修"。

这些由中国的传统文化所凝练的"天人合一"的哲学思想,符合科学规律。特别是从事资源开发的煤矿企业管理,体现的就是现代煤矿资源开发环境保护、绿色开采、循环经济的理念,实现人造系统与自然系统的和谐。

"天人合一"思想虽然强调人与自然的和谐,但如果过于注重人对自然的感应和人对自然的顺从,必然减少了人对自然的好奇与征服欲望,具有"形而上"观点。在采矿工程管理中"天人合一",并不是对自然的被动服从,而是主动改造的唯物主义工程哲学,对自然的改造力量来自采矿高新科学技术,对自然规律的科学把握、服从与改造,实现人工系统与自然系统的和谐与协同,形成"高新科学技术创新是实现和谐共存管理目标的核心力量"的工程技术观。

**二、和协管理的协同理念**

(1) 协同论。

广义上说,协同论亦称协同学,是研究不同事物的共同特征及其协同机理的新兴学科,是近十几年来获得发展并被广泛应用的综合性学科。它着重探讨各种系统从无序变为有序时的相似性。协同学的创立者,是联邦德国斯图加特大学教授、著名物理学家哈肯(Haken)。1971年哈肯提出协同的概念,1976年系统地论述了协同理论,发表了《协同学导论》以及《高等协同学》等著作。他把这个学科称为"协同学",一方面,是由于所研究的对象是许多子系统的联合作用以产生宏观尺度上的结构和功能;另一方面,它又是由许多不同的学科进行合作来发现自组织系统的一般原理。

协同论认为,千差万别的系统,尽管其属性不同,但在整个环境中,各个系统间存在着相互影响又相互合作的关系。其中包括通常的社会现象,如不同单位间的相互配合与协作,部门间关系的协调,企业间相互竞争的作用,以及系统中的相互干扰和制约等。协同论指出，大量子系统组成的系统，在一定条件下，由于子系统相互作用和协作，可以概括地认为是研究从自然界到人类社会各种系统的发展演变，探讨其转变所遵守的共同规律。应用协同论方法，可以把已经取得的研究成果，类比拓宽于其他学科，为探索未知领域提供有效的手段，还可以用于找出影响系统变化的控制因素，进而发挥系统内子系统间的协同作用。

哈肯在协同论中，描述了临界点附近的行为，阐述了慢变量支配原则和序参量概念，认为事物的演化受序参量的控制，演化的最终结构和有序程度决定于序参量。不同的系统序参量的物理意义也不同。比如，在激光系统中，光场强度就是序参量。在化学反应中，取浓度或粒子数为序参量。在社会学和管理学中，为了描述宏观量，采用测验、调研或投票表决等方式来反映对某项"意见"的反对或赞同。此时，反对或赞同的人数就可作为序参量。序参量的大小可以用来标志宏观有序的程度。当系统是无序时，序参量为零；当外界条件变化时，序参量也变化；当到达临界点时，序参量增长到最大，此时出现了一种宏观有序的有组织的结构。

协同论指出，一方面，对于一种模型，随着参数、边界条件的不同以及涨落的作用，所得到的图样可能很不相同；但另一方面，对于一些很不相同的系统，却可以产生相同的图样。由此可以得出一个结论：形态发生过程的不同模型可以导致相同的图样。在每一种情况下，都可能存在生成同样图样的一大类模型。

协同论揭示了物态变化的普遍程式："旧结构—不稳定性—新结构"，即随机"力"和决定性"力"之间的相互作用把系统从它们的旧状态驱动到新组态，并且确定应实现的那个新组态。由于协同论把它的研究领域扩展到许多学科，并且试图对似乎完全不同的学科之间增进"相互了解"和"相互促进"，因此，协同论无疑就成为软科学研究的重要工具和方法。

基于协同论的基本观点，引申并扩展到煤矿微观企业管理，形成协和管理的协同基本理念内涵。

（2）协同的概念。

协：协为"十人办"，就是需要多人去办的事情。多人进行的活动，就需要管理的基本功能指挥与协调。

同：从同的意义来理解即共同的家园、院落，天底下有一口，表示同一环境、同一组织、同一企业、同一家庭、同一系统的异口同声、同心同德、同心同力、大统大同,实现共创共赢。

协同:就是众人同心办事,是管理基本功能"协调"的集中体现;是子系统间、组织间、个体间的交叉、耦合与互动;核心是共创,不是被动的统一,是主动调动组织系统的一切因素、力量的积极性,实现组织或系统的终极、整体目标;对于系统来说,是系统的演化与发展,对于企业来说,是环境演化中的应变与适应。

资源协整、整合,是指包括自然资源、人力资源的协同、协调,在资源管理中尤为重要。

(3)和协管理的管理法则。

对企业,和本管理;对个人,人本管理;对社会,民本管理;对技术,则本管理;对科学,律本管理;对自然,谐本管理;对组织,协本管理。

天人合一,人与社会和自然的各个子系统,和谐共存如生态环境系统。自然系统与人造系统协同、和谐统一的哲学思想延拓,在采矿工程管理中,即为采矿工程的人—机环境系统,这个人造工程系统与自然生态环境的和谐统一是和协管理的终极目标和最高境界。遵守自然系统的工程法则,形成"科学技术是实现整体性和谐与系统间有效协同的和协管理目标的核心力量"的工程技术观。

实现和协管理的目标和循环经济和协发展,必须进行近期、中期和远期科学规划,有阶段、有步骤地推进;科学合理地设计和设置产业链系统产业,实现产业链系统和谐与协同,末端闭合和代谢,物料及能量平衡;同时研究产业技术与市场,保障经济社会效益与生态效益和谐协同、统筹共赢。这些是煤炭资源和协管理中实现经济与可持续发展的关键核心技术。

西山煤电集团制定总体发展战略,确定"市场导向、优势比较、资源高效、协调匹配、技术先进、项目协同"的发展方针,全面科学规划发展循环经济和园区建设,使园区具备先进性、循环性、群落性和增值性,实现产业结构、产品结构优化和发展方式的根本转变,将西山煤电集团建设成全国一流的现代化新型能源工业基地和循环经济示范基地。最终实现发展循环经济的"四最"目标:对地质环境的扰动最少;对矿产资源的开发最优;对资源的综合利用效果最好;对生态环境的影响最小,实现天人合一的和谐与协同管理的目标。建设地下资源开采、地面循环经济产业生产、环境保护和空间气体减排立体化的循环经济体系。

## 第二节 循环经济产业价值链和协管理

### 一、西山循环经济产业价值链和谐与协同

对于循环经济园区，产业链与节点产业的设置合理与优化与否，是循环经济园区运行成功与失败的关键。西山煤矿具有独特的煤层资源禀赋条件、环境生态条件及资源开发主体西山煤电集团企业的技术、人才、资金、经济、管理等条件。应根据这些客观条件，合理设计与确定循环经济园区的产业链构成、产业节点的产业集群类型与结构、产业上下游关系、耦合闭合关系等，建设最优的产业价值链，创造最大产业价值，取得最好的社会、生态、环境、经济效益。所以，研究与分析西山煤电集团循环经济产业价值链形成机理是十分重要的。

（1）协同功能。

产业价值链使企业价值链之间产生协同效应。产业链战略整合各企业的价值链，衔接各企业的价值链，创造价值和竞争优势。各企业被整合到产业链下，调整各自的价值链结构，更好地融入产业链的价值体系，实现"1+1>2"的协同效应，实现产业链整体业绩好于单个子系统之和。

（2）循环特征。

产业价值链是指以某项核心技术或工业为基础，以提供能满足消费者某种需要的效用系统为目标的、具有相互衔接关系的企业集合。这就决定了价值链上的企业之间相互联系、相互依存的关系。这种关系决定了价值链的循环特征。

（3）系统特征。

处于价值链中的单个经济个体不是独立存在的，其经营行为表现出它与价值链上其他企业的紧密关联性。正是由于这种关联性，才使得价值链上的企业构成了一个协调有序的系统，表现出系统特征。经济系统的主要特征是系统中的个体不能脱离系统而孤立存在，系统中个体的行为是以系统利益最大化为目标，而不

是以个体利益最大化为目标。因此，应用统一的、联系的而不是孤立的、片面的观点看待价值链系统中的企业。

煤炭产业的产业价值链就是指煤炭产业各种价值活动的集合，包括煤炭基本生产价值链和非煤价值链。

西山循环经济园区的煤炭产业价值链模式是循环经济模式，将煤炭产业价值链延伸至技术含量高、经济效益好、产业关联度强、产能匹配、和谐协同、互为依存的"煤、电、冶、化"等项目上来。构建以煤炭产业为核心，以电力产业、化工产业、建材建筑业、煤伴生资源利用业为支撑的产业框架；形成以煤炭开采、洗选加工、煤焦化、煤泥矸石发电、甲醇的电化多联产系统；形成煤炭产业价值链延伸的大规模、跨行业的多联产工业园区和谐协同，将能源、环境保护、经济效益紧密结合成一个整体。按照这个思路发展才能把煤炭产业推向一个新阶段，创造良好的经济效益、社会效益和环境效益。

**二、依据"变废为宝"的机理，创建剩余物综合利用产业价值链**

古交循环经济产业链依靠尽可能地挖掘煤炭生产剩余物的用途，使得剩余物转化为辐射媒介，作为其他产业的输入资源，再利用、再循环，提高资源利用率，从而获得价值增值。

（1）剩余物产业价值链模型。

煤炭生产剩余物主要有煤矸石、煤泥、矿井水、煤层气等，现对其主要用途分析如下：

1）煤矸石。

煤矸石是煤炭生产和加工过程中产生的固体废弃物，每年的排放量相当于当年古交矿煤炭产量的10%左右。煤矸石综合利用是资源综合利用的重要组成部分，其主要利用方向包括以下几点：

①燃料发电。含碳量较高（发热量大于4180千焦/千克）的煤矸石，一般为煤巷掘进矸和洗矸，通过简易洗选，利用跳汰或旋流器等设备可回收低热值煤，供作锅炉燃料，通过单独使用或与煤泥、焦炉煤气、矿井瓦斯等低热值燃料混合使用发电。

②生产建筑材料及制品。园区内煤矸石砖厂利用煤矸石全部或部分代替黏土，

采用适当烧制工艺生产烧结砖,这是大宗利用煤矸石的主要途径。水泥厂在烧制硅酸盐水泥熟料时,掺入一定比例的煤矸石,部分或全部代替黏土配制生料。

③回收有益矿产及制取化工产品。对于含硫量大于6%的煤矸石(尤其是洗矸),如果其中的硫是以黄铁矿的形式存在且呈结核状或团块状,采用洗选的方法回收其中的硫精矿。利用煤矸石中含有的大量煤系高岭岩,制取氯化铝、聚合氯化铝、氢氧化铝及硫酸铝。

④利用煤矸石充填采煤塌陷区和露天矿坑复垦造地造田。部分煤矸石作为充填骨料回填井下采空区,可从根本上解决困扰大多数煤矿的煤矸石处理难题。

煤矸石的产业价值链模式如图2-1所示。

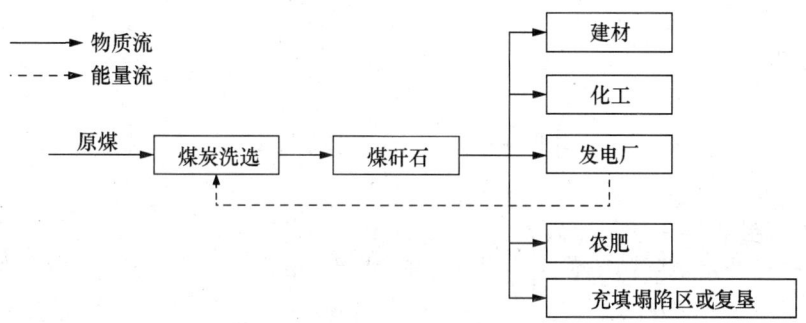

图2-1 煤矸石产业价值链模式

2)煤泥。

煤泥则是煤炭洗选过程中的副产品。目前,对煤泥的综合利用,已经成为发展循环经济的重要组成部分。园区内的低热电厂,利用循环流化床燃烧煤泥、煤矸石发电,采取热电联供,减少环境污染。热电厂产生的废渣,可用作水泥、砂浆、混凝土的掺合料,供建材厂使用。

3)煤层气。

煤层气主要是瓦斯。从井下抽排出的煤层气,可直接作为居民生活燃料,经处理后可作为汽车燃料。瓦斯也是生产化肥和甲醛等化工产品的上好原料。

煤泥的产业价值链模式如图2-2所示。

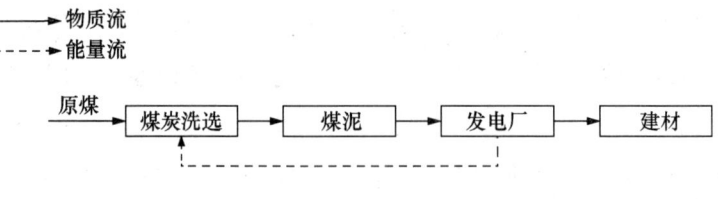

图 2-2 煤泥产业价值链模式

瓦斯的产业价值链模式如图 2-3 所示。

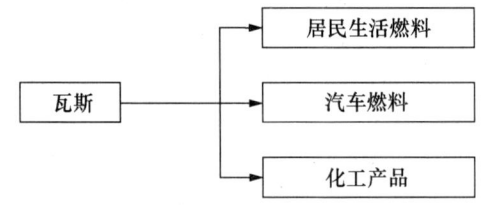

图 2-3 瓦斯产业价值链模式

4) 矿井水。

古交矿井水主要源于煤炭开采和洗选过程, pH 值低、呈酸性、具腐蚀性且硫化铁含量多, 水中含有重金属离子, 若不经处理直接排放, 会污染周边水源, 扩大缺水的程度。矿井水的循环利用是古交循环经济的重要内容主要有以下几个方面:

①采取必要措施, 减少进入矿区的水量。

②对未被污染的地下水, 因基本符合生活饮用水标准, 可经过净化加工成纯净水, 供园区生活用水。

③污染的水体, 可通过生物污水处理系统净化后, 作为园区内消防绿化、工业生产、周边农业生产用水。同时, 生物污水处理系统生产的副产品, 还是养殖业的主要原料。

(2) 煤炭资源深加工产业价值链模型。

西山循环经济通过对煤炭资源进行深加工和综合利用, 建立了焦化厂, 产生的系列炼焦油等焦化产品, 如甲醇, 提高了煤炭资源的利用效率和产品附加值, 获得了可观的经济效益。

甲醇厂产业价值链模式如图 2-4 所示。

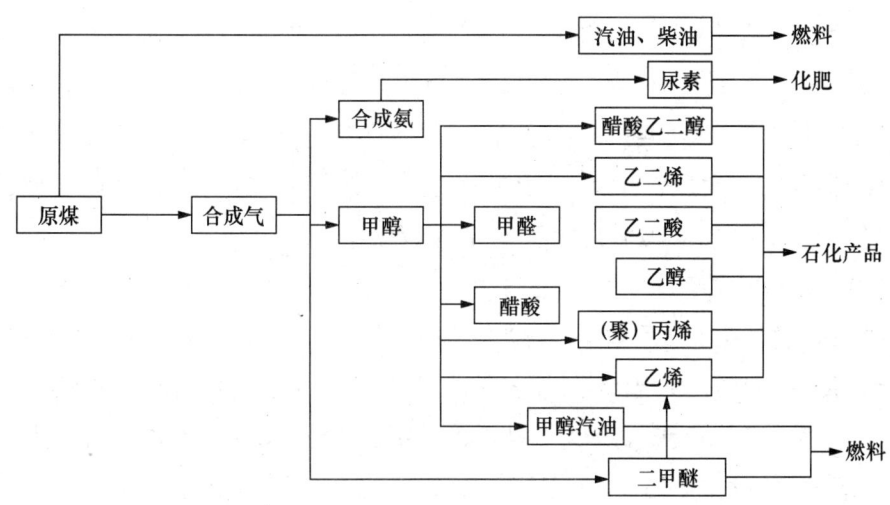

图 2-4　甲醇厂产业价值链模式

甲醇可以替代汽油。使用车用清洁甲醇汽油可使汽车行驶中有害气体 CO 和碳氢化合物排放量降低 55%~90%，有效改善城市空气环境质量。二甲醚可替代柴油，使发动机的功率提高 10%~15%，热效率提高 2%~3%，燃烧噪声降低 5~10dB，NOx、CO 等污染物的排放量也很低。另外，二甲醚可燃性好，燃烧值高，液化压力低且无毒，可替代液化气作为民用燃料。

从二甲醚和甲醇出发可以生产多种高附加值的下游化工产品，如将甲醇和从合成气中分离出的 CO 进行羰基合成生产醋酸和甲醛等。另外，通过甲醇制烯烃（MTO）、二甲醚制烯烃（DTO）工艺制取低碳烯烃，可极大缓解我国烯烃供需矛盾，并开辟石油化工的新路线。目前这些具有重大意义的关键技术我国已经基本掌握或正在加紧攻关。

所以对煤炭进行深加工是提高资源利用效率和整个产业经济效益最有效的手段。

（3）耦合产业价值链。

园区内通过跨行业产业的耦合，实现资源互补、梯级利用，提高资源利用效率。煤炭—电力联营、煤炭—化工联营，构成煤基多联产系统。

园区内利用热值燃料办坑口电厂，变输煤为输电，减少了高灰煤的运输，又利用煤矸石、煤泥等低热值燃料，减轻了环境污染，提高了综合效益。在煤电联营的基础上，立足资源优势，运用高新技术和实用技术改造传统产业以煤资源为核心的态势，按"煤—电"、"煤—电—化"、"煤—电—热"、"煤—电—建材"等模式进行跨行业发展，改变过于单一的资源型产业结构，提高资源的利用效率，有效降低成本，实现较好的经济和生态效益。

(4) 煤基多联产。

能源转化与化工产品多联产是近年来提出的技术体系，通过建立多种产品的生产关系网状结构，实现污染物低排放或无排放以及资源的综合利用和能源的有效利用。多联产系统中，原来单独生产的系统在重新组合中可能被简化，对原料的要求降低，通过不同工艺的互补而提高总体效率，最终使产品成本降低。多联产具有跨部门、跨行业的特点，政府除加大投资力度外，还应协调各部门之间的运作，从能源、环境、经济的战略高度出发，搞好多联产基地或区域规划。

西山煤电集团的古交循环经济园区、兴县循环经济园区和五麟焦化经济园区形成了跨部门、跨行业、跨区域的煤基多联产基地，通过技术、资源和产业的互补，极大地提高了循环经济的总体效率与效益。

## 第三节 大、中、小循环全面和协循环经济体系

**一、建设多层面无限宏微观循环经济体系**

目前国内外循环经济的社会、区域和园区三个层面的理论已经不适应如今世界循环经济发展的要求，因此提出了多层面无限宏微观循环经济理论并在西山循环经济园区建设上进行实践应用。

现有的循环经济理论包含以下三个层面：①小循环——企业层面。以一个企业为单位实现了清洁生产，使所有的资源、能源都得到了有效的利用，最终目标

达到无害排放或污染零排放,这就是"小循环"。小循环要求企业根据高效率的理念,推行清洁生产,减少产品和服务中物料和能源的使用量,实现污染物排放的最小量化。②中循环——区域层面。区域层面上的中循环指的是企业共生层次,要求按照工业生态学与区域清洁生产的原理,通过企业间的物质集成、能量集成和信息集成,形成企业间的工业代谢和共生关系,建立工业生态园区。在工业生态园区内的各企业内部实现清洁生产,减少废物源,在各企业之间实现物料、能量和信息的交换,以达到尽可能完善的资源利用、物质循环以及能量的高效利用,使得区域对外界的废物排放趋于零,达到对环境的友好。工业生态园区追求的是系统内各生产过程从原料、中间产品、废物到产品的物质循环,达到资源、能源投资的最优利用。③大循环——社会层面。大循环要求在整个社会消费层次上通过对废旧物资的再生利用,实现消费过程中和消费过程后物质和能量的循环,建立起与发展循环经济相适应的"循环型经济社会"。它可以最大限度地减少对资源过度消耗的依赖,保证对废物的正确处理和资源的回收利用,保障国家的环境安全,使经济社会走向持续、健康发展的道路。

目前,在国际物流大流通、知识大综合、文化大融合、技术大交叉的经济环境下,产业的梯度转化不仅仅发生在一个国家的区域内,而是在国家间乃至洲际间进行。目前的几种模式,无论是德国、美国、日本的国家循环经济模式,即所谓的社会循环经济模式,还是限于国家内部的某个子系统的循环范畴或我国部分省内区域和园区式的模式,都不能满足保护人类生态环境,维系地球人类生存和经济发展的要求,因此,循环经济必须打破国家的区域界限。宏观上,在全球经济与生态系统的大范围内建立循环经济体系;微观上,向最小的生产与产品单元,即人类生产活动的最小单元扩展。基于此,创新与改进现有三层面循环理论,提出循环经济的无限宏微观层面理论:世界(全球)层面—国家(社会)层面—区域层面—园区层面—产(企)业层面—生产单元(车间)—工艺系统—元件,即宏微观上在人类经济所及的范畴内,实现循环经济,实现全人类社会系统的减熵,如图2-5所示。

根据上述原则,西山循环经济园区必须是全层面、全园区产业链结构、全系统、全生产过程、全循环体系、全系统生态的循环经济、绿色开采与环境保护的工业园区。

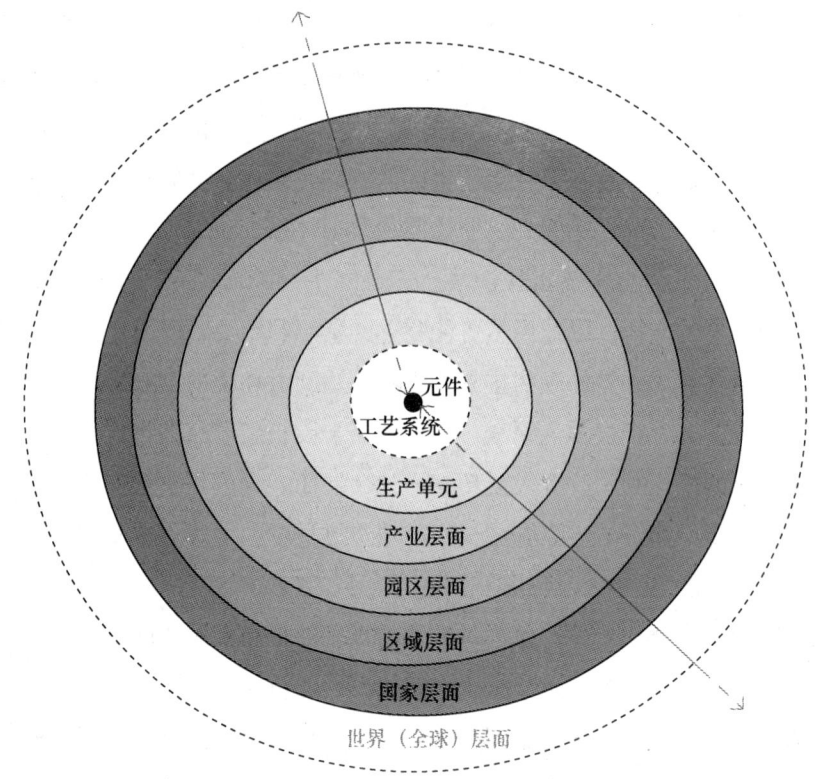

图 2-5 多层面无限宏微观循环理论

首先,西山循环经济工业园区从矿井、矿区和社会三个层面实现循环经济发展。实现这一经济发展模式关键是促进资源回收率、转化率和利用率的提高,以及产品生产和消费过程中废弃物排放的减少,以期实现经济效益、社会效益、环境效益的共同发展。

**二、矿井煤炭开采的层面上实现资源利用的小循环和协**

(1) 在循环经济的源头——矿井煤炭开采的层面上,推进清洁生产,实现资源利用的小循环和协。

面对矿区传统工业生产模式对自然生态环境造成的影响,西山煤矿探索新的生产替代模式,以利于工业生产与自然生态环境相融洽。由于对自然生态环境影响的源头在于微观煤矿企业的煤炭生产过程,因此,从微观层面污染源入手,提出了"清洁生产"模式。

相对于传统生产方式来讲,"清洁生产"模式是一种新的创造性思维,该思维是将整体预防的战略持续应用于生产过程、产品和服务之中,以期增加生态效率,减少人类和自然的风险。同时,"清洁生产"模式对生产过程、产品和服务提出了各种要求,要求生产过程节约能源和原材料,减少产出的所有废弃物数量;对产品要求减少从原材料加工到产品处置的全生命周期过程的不利影响;要求将环境因素纳入设计和提供的服务中。

与传统的生产模式相比,"清洁生产"模式创新思想在于对自然生态环境的重视和治理环境的方式由过去的末端治理转移到源头控制,由过去的被动治理到主动防治,由末点控制到全过程控制。所以,"清洁生产"模式是人们对自然生态环境保护理念的重大突破。实践证明,这是一种从生产过程角度比末端治理更有效的环境保护模式。

(2) 根本上实现矿区由被动的末端治理到主动的全过程煤炭生产预防转变。

要想从根本上实现矿区由被动的末端治理到主动的全过程煤炭生产预防转变,为矿区环境的可持续发展创造微观条件,西山煤矿在矿井这一微观层面,根据生态效率理念,遵循"3R"原则,大力推行清洁生产,从生产过程和产品入手,提高资源、能源利用效率,减少废弃物产生量和排放量。通过大力改善利用矿产资源的技术水平,使有限的矿产资源得到最大限度充分合理利用。

1) 改进矿井开采技术,减少开采过程中的物料使用量和有害物质的排放,综合开发伴生资源。改革矿井开拓布局、巷道布置方式和采矿工艺,尽可能采用先进技术装备和工艺实现规范化生产,对矿产资源、水资源、土地资源和共伴生资源等进行综合开发。

①改革巷道布置方式。由于煤炭生产过程中排出的矸石主要来源是岩石巷道的掘进,而它与矿井开拓系统和采区巷道布置紧密相关。所以,改革巷道布置方式,积极发展少开岩巷的矿区开拓与巷道布置,能够从源头上控制矸石的排放量。这充分符合清洁生产的"源头控制"理念。

②优化采煤方法和工艺。既可以提高煤炭的质量,也可以实现矸石回填、矸石不出井等多种环保目标。

③提高煤矿生产污水的处理技术。通过对矿井水的分类处理和水采矿井的闭

路循环，可以减少污水的排放量。

④积极利用井下瓦斯抽放技术。由于煤矿矿井通风向大气排放的废气数量和含有的有害成分，主要取决于矿井煤层瓦斯的含量和生产时的瓦斯涌出量，所以，利用瓦斯抽放技术不仅可以保证安全生产，还可以减轻矿井对环境的污染，做到"化害为利，变废为宝"。

⑤运用减少对土地破坏的采煤技术，如采用房柱式、条带开采等。

⑥提高资源回收率，建设节约型企业。煤炭是不可再生资源，是煤炭企业赖以生存和发展的基石，谁占有更多的资源谁就在未来的市场竞争中处于更加有利的地位。

因此，西山煤矿从采区布局、工作面布置、回采工艺和方法、设备选型、现场管理、计量考核、奖惩政策等多个方面入手，提高资源回收率。一是积极开展"三下"采煤技术攻关，解放"三下"呆滞煤量。二是运用高科技手段，开展防火灭火技术实验研究，逐步解放受火灾威胁的呆滞储量技术。探索断层煤柱、边角煤柱开采技术的试验研究，最大限度回收煤炭资源。三是努力开发先进适用的节约和替代技术，积极推广新型支护材料和节能电器。四是广泛采用先进技术，淘汰落后设备、技术和工艺，大力推进节能、节水、节材和资源综合利用的技术改造。五是大力开展回收复用、修旧利废。搞好清洁生产，注重环境保护，搞好煤矸石、粉煤灰的综合利用，实现经济与环境的协调发展。

2) 应用先进洗选加工转化技术，提高矿区的产品层次，减少污染和浪费。

矿区作为众多工业生产能源和原材料的供应者，它的产品性能对后续厂商的产品具有重要影响。所以，加大对矿区矿产资源产品的清洁生产控制，对自然生态环境和其他厂商的生态经济系统的保护有重要作用。对于煤矿来讲，应对原煤产品进行深加工和精加工，大力加快发展选煤、动力配煤、民用型煤、水煤浆，开发利用煤层气，研究煤炭燃烧技术，使煤炭高效、洁净燃烧。总之，提高矿区的产品层次，减少污染和浪费，从技术层面上讲，主要体现在洁净煤技术方面。

①洗选煤技术。矿区通过对原煤的洗选，可以去掉原煤中的有害物质，并加工出不同用途的各种产品，这样既可以保证煤炭产品的质量要求，适应不同用户的不同要求，经济有效地利用资源，又可以避免煤的无效运输，减少运力浪费。这样不仅有利于环境保护，加强矿区清洁生产的影响深度，而且也能提高企业的

市场竞争力和经济效率。

②型煤技术。是将粉煤、煤泥、焦粉压制成块状燃料的技术，可以将原来不适用的粉煤、煤泥等变成优质燃料，同时可以减少粉煤和煤泥对环境造成的污染。

③配煤技术。通过将若干种不同种类、不同质量的煤，按一定的比例掺配、加工成一种混合煤，这样可以向不同的用户销售不同的煤质、质量稳定的产品，从而提高煤的利用效率，进而可以在煤炭利用时减少对环境的污染，达到节能和环保的要求。

④煤的转化技术。是指将煤进行焦化、气化和液化，扩大煤的适用范围。例如煤经过液化，可以缓解日益紧张的运输燃料压力。煤的转化技术由于改变了煤的利用方式，可以有效地控制煤炭利用过程中有害物质的排放，从产品角度考虑环境问题。

3）发展坑口大机组火电，促进煤电联营，节约运力，减少污染。发展坑口大机组火电，变运煤为输电，逐步使多数煤炭用户变燃煤为用电，既可以节约大量运力，又能提高能源利用效率，还可以减少煤炭终端消费，减少分散污染源。同时，坑口电厂可以就地消耗大量低热值燃料，解决煤矸石和煤泥对环境造成的污染，缓解运输压力，降低发电成本，调整矿区产业结构。西山循环经济工业园区拟建两个电厂：西山 $2\times60$ 万千瓦坑口电厂和 $4\times5$ 万千瓦资源综合利用电厂。

### 三、园区内产业层面实现各企业单元间的封闭循环和协体系

西山循环经济工业园区生产形成自然生态系统的封闭和协体系，其中一个单元生产的"废弃物"变为另一个单元的"原料"或投入物，形成一个互相依存、互相作用，自然生态"食物链"的工业生态系统。这个生态系统是环境承载力、物质、能量和信息高效组合利用以及工业生态系统稳定协调发展的新型工业组合和发展形态。

所以，同"清洁生产"模式相比，西山生态工业是一种较高的形式，从系统整体的角度分析和利用不同生产单元的废弃物，并构架废弃物利用的形式，将各个个体单元组装在一起，不仅从根本上解决了区域废弃物对自然生态环境的污染问题，同时也为区域产业发展提供了新的思路和空间。

所以，西山循环经济工业园区必将建设成为一个生态工业园区。西山循环经济工业园区以煤矿为龙头，配套建设洗煤厂，实现动力煤的洁净生产；洗煤厂生

产的精煤通过铁路专用线装车外运，筛分煤、中煤进入配煤厂，混配后送至坑口电厂；分选出来的煤矸石输送到煤矸石砖厂；坑口电厂排出的粉煤灰，作为水泥厂和砖厂的原料；采煤过程中采出的瓦斯和伴生资源煤层气作为瓦斯电厂的燃料。这样，各个生产单位首尾相接、环环紧扣，上一个生产单位产生的废料正好是下一个生产单位的原料，逐层减量利用。

该园区以煤矿为核心，以煤炭、焦化、甲醇、热电联产和环境综合处理五大系统为框架，通过盘活、优化、提升、扩张等手段，建立生态工业示范园区。各大系统内分别有产品产出，各系统之间通过中间产品和废弃物的相互交换而互相衔接。示范基地园区主要由五条主生态产业链组成：一条是"煤—焦炭—化工"生态产业链；一条是"煤矸石—建材—砖厂"生态产业链；一条是"中煤（末煤）—综合利用电厂发电—煤气联产"生态产业链；一条是"煤伴生物—煤层气（铁矿、铝矿）"生态产业链；一条是"煤—坑口电厂—粉煤灰—水泥"生态产业链。各条主生态产业链相互之间构成了横向耦合关系，并在一定程度上形成了网络状。由于每条生态产业链的上游生产过程中产生的废弃物用作下游生产过程的原料，从而形成一个比较完整的闭合生态工业网络。园区内的资源得到充分配置，废弃物得到有效利用，环境污染减少到最低水平，达到低投入、高产出、低污染、高效益的理想目标，创造工业与自然和谐共处的生态景观，为全国煤炭工业资源开发提供了理论支持和可以模仿的实践模型。

西山煤矿具有物质和能量梯级流动的"食物链"流程，并且在这个流程中产生了使其不具有完全生态属性的"废弃物"，不同产业生态群落代谢的不同营养物料逐级吸收利用，发展成为生态产业链。所以，西山矿区按照生态工业学的基本原理，通过企业之间的物质集成、能量集成和信息集成，形成企业间的工业代谢和共生关系，建立全矿区循环经济工业生态园区。

**四、在矿区层面上，建设生态工业园区，实现资源利用的中循环和协**

如果煤矿的"清洁生产"在微观层面的单个个体进行，对于局部环境改善是有作用的，但对于中观层次的矿区来说，其作用将受到限制。所以，仅仅依靠实施"清洁生产"来解决整个矿区生态经济系统所有的问题是不现实的。因此，这就要求我们在寻求矿区可持续发展的过程中，在考虑单体的基础上，从总体上来考察整个矿区可持续发展问题。

矿区生态经济系统是一个人工复杂系统,由于人的扰动,矿区生态经济系统同自然生态系统是有差别的。其本质差异在于物质与能量流动的"食物链"不像自然生态系统"食物链"那样是一个"闭环"过程,而是一个"开环"过程,这样矿区生态经济系统就表现出不完全生态属性。因此,从总体上考察矿区生态经济系统的可持续发展问题,就必须从整体入手,变矿区的不完全生态属性为完全生态属性,从而使矿区生态经济系统像自然生态系统一样多个个体共存一体,和谐共存,实现矿区工业生态化。

在矿区可持续性发展研究中,如果忽视或轻视生态产业共生体系构建,则根本谈不上实现矿区可持续性发展。一个粗放的单一产业格局,承担不起可持续发展的经济基础性作用,更谈不上与区外经济耦合协同发展;一个内部互相独立的、条块分割的"孤岛式"运行系统和"坐吃山空"的发展模式也是无法长期生存和演进的。矿区可持续发展应从产业基础设计入手,构建矿区生态产业共生体系。矿区生态产业共生体系的建立不仅能达到区内经济、环境和社会的"三赢"理想状态,同时也为今后矿区产业集群的形成,进而为创建与区外经济耦合协同发展系统给出一个科学有效的平台,提高可持续发展的能力和水平。

在矿区周围,以矿业为依托,形成一系列的矿业辐射企业和独具特色的区域经济,未来的发展趋势必将是区域经济一体化。脱离了区域经济的协调发展,矿区就会陷入孤军奋战状态。因此,以矿业为龙头,联合周边的第一、二、三产业,建成零排放、高就业、高效益的生态工业园区,这是矿区及区域经济、社会、环境可持续发展的最佳选择。

(1)以煤炭企业为核心,在推行"清洁生产"、发展生态企业的基础上,积极引进建设与现有企业配套互补的企业和项目,努力实现企业间资源的循环利用与园区内废物的零排放,并通过产业、企业间的协调合作,逐步形成产品或废物食物链(加工链),谋求工业群落的优化配置,节约土地,互通物料,提高效率,最大限度地实现经济、社会和环境三个效益的统一。具体来说,在园区内,设计一个产业关联度高、协调发展的产业链,如煤、电、化工产业链,煤、电、养殖、种植一体化产业链,煤、矸石、建筑材料一体化产业链等,使得产业间的原料、废料尽可能被充分综合利用,寓环保于生产中,使整体环境容量需求最小化。

(2)以煤炭企业为核心,联合区域内相关企业及农业部门、居民生活区、信息服务部门等,形成一个自然、工业和社会的复合体。复合体通过成员间的副产品和废物的交换、能量和水的逐级利用、基础设施和其他设施的共享来实现整体在经济和环境上的良好表现。

**五、在社会层面上,实现资源利用的大循环和协**

从全社会角度看,应减少消费过程中资源的浪费和污染,实现消费过程中和消费过程后物质和能量的循环,从而在社会层面上实现资源利用的大循环。对于大西山矿区来讲,要变末端治理为源头控制、变分散治理为集中控制,减少矿产品消费过程中的资源浪费和污染,实现园区内各环节之间物质和能量的循环。因此,矿区要为实现社会循环经济打下良好基础。

(1)使用清洁能源。

调整能源消费结构。城镇应树立使用清洁能源的意识和理念,发展和使用二次能源和可再生能源,改变能源消费结构。推广应用热电联产和集中供热,并形成优质能源优先供应商业和民用的能源供应机制,减少环境污染。

改变矿产品消费结构。大力推广矿产资源洗选加工技术,将大量的原矿直接转变为洗矿、型矿等,以提高消费过程中的能源效率,减少环境污染。

(2)清洁贮运。

对煤炭产品来讲,建立封闭贮煤仓,减少露天煤炭堆放量,减少贮煤区的环境污染;建立封闭运煤系统,减少煤炭运输沿线的环境污染。

除此之外,应积极配合所在地区或城市的市政基础建设,对传统工业设施进行改造,把矿区融入区域生态管理与建设之中。

## 第四节 西山循环经济的大循环和协体系

西山循环经济体系包括古交循环经济园区、兴县循环经济园区、汾阳市吕梁三泉五麟焦化工业园区、前山矿区的治理与改造循环经济体系和安泽"煤—焦—

化"工业园区,从而构成了整个西山循环经济的大循环和协体系,如图2-6所示。

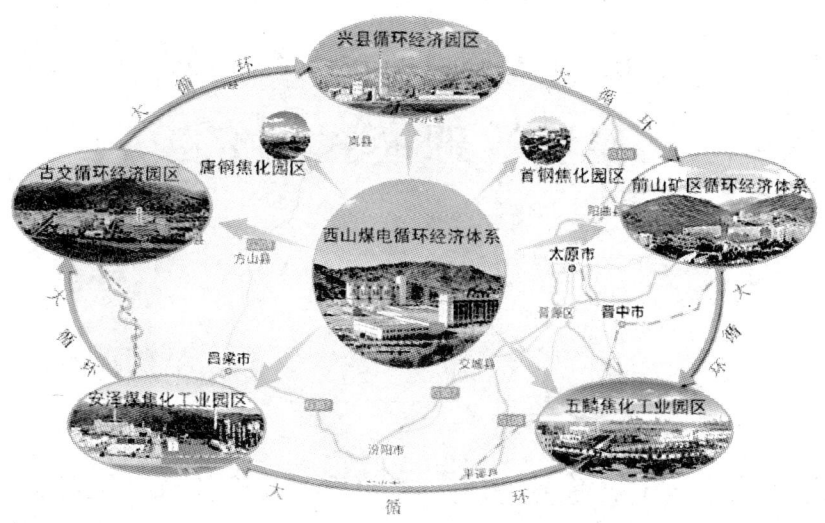

图2-6 西山循环经济的大循环和协体系

# 第三章 西山资源开发多矿循环经济集约管理模式研究

## 第一节 古交循环经济示范基地建设大工程体系

（1）多矿产业聚集循环系统和协模式。

不同于塔山和兴县单矿、双矿为产业集群龙头产业的循环经济体系，西山煤电集团的古交循环经济园区为多矿产业聚集循环系统和协模式。古交循环经济园区示范基地是西山煤电循环经济系统的主要子系统，位于屯兰川和原平川，以屯兰川为主，接近古交市区10公里的狭长地带。古交循环经济园区示范基地主要以煤炭、电力、煤化工和冶金产业为主，总占地面积为20多平方公里；循环经济园区南起马兰矿，北至西区矿，横亘马兰镇和屯兰川10平方公里。主要以马兰矿、屯兰矿、镇城底矿、西曲矿、东曲矿等循环经济子系统为产业节点，以煤矸、中煤运输通道为链条线，沿屯兰川延伸拓展绵绵几十里，形成矿区中循环经济产业生态集群面。

（2）古交循环经济园区大系统和协。

古交循环经济园区建设是大系统工程。煤炭运输系统包括地面精煤、中煤、煤矸石及各种代谢物——工业废渣、固体废弃物、粉煤灰运输系统；污水处理系统；洗选系统；焦化生产及化工产品加工系统；电力生产与运送系统；瓦斯抽放系统；地下绿色开采系统；三大产业链系统；节能减排系统；生态恢复系统；环境保护系统；管理信息系统等大系统工程。所以，在古交循环经济园区的产业生态群落建设中必须系统充分协同和协，统筹以煤炭为主的能源开发、综合利用、生态环境建设等各个方面，合理延伸和优化煤—电—铝、煤—焦—化和煤—焦—铁产业链，做到废弃物资源化，保护矿区生态环境；促进经济效益、社会效益和生态效益的统一，实现区域经济的和谐与协同发展；突出高技术起点和一体化、规模化经营，在各产业规划项目的安排上，坚持新技术、高起点的项目准入制，全面采用国内外最先进的技术，集中并优先建设规模大、附加值高、竞争力强的项目，形成大产业集群。同时，基地建设要突出煤炭、电力、化工、冶金上下游产业的一体化经营，充分发挥产业集群的优势；做好资源总量平衡，提前关注并解决瓶颈问题，将古交示范基地作为一个产业系统，统筹基地内有关能源、化工和冶金产业各种内蕴经济资源量的大体平衡。以煤炭为基础，以流通为网络，以资源为保证，提前安排好后续产业所需的煤种煤量，提前考虑与之相配套的公路、铁路运输能力和电力供应能力，提前安排水资源的保障，提前安排废弃物诸如煤矸石资源化项目等，做到统筹考虑，重点攻关，快速推进；以满足环境生态承载力和保护节约耕地为前提，古交地区生态环境脆弱、植被稀疏、水资源短缺、水土流失较为严重，是古交产业基地项目建设的较大制约条件。因此，在规划编制中坚持以环境生态承载力允许为前提，贯彻在保护中开发、在开发中保护的原则，加大生态环境建设力度，不断增强区域的环境生态承载力，最终实现发展经济与保护环境的双赢。

古交循环经济园区在建设中坚持科学发展观，贯彻节约开发和高效利用、发展循环经济和实现煤炭就地转化的指导思想，在国家宏观政策的指导下，在现有煤炭、电力、化工和冶金产业的基础上，按照煤炭生产开发规模，安排后续产业规模、项目进度；以市场为导向，客观分析古交示范基地内各产业结构和微观循环经济运行特点，合理规划、科学部署，设计、规划、投资、建设、运营大手笔，打造成为山西省乃至全国一流的现代化新型能源工业基地和循环经济经典工程与示范基地，实现"天人合一"的和协管理目标。

## 第二节 资源开发新模式的建设与实施
## ——古交循环经济园区建设

### 一、总体目标

古交示范基地建设按近、中、远三期进行,按照三条产业链布局,不断发展、优化产业体系。在规划期内,产业生产结构调整和升级取得明显进展,技术水平显著提高;煤矿安全状况显著好转,重特大事故得到有效遏制;以西山煤电集团为龙头,联合地方具有发展优势的企业打造具有国内竞争力的产业基地,经济效益显著提高;新型能源和工业基地基本建成,重点建设工程全部完成;规划区内生态环境得到有效恢复和保护,人与自然和谐相处。

(1) 2015 年规划目标。

继续扩大主导产业规模,煤基产业链进一步向下延伸。村庄搬迁有序开展,示范基地生态环境恢复效果显著,资源综合利用产业得到规模化发展,示范基地循环经济发展框架基本形成。到 2015 年,煤炭产能达到 1700 万吨/年,电厂装机容量达到 285 万千瓦,煤化工产能达到 150 万吨/年,冶金产能达到 130 万吨/年;工业总产值达到 180 亿元,利润总额达到 25 亿元。第二阶段示范基地建设投资总额为 115 亿元。

(2) 2020 年规划目标。

传统的主导产业规模保持稳定,发展重点在于化工、铁和铝的深加工以及其他高科技产业,示范基地产业的科技含量进一步提升,村民搬迁基本完成,生态环境进一步改善,经济高效、资源节约、环境友好和社会和谐的发展目标基本实现,并成为国内发展循环经济的产业基地典范。到 2020 年,煤炭产能稳定在 1700 万吨/年,电厂装机容量保持 285 万千瓦,煤化工产能 180 万吨/年,冶金产能 130 万吨/年;工业总产值 198 亿元,利润总额 28 亿元。若进一步延伸铁、铝等产业链和发展其他高科技和高附加值产业,示范基地的经济发展规模将达到更高水平。第三阶段基地建设投资总额为 18 亿元。

## 二、产业发展目标

古交示范基地建设以三条产业链为核心,以煤炭、电力、冶金为主导产业,以化工和建材为重点产业,按照循环经济原理构建生态产业体系。在技术和资源条件许可的情形下,冶金产业链继续往下延伸,积极考虑铁和铝的深加工。古交示范基地规划期内产业生产目标,如表 3-1 所示。

表 3-1 古交示范基地产业发展目标

| 产业 | 单位 | 2007 年 | 2010 年 | 2015 年 | 2020 年 |
| --- | --- | --- | --- | --- | --- |
| 煤炭生产 | 万吨/年 | 901 | 1400 | 1700 | 1700 |
| 焦炭生产 | 万吨/年 | 10 | 120 | 120 | 120 |
| 电力生产 | 万千瓦/年 | 60 | 183 | 285 | 285 |
| 水泥生产 | 万吨/年 | 0 | 200 | 500 | 500 |
| 钢铁生产 | 万吨/年 | 77 | 77 | 100 | 100 |
| 氧化铝生产 | 万吨/年 | — | — | 30 | 30 |
| 电石生产 | 万吨/年 | — | 20 | 60 | 60 |
| PVC 生产 | 万吨/年 | — | — | 10 | 10 |
| 尿素生产 | 万吨/年 | — | 30 | 30 | 30 |
| 煤焦油处理 | 万吨/年 | — | — | 30 | 30 |

注:煤炭产业含杨庄矿。

## 三、循环经济建设目标

古交示范基地建设将充分考虑生态化发展,强调资源节约、环境保护和安全生产。古交示范基地建设将在循环经济和生态工业理论的指导下,依靠系统集成和科技进步,加强煤、电、焦、运和建材产业的耦合,通过稳定、提升、完善现有的企业循环经济雏形,有计划、分阶段实施有关项目,扩大生产规模,提高资源利用率,开发高附加值的深加工产品,延伸产业链,实现资源优化配置,降低产业发展过程中的物耗、能耗和污染排放水平,加强环境保护和生态环境恢复与建设,提高经济效益,实现矿区经济、社会和环境的和谐发展。古交示范基地建设目标,如表 3-2 所示。

表 3-2 古交示范基地建设目标

| 目标 | 单位 | 2007 年 | 2010 年 | 2015 年 | 2020 年 |
| --- | --- | --- | --- | --- | --- |
| 大中型煤矿产量比重 | % | 81.0 | 85.0 | 90.0 | 92.0 |
| 煤炭资源回收率指标 | % | 80.0 | 85.0 | 88.0 | 90.0 |
| 煤矿安全生产指标 | 百万吨死亡率 | — | 0.3 | 0.2 | 0.1 |
| 电力生产能耗指标 | 克标煤/千瓦时 | 315.0 | 305.0 | 290.0 | 280.0 |
| 煤层气抽采利用率 | % | 22.6 | 80.0 | 85.0 | 90.0 |
| 固体废弃物利用率 | % | 25.0 | 60.0 | 70.0 | 75.0 |
| 矿区土地复垦率 | % | 38.0 | 40.0 | 50.0 | 60.0 |
| 产业基地绿化率 | % | 30.0 | 35.0 | 37.0 | 38.0 |
| 废水回用率 | % | 70.0 | 90.0 | 95.0 | 96.0 |

## 四、经济发展目标

根据现有资料,本规划确定了一些发展项目。煤炭、电力和煤化工项目比较明确,部分项目需要进一步论证。本示范基地在铁和铝产业链进一步延伸方面具有较大的发展空间,例如铁合金和铝制品的生产加工,这方面可以作为古交示范基地招商引资的重点。古交示范基地经济发展目标,如表 3-3 所示。

表 3-3 古交示范基地经济发展目标　　　　　　　　单位:亿元

| 产业名称 | 2007 年 | | 2010 年 | | 2015 年 | | 2020 年 | |
| --- | --- | --- | --- | --- | --- | --- | --- | --- |
| | 工业总产值 | 利润总额 | 工业总产值 | 利润总额 | 工业总产值 | 利润总额 | 工业总产值 | 利润总额 |
| 煤炭 | 21.56 | 3.41 | 33.50 | 5.30 | 40.70 | 6.40 | 40.70 | 6.40 |
| 电力 | 8.60 | 1.21 | 23.30 | 3.30 | 46.80 | 6.60 | 46.80 | 6.60 |
| 煤化工 | 1.20 | -0.17 | 25.00 | 3.00 | 44.30 | 5.20 | 53.30 | 6.20 |
| 冶金 | 24.50 | 1.20 | 35.00 | 3.50 | 44.00 | 6.50 | 44.00 | 6.50 |
| 建材 | — | — | 0.90 | 0.20 | 5.90 | 1.00 | 13.50 | 2.20 |
| 合计 | 55.86 | 5.65 | 117.70 | 15.30 | 181.70 | 25.70 | 198.30 | 27.90 |

注:冶金产业仅包括粗铁和氧化铝生产,不包括可能实施的铁、铝的深加工项目。

# 第三节 古交循环经济产业生态群落系统建设

古交产业基地总占地面积 20 平方公里,"煤—电—建材"、"煤—焦—化"和"煤—伴生资源(煤层气、铝、铁)"三条产业链贯通连接五矿小循环体系;各循环经济园区产业链上的节点项目,以煤矿为起点,包括选煤厂、污水处理厂等形成了微循环的循环经济体系;而产业链由铁路、公路和专用运煤通道为联结,形成以矿井为龙头,以煤、电、化、冶金为核心的产业集群,集约优化,水、电及环境资源共享,集中供水、供热和水处理,统筹环境治理和生态环境建设,形成了一个中循环的循环经济体系,如图 3-1 所示。

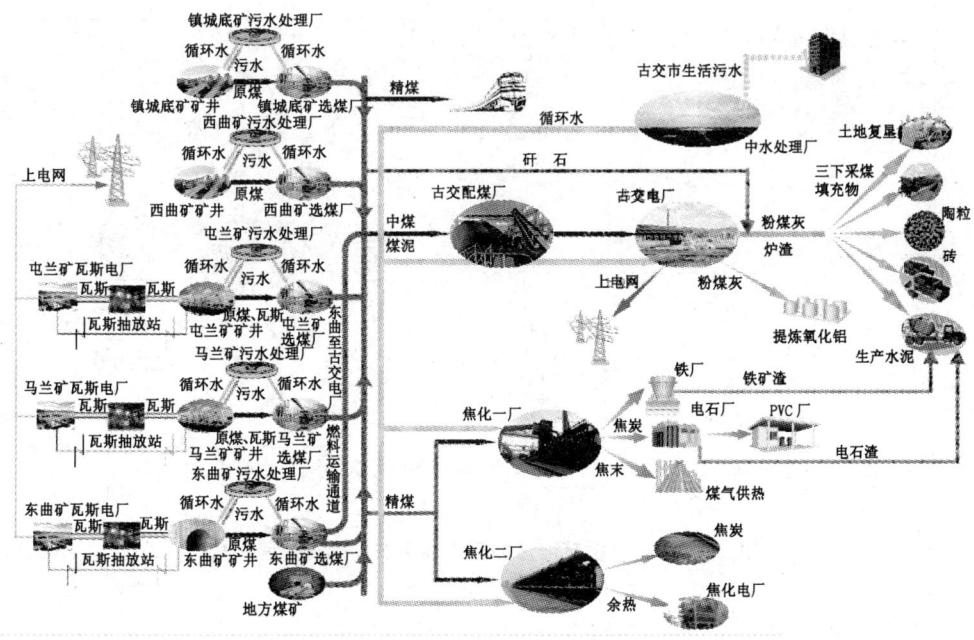

图 3-1 古交循环经济示范基地产业链

## 一、循环经济一级产业生态群落——煤炭生产洗选项目建设

古交循环经济园区产业链的起点或首端节点产业项目、龙头产业——屯兰、马兰、西曲、东曲和镇城底矿五矿和整合的煤矿及正在建设的杨庄煤矿，生产的产品煤炭是整个循环经济园区内各个产业的物料源头，为循环经济园区生态群落的一级营养级，位于代谢层的最顶层，为二级产业生态群落提供营养，也是循环经济园区的命脉。因此，各个煤矿项目的运行状态将影响整个循环经济园区循环状况。这些节点项目主要是园区小循环的煤矿、选煤厂和污水处理厂及矿内的有关节能减排、绿色开采、生态与环境保护的循环经济项目，如图3-2所示。

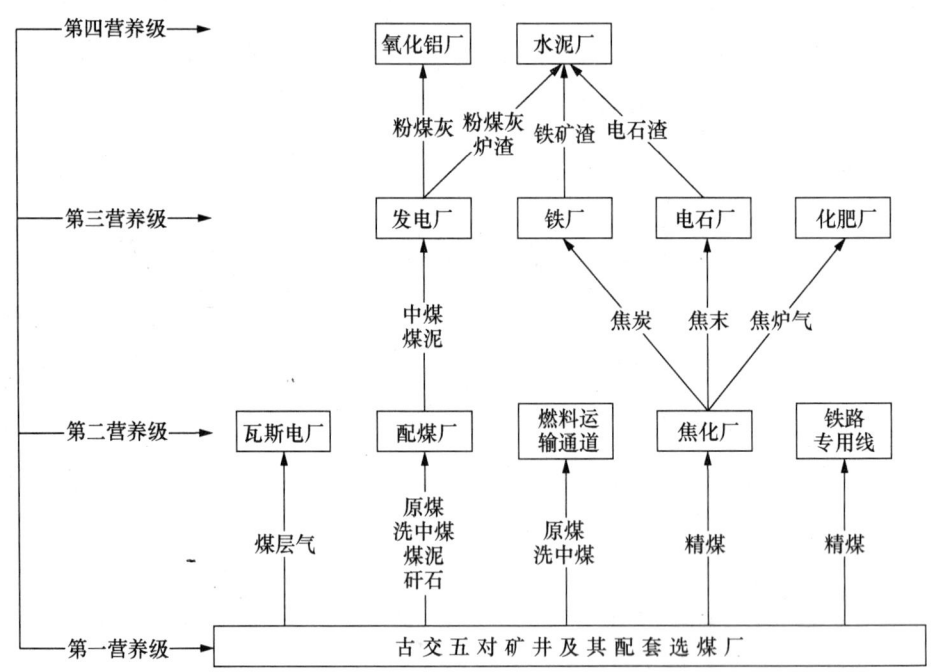

图3-2 古交循环经济园区产业生态群落营养级构成

（1）屯兰节点项目：屯兰矿、选煤厂、污水处理厂。

屯兰矿是原国家计委和煤炭部确定的基本建设体制改革试点项目，于1987年列入国家计划，1988年开工建设，1997年10月31日建成并试生产，2002年10月正式投产。原设计年生产能力400万吨，2004年通过环节改造形成500万

吨生产能力，2006年核定年生产能力为500万吨。矿井先后通过ISO9002质量管理体系认证、ISO14001环境管理体系认证和OHSI8001职业健康安全管理体系认证。按照"三新三高"（新矿井、新体制、新机制；高起点、高标准、高效益）要求建立。矿井资源充足，煤质优良，工艺先进，装备精良，机构精简。

屯兰矿井田面积73.33平方千米，工业储量10.28亿吨，可采储量6.28亿吨。主要煤种有焦煤（62.6%）、肥煤（11.5%）和少量瘦煤，其中焦、肥煤具有低硫、低磷、黏结性强、结焦性好等特点，是冶金、化工、电力等行业的优质原料，也是理想的环保用煤。主要供应宝钢、武钢、鞍钢，部分出口日本、韩国。

屯兰矿选煤厂地处山西省古交市西南8千米屯兰河谷内，工业广场占地面积0.18平方千米，原设计年入洗原煤400万吨，1997年10月31日进入试生产阶段，2002年10月31日正式投产。2003年通过技术改造将原有的"跳汰—浮选"联合流程改造为无压重介三产品、浮选联合流程工艺。2004年对浮选系统及快速装车系统进行改造，生产能力达到年入洗原煤500万吨。入洗原煤基本上来自屯兰矿井，主要洗后产品以国家十级、九级冶炼焦精煤为主，副产品以优质混煤为主，精煤产品硫分均衡，黏结指数稳定，畅销国内重点钢铁、焦化企业，远销日本、韩国、印度、德国、巴西等国家和地区，洗煤副产品全部供古交电厂发电。厂机关设考核办、生产技术科、安监站、财务科和物资供应科，生产系统设有准备、洗煤、电气、运销、煤泥水、煤质6个车间。

2009年屯兰矿选煤厂主要经济技术指标完成情况，如表3-4所示。

表3-4 2009年屯兰矿选煤厂主要经济技术指标完成情况

| 指标名称 | 单位 | 计划 | 实际 |
| --- | --- | --- | --- |
| 入洗原煤 | 万吨 | 300.00 | 327.90 |
| 生产精煤 | 万吨 | 210.00 | 230.00 |
| 销售精煤 | 万吨 | 210.00 | 230.00 |
| 精煤产率 | % | 70.10 | 70.16 |
| 综合产率 | % | 87.00 | 87.18 |
| 完全成本 | 元/吨 | 470.41 | 467.90 |

续表

| 指标名称 | 单位 | 计划 | 实际 |
|---|---|---|---|
| 全员效率 | 吨/工·年 | 13.80 | 14.75 |
| 实现利润 | 万元 | 53117.00 | 53217.00 |

屯兰节点项目投资：屯兰矿 15.3894 亿元；选煤厂 4.3884 亿元；污水处理厂 900 万元。

(2) 马兰节点项目：马兰矿、选煤厂、水处理厂。

马兰矿是一座新型的现代化矿井，是国家"六五"、"七五"期间建设的国有特大型重点煤矿。马兰矿于 1983 年 11 月 20 日开工建设，1990 年 6 月 27 日正式投产，设计年生产能力 400 万吨，服务年限 139 年。

马兰矿井田面积为 120 平方千米，工业储量 12 亿吨，可采储量为 8 亿吨。主要产品为经洗选加工后的肥精煤，产品销往国内 30 余家钢铁厂，并远销日本、韩国、印度等国际市场。

2009 年，马兰矿在面临安全与经营双重压力的形势下，全矿上下团结一致，迎难而上，奋力拼搏，整体工作取得新成就，矿井保持全面、协调、可持续发展，获"全国煤炭工业行业一级安全高效矿井"、"全国企业文化建设先进单位"、"2007~2008 年度省属企业文明单位标兵"、"2007~2008 年度省属企业文明社区"等荣誉称号。

2009 年马兰矿主要经济技术指标完成情况，如表 3-5 所示。

表 3-5  2009 年马兰矿主要经济技术指标完成情况

| 指标名称 | 单位 | 计划 | 实际 |
|---|---|---|---|
| 原煤总产量 | 万吨 | 330.00 | 391.80 |
| 掘进总进尺 | 米 | 22500 | 23919 |
| 开拓总进尺 | 米 | 2500 | 2503 |
| 全员效率 | 吨/工·年 | 330.00 | 391.80 |
| 完全成本 | 元/吨 | 8.50 | 11.70 |
| 实现利润 | 万元 | 257.30 | 241.21 |

与矿井配套的选煤厂马兰矿选煤厂于1993年10月20日建成投产，设计入洗能力400万吨/年。主要产品为十级精煤，精煤产品位居"山西名牌产品"之列，主要销往国内20多家大型炼钢企业，出口日本、韩国、巴西等国际市场。

2009年马兰矿选煤厂主要经济技术指标完成情况，如表3-6所示。

表3-6　2009年马兰矿选煤厂主要经济技术指标完成情况

| 指标名称 | 单位 | 计划 | 实际 |
| --- | --- | --- | --- |
| 入洗原煤 | 万吨 | 330.00 | 391.79 |
| 生产精煤 | 万吨 | 225.00 | 267.65 |
| 销售精煤 | 万吨 | 225.00 | 276.00 |
| 精煤产率 | % | 68.00 | 68.32 |
| 综合产率 | % | 80.00 | 80.02 |
| 完全成本 | 元/吨 | 495.00 | 193.65 |
| 全员效率 | 吨/工·年 | 3017.00 | 3503.00 |
| 实现利润 | 万元 | 58219.00 | 58234.00 |

马兰污水处理厂采用"撇油预沉调节＋絮凝反应＋斜管沉淀＋砂层过滤（水力自动反洗）＋加药消毒"先进工艺。工程项目总投资960万元；污水处理成本为0.32元/吨废水。

马兰节点项目投资：煤矿8.2889亿元；选煤厂2.2249亿元；污水处理厂940万元。

（3）东曲节点项目：东曲矿、选煤厂、污水处理厂。

矿井于1985年开工建设，1991年12月建成投产，年设计生产能力400万吨/年。矿区井田面积60平方千米，可采储量4.6亿吨，煤种有焦煤、瘦煤和贫煤。产品有焦精煤、瘦精煤和动力煤。

矿井采用平硐加斜井式开拓、条带式开采方式，采煤、掘进机械化程度100%，大巷运输采用信集闭、漏泄通信系统，安全生产、调度、通风瓦斯管理实现了电脑监控。采掘设计采用自行开发研制的系统，实现了采掘设计自动化。建成了企业局域网，实现了资源共享，极大地提高了工作效率和工作质量。

2009年东曲矿主要经济技术指标完成情况，如表3-7所示。

表3-7 2009年东曲矿主要经济技术指标完成情况

| 指标名称 | 单位 | 计划 | 实际 |
| --- | --- | --- | --- |
| 原煤总产量 | 万吨 | 300.00 | 342.00 |
| 掘进总进尺 | 米 | 27700.00 | 28865.00 |
| 开拓总进尺 | 米 | 4700.00 | 4712.00 |
| 全员效率 | 吨/工·年 | 285.00 | 290.00 |
| 完全成本 | 元/吨 | 7.60 | 8.50 |
| 实现利润 | 万元 | 291.53 | 290.82 |

与之相配套的选煤厂东曲矿选煤厂于1991年10月开工建设，1994年11月5日正式投产，占地面积12公顷。设计入洗能力为400万吨/年，2009年技术改造后，入洗能力核定为300万吨/年。主要产品有12级以下瘦精煤、发热量17580千焦耳（4200大卡）以上的动力煤和山西兴能发电有限公司用原混煤。产品销往北京、河北、山东、天津等地。入洗原煤全部来自东曲矿井，原煤种类有焦煤、瘦煤和贫煤，原煤灰分30%左右，±0.1含量在40%以上。全厂下设综合办公室、安全生产技术科、机电供应管理科、财务科4个职能科室和准备、主洗、煤质、煤泥水、运销、机电、汽车队7个生产车间（队）。选煤厂采用"跳汰粗选—重介旋流器精选—煤泥浮选"联合工艺流程，机械化程度100%。2009年9月储装运系统和重介系统改造工程竣工，改造后的系统每小时处理量由原来的650吨提高到800吨，洗选效率由原来的89%提高到93%，精煤回收率提高3%（原煤不变的情况下）。

东曲节点项目建设总投资：煤矿8.0626亿元；选煤厂3.1627亿元；污水处理厂920万元。

2009年东曲矿选煤厂主要经济技术指标完成情况，如表3-8所示。

表3-8　2009年东曲矿选煤厂主要经济技术指标完成情况

| 指标名称 | 单位 | 计划 | 实际 |
|---|---|---|---|
| 入洗原煤 | 万吨 | 237.40 | 241.05 |
| 生产精煤 | 万吨 | 88.00 | 89.39 |
| 销售精煤 | 万吨 | 88.00 | 89.23 |
| 精煤产率 | % | 37.07 | 37.08 |
| 综合产率 | % | 82.07 | 82.09 |
| 完全成本 | 元/吨 | 490.55 | 489.48 |
| 全员效率 | 吨/工·年 | — | 23.89 |

（4）西曲节点项目：西曲矿、选煤厂、污水处理厂。

西曲矿1979年8月开工建设，1984年12月1日正式投产，是我国"七五"重点建设项目，是改革开放以来，利用国际能源贷款建成的大型现代化矿井，也是古交矿区投产的第一对矿井。

西曲矿位于山西省古交市汾河北岸，地处吕梁山脉东麓，距山西省省会太原市56千米，井口海拔983米，井田走向长6.5千米，倾向宽6千米，总面积39.5平方千米。

西曲矿井设计年生产能力300万吨（2005年重新核定为340万吨），服务年限为98年，建设总投资4.265亿元，1979年8月1日正式开工，建设周期5年零4个月，于1984年12月1日正式投产。

2009年西曲矿主要经济技术指标完成情况，如表3-9所示。

表3-9　2009年西曲矿主要经济技术指标完成情况

| 指标名称 | 单位 | 计划 | 实际 |
|---|---|---|---|
| 原煤总产量 | 万吨 | 340.0 | 396.2 |
| 掘进总进尺 | 米 | 27000 | 29279 |
| 开拓总进尺 | 米 | 1500 | 2497 |
| 全员效率 | 吨/工·年 | 759.0 | 920.8 |
| 完全成本 | 元/吨 | 256.71 | 254.93 |
| 实现利润 | 万元 | 34182 | 34311 |

与矿井生产能力相配套，西曲矿建有一座大型现代化选煤厂，位于山西省古交市西北汾河北岸，年处理能力为 300 万吨，1985 年 9 月 18 日开工建设，1987 年 10 月 20 日建成投产。主要洗选设备由国外引进，国内设备配套。洗后产品为"西山"牌十级焦精煤，获"山西省名牌产品"称号。产品主要销往国内大型钢铁焦化企业，部分出口日本、韩国等国。下设储运车间、主洗车间、煤泥水车间、电气车间、煤质科、运销科、汽车运输队；机关科室有综合办、生产安全技术科、供应科、机电科、财务科。原煤不分级入洗，经过两次技术改造，成为目前全国技术工艺最先进的选煤厂。

2009 年西曲选煤厂主要经济技术指标完成情况，如表 3-10 所示。

表 3-10　2009 年西曲选煤厂主要经济技术指标完成情况

| 指标名称 | 单位 | 计划 | 实际 |
| --- | --- | --- | --- |
| 入洗原煤 | 万吨 | 34.00 | 396.20 |
| 生产精煤 | 万吨 | 185.00 | 219.92 |
| 销售精煤 | 万吨 | 259.00 | 299.95 |
| 精煤产率 | % | 54.30 | 55.51 |
| 综合产率 | % | 74.00 | 74.56 |
| 完全成本 | 元/吨 | 534.57 | 533.04 |
| 全员效率 | 吨/工·年 | 2450.00 | 2956.00 |
| 实现利润 | 万元 | 24958.00 | 25068.00 |

西曲节点项目建设总投资：煤矿 4.265 亿元；选煤厂 1.3901 亿元；污水处理厂 1200 万元。

(5) 镇城底节点项目：镇城底矿、选煤厂、污水处理厂。

镇城底矿是国家"六五"重点建设项目。矿井于 1983 年 1 月开工建设，1986 年 11 月建成移交生产，是古交矿区第二对投产的大型矿井，矿井原年设计能力 150 万吨；2003 年矿井核定生产能力为 150 万吨，2005 年经重新核定批复的生产能力为 190 万吨。镇城底矿是一个生产炼焦煤的大型矿井，矿区总面积 23.8 平方千米。石炭系太原组和二迭系山西组为本区主要含煤地层，共含煤 13 层，可采煤层 8 层。全区煤层总厚度为 161.11 米，含煤系数为 10.42%，主采煤为2号、3号与8号煤，煤质以肥煤、焦煤为主。

镇城底矿选煤厂位于山西省古交市镇城底镇，由原国家煤炭部太原设计院设计，建厂总投资462万元，1983年1月动工兴建，1986年11月20日与镇城底矿同时建成投产，原设计入洗能力为150万吨原煤，采用"跳汰—浮选"联合工艺流程；2003年技术改造后，2005年重新核定入洗能力为每年190万吨原煤。入洗原煤全部来自镇城底矿，矿井的2号、3号煤（低硫煤）和8号煤（高硫煤）分采分运进厂，按比例进行配洗。原煤属中等易选煤，主要洗后产品为"镇城底"牌十级肥精煤，连年荣获"山西省名牌产品"称号，主要销往国内大型钢铁、焦化企业，2005年后部分出口日本、韩国。副产品洗中煤可供电厂作动力用煤。

2009年镇城底矿主要经济技术指标完成情况，如表3-11所示。

表3-11 2009年镇城底矿主要经济技术指标完成情况

| 指标名称 | 单位 | 计划 | 实际 |
| --- | --- | --- | --- |
| 原煤总产量 | 万吨 | 170.00 | 190.20 |
| 掘进总进尺 | 米 | 13000.00 | 14500.00 |
| 开拓总进尺 | 米 | 1000.00 | 1278.00 |
| 全员效率 | 吨/工·年 | 131.00 | 148.96 |
| 完全成本 | 元/吨 | 7.00 | 8.30 |
| 实现利润 | 万元 | 277.03 | 276.71 |

1998年镇城底矿选煤厂在山西省首家获原国家煤炭部"洗水闭路循环一级厂"称号；1991年获煤炭部"质量标准化一级厂"和"现代化选煤厂"称号。1999年6月通过ISO9001质量体系认证；2004年8月通过ISO14000环境管理体系认证；2005年3月通过GB/T 28001-2001职业健康安全管理体系认证。2006年获山西省"首届十佳选煤厂"、中国煤炭工业协会"2005~2006年度煤炭工业优质高效选煤厂"称号。截至2009年底，累计生产精煤1813万吨，实现利润11.85亿元。

2009年镇城底矿选煤厂主要经济技术指标完成情况，如表3-12所示。

表3-12 2009年镇城底矿选煤厂主要经济技术指标完成情况

| 指标名称 | 单位 | 计划 | 实际 |
|---|---|---|---|
| 入洗原煤 | 万吨 | 175.00 | 191.00 |
| 生产精煤 | 万吨 | 121.00 | 134.00 |
| 销售精煤 | 万吨 | 121.00 | 134.00 |
| 精煤产率 | % | 70.90 | 70.90 |
| 完全成本 | 元/吨 | 534.99 | 533.79 |
| 全员效率 | 吨/工·年 | 10.20 | 15.17 |
| 实现利润 | 万元 | 26500.00 | 26504.00 |

镇城底节点项目投资：镇城底矿2.3316亿元；选煤厂0.3666亿元；污水处理厂890万元。

(6) 集中污水处理厂。

五矿的污水处理厂采用"撇油预沉调节＋絮凝反应＋斜管沉淀＋砂层过滤（水力自动反洗）＋加药消毒"先进工艺。五矿的污水处理厂工程项目总投资4860万元；污水处理成本为0.32元/吨废水。

2009年古交污水处理厂二期扩建工程投资6101万元。搞好工程协调和监管，对工艺进行优化，年底工程基本竣工。通过一、二期系统顺利衔接，提高污水处理效率和质量，满足国家新的环保标准和考核要求。

(7) 屯兰川地方煤矿。

屯兰川的14座小煤矿整合成若干座30万吨/年以上的大中型煤矿，山西古交义城煤业有限公司以古交义金煤业有限公司为主体整合古交镇义煤矿有限公司，古交义金煤业有限公司为生产能力30万吨/年的基建矿井，古交镇义煤矿有限公司为生产能力21万吨/年的基建矿井。整合后地方煤矿生产能力合计为300万吨/年。通过资源整合，进一步为循环经济园区产业链提供一定的煤炭资源保障。

以上建设项目五对矿井和配套的5座现代化选煤厂，以及23个辅助的附属设施共投资65亿元，建设成一个具有1650万吨/年生产能力、全国最大的焦煤基地和循环经济园区示范基地的一级产业生态群落。

（8）新建杨庄煤矿。

建设生产能力为 600 万吨/年的杨庄煤矿，为古交 2×100 万千瓦三期电厂提供燃料，煤炭运输可通过地下运输通道或铁路运输方式进行。根据《国家发展改革委关于山西省西山矿区总体规划的批复》（发改能源〔2010〕281 号）文件，杨庄矿井已被国家发改委列为山西省西山矿区总体规划新建的 14 处矿井之一，并由国土资源部确定为白家庄矿业公司接替矿井。

杨庄矿井位于古交邢家社普查区南端草庄头村周围，南北宽约 7.5 千米，东西长约 12 千米，井田面积 97.9 平方千米，地质储量大致有 15.4 亿吨，规划产能为 500 万吨/年，主要煤种有瘦煤、贫煤、焦煤、无烟煤。2012 年杨庄新矿井建设完成各阶段、各个项目的评估评价和审批工作，并于当年开工建设。煤矿项目总投资为 24 亿元。

## 二、循环经济二级产业生态群落项目建设实施

循环经济园区的二级产业生态群落主要依靠一级产业生态群落提供营养物料。此循环经济体系的二级产业生态群落项目主要是吸收消化一级产业生态群落——煤矿所提供的营养精煤、中煤、煤矸石、煤泥、伴生资源如煤层气等，主要有电、焦化产业群落。

（1）电厂。

1）兴能发电有限责任公司二期扩建工程。

二期工程安装 2×600 兆瓦超临界参数直接空冷机组，主要以古交矿区选煤厂中煤、煤泥和煤矸石为燃料。项目年发电量为 660000 万千瓦时，年供电量为 603800 万千瓦时。本项目总投资为 46.26 亿元，年销售收入为 16 亿元，销售利润为 1.89 亿元。

2）兴能发电有限责任公司三期扩建工程——杨庄矿电厂。

三期工程安装 2×1000 千瓦时超临界参数直接空冷机组，主要以杨庄煤矿生产的煤为燃料。项目年发电量为 1100000 万千瓦时，年供电量为 100639 万千瓦时。本项目总投资为 77.12 亿元，年销售收入为 26 亿元，销售利润为 3.15 亿元。

3）余热发电厂。

本工程焦炉选用 QRD - 2000 型热回收捣固式清洁型焦炉,该焦炉是在国外无回收/热回收炼焦技术及我国第一座热回收试验焦炉成功经验的基础上研发的第二代新型焦炉,具有建设投资少、动力消耗低、焦炭强度高、无常规焦炉酚氰污水排放、余热回收发电等特点,配套焦炉机械采用了捣固侧面装煤技术,平接焦工艺,大大降低了装煤出焦过程中无组织排放。本项目总投资 1.2805 亿元,年发电收入 3811 万元,年平均利润 1292.6 万元,年固定资产折旧收入 785 万元。

4）煤矸石电厂建设。

矸石电厂规划目标最终发电 1800 兆瓦,目前已有 162 兆瓦发电能力,洗煤矸石燃烧转化率 100%。

5）屯兰矿瓦斯电站。

屯兰矿瓦斯电站总装机规模 18×1800 千瓦,分为两期建设,一期工程装机容量为 6×1800 千瓦,二期工程装机容量为 12×1800 千瓦。本项目总投资为 53592 万元,年销售收入为 12600 万元,销售利润为 2520 万元。

6）马兰矿瓦斯电站。

马兰矿瓦斯电站总装机规模 4×1800 千瓦,分为两期建设,一期工程装机容量为 2×1800 千瓦,二期工程装机容量为 2×1800 千瓦。本项目总投资为 11909 万元,年销售收入为 2800 万元,销售利润为 560 万元。

另外,西山日盛焦化厂废气余热发电项目（2×15000 千瓦）和水泥厂余热发电项目（2×9000 千瓦）将作为主体工程的配套项目进行建设。

（2）焦化工项目。

1）古交煤气化 10 万吨/年焦化厂与古交煤气化一厂 60 万吨/年古交城市气源替代项目。

10 万吨/年焦化厂的改建项目,目的是向古交市区提供可靠的气源和改善焦化厂的环保性能。本项目主要采用邻近煤矿生产的炼焦煤为原料,建设规模为 60 万吨/年,拥有焦油和粗苯回收系统,回收的煤焦油和粗苯送到位于原平川的煤焦油和粗苯深加工厂进一步处理,富余的煤气送到镇城底化肥厂作为化工燃料或就地发电。本项目总投资为 4.2 亿元,年销售收入为 9.3 亿元,销售利润为

8200万元。

2）焦化二厂60万吨/年清洁型热回收焦炉建设项目。

本项目采用环保型无回收焦化生产工艺，煤焦油、粗苯和焦炉煤气一起作为焦炉燃料，该工艺可以解决煤焦油和粗苯可能带来的环境问题。焦炉废气余热用于发电，发电规模为2×15000千瓦。本项目总投资为3.95亿元，年销售收入为8.96亿元，销售利润为7840万元。一期四座焦炉于2009年11月1日点火烘炉，进入试生产阶段，完成余热电厂主厂房及锅炉部分。

3）2×6000万块/年煤矸石制砖厂。

本项目利用屯兰川产业基地选煤厂排出的矸石制砖，生产规模为2×6000万块/年，年消耗煤矸石30万吨。本项目总投资为6000万元，年销售收入为4560万元，销售利润为1200万元。

### 三、循环经济三级产业生态群落项目建设实施

循环经济三级产业生态群落项目主要是吸收二级产业生态群落项目提供和代谢的营养物料，如电厂代谢的粉煤灰及其中的氧化铝；焦化厂代谢的煤焦油、粗苯和焦炉气、焦末；利用石灰石工艺产生的硅钙渣等。产品主要有：电石、氧化铝、合成氨、尿素、烧碱、乙烯、PVC（聚氯乙烯）、硅钙渣水泥、电石水泥、粉煤灰烧结砖等。

（1）煤气化公司。

山西西山煤气化有限责任公司地处全国最大的焦煤生产基地——山西省古交市，位于古交市西南的马兰镇，是古交城市煤气生产和供应的唯一气源厂，占地面积300亩。公司是中国城市燃气协会、中国焦化行业协会、山西省燃气协会、山西省企业家协会和太原市工业经济联合会的团体会员单位。

煤气化公司于1991年7月开始组建，1992年1月正式投产，煤气工程包括煤气生产厂及输配管网两大部分，总投资额为7900万元，其中煤气生产投资为3695万元，净化输配管网系统投资为4205万元，采用晋66-4型2×25孔下喷复热式焦炉及配套的煤气交换工艺。

主要产品有国家二级冶金焦11万吨/年，煤焦油4200吨/年，城市煤气4万立方米/天，发展城市煤气用户3.2万户，拥有城市中压管网80余千米和200多

千米的低压管网。除焦炭、焦油和供应城市煤气外，主要产品还有精煤、轻油、工业萘、粗酚、洗油、中温沥青（或筑路油）等。煤气化公司建立起稳定的销售网络，产品已遍布华北、华东、华南等地区并实现出口。

2009年6月1日，煤气化公司被西山煤电股份公司收购，与原西山日盛公司重组，新公司注册为"山西西山煤气化有限公司"，按"两厂两公司"模式正式运行，下设焦化一厂、焦化二厂、供应销售公司、生产服务公司。总资产7.2亿元，其中流动资产3.2亿元，非流动资产4亿元。2009年实现产值1.5亿元。

公司以总公司责任法人制度为框架，树立"管理就是效益"理念，实施管理创新，建立一体化管理机制，两个文明建设的全部内容纳入一个体系进行管理与考核；树立"质量就是生命"的理念，建立"从市场需求出发，以质量法规为前提，以用户满意为目标，持续创新，追求更高"的质量方针，通过ISO9001质量管理体系认证，以实施国际标准提高质量管理水平；树立"安全为天"的理念，建立安全质量标准化制度，安全、生产、工艺、设备、现场管理等基础性工作收到实效；树立"市场只讲诚信"的理念，建立"一切工作围绕市场，一切工作为了市场，一切工作服从市场，一切工作服务市场"的工作方针，市场营销业绩连年创新高；树立"政治就是保证"的理念，开展好"做合格党员，创标准化支部"和"做文明职工，创文明单位"活动，保证了企业改革、发展、稳定的局面。

十五年来累计生产焦炭160万吨，焦油6万吨，外供城市煤气1.18亿立方米，取得了良好的经济效益、环境效益和社会效益。焦炭合格率达到了97%，累计完成产值7.8亿元，提取固定资产折旧3763万元，上缴国家税收1.05亿元，累计实现销售收入7.65亿元，有力地保证了企业生产经营工作的正常进行。

公司曾荣获总公司模范单位、太原市"文明单位标兵"、太原市"守合同重信用企业"、山西省"省管国有企业文明单位标兵"、山西省企工委"文明单位标兵"和山西省企工委"思想政治工作优秀基层单位"等称号。

（2）60万吨/年电石生产项目。

本项目利用古交矿区丰富的焦末、石灰石资源以及丰富的电力资源，并采用先进的电石生产工艺，实现资源的有效利用。本项目将分二期实施，一期建设20万吨/年电石项目，二期为40万吨/年。项目总投资为9.6亿元，年销售收入为14.0亿元，销售利润为1.6亿元。

（3）10万吨/年PVC项目。

本项目需要建设10万吨/年烧碱项目作为PVC项目的一部分。本项目通过电石法生产乙烯产品，然后利用烧碱项目的副产品氯气来生产PVC（聚氯乙烯）。本项目总投资为4.0亿元，年销售收入为7.3亿元，销售利润为0.5亿元。

（4）30万吨/年尿素生产项目。

本项目将由山西亚川煤化工有限公司建设。本项目将主要以镇城底台盘村附近煤矿生产的煤炭为原料，同时利用古交煤气化公司60万吨/年焦化厂除供应民用外富余的焦炉煤气为补充原料，年生产18万吨合成氨（中间产品）、30万吨尿素和2万吨甲醇。本项目总投资为8.30亿元，年销售收入为6.82亿元，销售利润为1.36亿元。

（5）30万吨/年煤焦油深加工项目。

本项目将由西山煤电集团和主要焦化企业合资建设。本项目加工煤焦油的生产能力为30万吨/年，所需焦油原料主要来自屯兰川和原平川的焦化厂。本项目总投资为31270万元。工程建成后年销售收入68901万元，销售利润总额11635万元。

（6）30万吨/年粉煤灰提取氧化铝项目。

古交电厂粉煤灰氧化铝平均含量为35%，可以作为生产氧化铝的材料。本项目以古交电厂的粉煤灰为基本原料，建设项目包括氧化铝熟料烧成、拜尔法系统以及辅助设施，采用碱溶法提取氧化铝，生产规模为30万吨/年。项目投产后，每年可消耗粉煤灰120万吨，节约铝土资源90万吨。本项目总投资为13.5亿元，年销售收入为9亿元，销售利润为3.0亿元。

（7）400万吨/年硅钙渣水泥生产项目。

古交电厂年产30万吨氧化铝消耗120万吨粉煤灰，将生成240万吨硅钙渣。利用硅钙渣生产水泥熟料，采用新型干法，两条4500吨/天水泥熟料生产线。所生产的310万吨/年熟料，再掺至少20%的粉煤灰、5%电厂脱硫石膏，磨制成500万吨/年水泥。粉煤灰消耗量180万吨/年、脱硫石膏消耗量20万吨/年。本项目总投资为10亿元，年销售收入为10亿元，销售利润为1.6

亿元。

(8) 100万吨/年电石渣水泥生产项目。

本项目将采用先进的新型窑外分解"干磨干烧"工艺生产电石渣水泥。根据古交市富源煤焦有限公司电石项目的备案申请，拟规划在马兰工业区康庄村新建60万吨/年电石项目（一期20万吨/年，二期40万吨/年）。按照1吨电石产生1.16吨电石渣的比例，60万吨/年电石将产生70万吨/年电石渣，一条2500吨/天水泥熟料生产线可全部吃光。磨制成100万吨水泥时，还可掺加20万吨粉煤灰、5万吨脱硫石膏。本项目总投资为3.0亿元，年销售收入为2.5亿元，销售利润为4000万元。

此两项高掺量粉煤灰复合水泥项目，共500万吨/天生产能力，两条4500吨/天熟料生产线，将对古交电厂三期工程电力生产所产生的粉煤灰全部利用，实现零排放。

(9) 2×6000万块/年粉煤灰烧结砖厂。

本项目利用古交电厂的粉煤灰资源生产烧结砖，可由古交地方建材企业实施，项目生产规模为年产2×6000万块烧结砖。本项目总投资为5600万元，年销售收入为4560万元，销售利润为1200万元。本项目的实施每年可消耗粉煤灰20万吨。

(10) 山西焦煤集团古交水泥有限责任公司。

山西焦煤集团古交有限责任公司成立于2003年4月，注册资本14479万元。2003年9月开始建设一条新型干法水泥生产线，设计能力日产熟料1000吨，年产水泥36万吨。项目总投资1.18亿元，主要设备有一条直径3.3×50米回转窑，一台3.8×1.3米水泥磨，一台直径3.8×8.6米生料磨，整条生产线全程采用DCS集散控制系统。主要产品有普硅52.5兆帕、42.5兆帕、32.5兆帕和矿渣42.5兆帕、32.5兆帕系列水泥。

## 四、配套项目

(1) 古交市屯兰煤焦集运站铁路专用线项目。

本项目建设目的是为了满足不断增长的屯兰川循环经济园区产业基地运输需求。本项目包括2.08公里铁路专用线、屯兰煤焦集运站、屯马铁路专用线改造、太岚铁路古交站改造。本项目总投资为15699万元。

（2）屯兰中心配煤厂。

古交循环经济园区配煤厂是目前全国最大的中煤坑口电厂——古交电厂的配套项目，集中混配由铁路专用线、公路和东曲—古交电厂地下运煤通道运送的五对矿井洗选出的中煤，为电厂提供燃料。总投资1.8亿元，于2003年6月开工，2005年1月25日竣工投产。

（3）东曲至古交电厂地下运煤通道。

工程路线位于古交矿区的东曲矿与屯兰矿之间；运输规模达到年运输燃料煤300万吨；运输东曲矿的原煤、中煤，年运输燃料煤300万吨；工程总投资2.40341亿元，年利润总额为3156万元，所得税后利润为2115万元。

（4）古交矿区胡岩刁110千伏变电站项目。

本项目建设主要是满足古交矿区用电负荷不断增长的需要，变电站将建在胡岩刁原炸药库旧址，建设内容包括变电工程和线路工程，项目总投资为8931万元。

（5）古交中心污水处理厂二期扩建工程。

古交中心污水处理厂一期工程（20000立方米/天）已于2005年建成投入使用。二期扩建工程规模增加处理量20000立方米/天。古交中心污水处理厂位于古交市东曲，距电厂约4公里。古交污水处理厂不仅能集中处理生活污水，而且还能为产业基地的电厂和绿化提供水源。本项目总投资为8500万元，年营业收入为2681万元（污水处理费和处理后水的销售收入），年经营利润为1000万元。2009年底古交二期扩建工程基本竣工。通过一、二期系统顺利衔接，提高污水处理效率和质量，满足国家新的环保标准和考核要求。

（6）屯兰川小流域生态环境治理项目。

本项目将对靠近古交市区20公里的屯兰川河段进行综合整治，包括对河道进行清理，在河道内设置橡胶坝，在枯水季节注入一定数量的矿井水，保证河道内常年有水。同时，在河的两岸进行绿化和边坡整治，防止水土流失和美化环境，将屯兰川建成有水有绿的公园风景。本项目投资为600万元。

（7）产业基地绿化项目。

在道路两侧、办公区、采煤沉陷区、居民区以及厂区空地上进行绿化，根据当地的自然条件，选择合适的树种和灌木进行绿化和美化。对于坡度在 25 度以上的土地全部退耕还林。本项目总投资为 9500 万元。

（8）产业基地村庄搬迁项目。

西山煤田古交矿区截至 2003 年底因采煤产生的塌陷区范围为 77.18 平方千米，共影响住宅建筑面积 67.5 万平方千米，9385 户居民，共计 30402 人，其中需搬迁治理的受损面积 30.5 万平方米，4289 户居民，共计 14082 人。根据示范基地发展规划，示范基地内累计有 4500 户需要搬迁，需要资金 9 亿元。

西山煤电资源开发的循环经济管理创新模式已经形成了完善的矿产业聚集循环系统和协模式，不同于塔山和兴县单矿、双矿为产业集群龙头产业的循环经济体系。古交循环经济园区示范基地是西山煤电循环经济系统主要的子系统，以煤炭、电力、煤化工和冶金产业为主，形成矿区中的循环经济产业生态集群面。

# 第四章 资源开发的管理新战略
## ——西山煤电集团煤炭资源整合与重组

## 第一节 煤炭资源的整合与重组战略实施背景

### 一、改变煤炭行业离散式、粗放式资源开发模式

长期以来，我国煤炭行业高强度、离散式、群体化、粗放式的开发模式，形成了"多小散乱"的煤炭开发格局，带来了资源浪费、生态环境破坏、安全事故频发等一系列问题，给煤炭行业的可持续发展带来了以下严峻的挑战。一是"多小散乱"，行业集中度不高。20世纪80年代"两条腿走路"与"有水快流"的政策，使得小煤矿的数量快速增长，其中主要是隶属于地方政府的乡镇煤矿。根据国家安监总局2005年5月统计数据表明：全国小煤矿总数23793个，占煤矿总数的90%，平均每处年产量不足3万吨，分布于全国各地，山西省的煤矿数量位居第一。小煤矿的开采方式主要是炮采和手工落煤，机采的矿井仅有10家，占小煤矿总数的0.05%；小煤矿的支护方式绝大部分为木支护，有的甚至无支护，只有少部分配备了单体液压支柱和金属摩擦支柱。二是煤炭资源回采率低，

造成资源浪费，环境破坏严重。煤炭资源整合初期，全国煤矿资源回采率仅在40%左右，特别是小煤矿的回采率只有15%左右，仅1980～2009年全国煤炭资源就浪费了300亿吨。山西省煤炭平均资源回采率也只有40%，乡镇煤矿回采率仅为10%～20%，每挖1吨煤要破坏5～20吨资源。与此同时，山西省每年因采煤遭破坏损耗的水资源多达15亿立方米以上，造成山西5000平方千米国土"采空"，引发严重地质灾害的面积近3000平方千米，并且每年新增塌陷面积近100平方公里。三是安全事故频发，煤矿生产百万吨死亡率居高不下。2006年，小煤矿发生事故2149起，死亡3431人，事故数和死亡人数分别占全国总数的73.0%和72.3%，小煤矿百万吨死亡率为3.847，分别是国有重点煤矿的6.1倍和国有地方煤矿的1.9倍。小煤矿重特大事故占全国煤矿重特大以上事故数和死亡人数的76.5%和78.85%。

山西省近两年的矿难统计显示，地方国有煤矿百万吨死亡率为国有重点煤矿的3.8倍，小煤矿百万吨死亡率则高达国有重点煤矿的11.3倍。50多年来，山西煤矿事故累计已造成1.7万人死亡、1.3万人伤残。同时，由小煤矿开发引发的腐败案件层出不穷，成为社会政治问题的重灾区。

**二、煤炭资源整合资源开发新模式支撑我国能源管理战略部署**

2005年8月，全国开展了煤矿整顿关闭工作。国家安全生产监督管理总局、煤矿安全监察局制定了"整顿关闭、整合技改、管理强矿"三步走的战略部署，开始了整治小煤矿的工作。"十一五"期间，煤炭工业的发展以煤炭整合、有序开发为重点，以"整合为主、新建为辅"，对中小煤矿实施整合改造，实现资源、资产、技术、人力等生产要素的整合和重组。目标是建立规范的煤炭资源开发秩序；小型煤矿数量控制在1万处，产量控制在7亿吨以内，比重占27%；小型煤矿整合改造为大中型煤矿，增加产能2亿吨；小型煤矿机械化、半机械化程度达到40%。

2006年4月，国务院批准在山西省开展煤炭工业可持续发展政策措施试点，试点对强化煤炭行业管理、优化资源配置和煤炭开发布局、提高煤矿准入标准以及完善矿业权有偿取得制度等重要问题提出了要求。山西省随即对各主要产煤县提出"11396"的整合工作目标，即整合后新增资源面积、新增生产能力均不超过整合前的10%；煤矿矿井数量减少30%以上；主要产煤县不再保留核定年生产能力9万吨以下的煤矿；整合后矿井回采率达到60%以上。2008年9月，山西省明确以省内大型骨干煤炭企业为主体进行煤炭资源整合；2009年4月，山西省发布了《山西省人民政府关于进一步加快推进煤矿企业兼并重组整合有关问题的通知》（晋政发〔2009〕10号），要求到2010年底，全省矿井数量控制在1000座，兼并重组整合后煤矿企业规模原则上不低于300万吨/年，矿井生产规模原则上不低于90万吨/年，且全部实现以综采为主的机械化开采。西山煤电集团作为山西省特大型国有煤炭集团，贯彻国家和山西省的方针政策和部署，积极有效地推进小煤矿重组整合。

### 三、煤炭资源整合开发模式为西山煤电集团做大做强提供战略机遇

西山煤电集团作为传统国有企业，老矿井的储量和能力增量已经接近极限，自身发展也受到行业粗放发展、恶性竞争、资源储量、内部资源整合不充分等方面的限制，需要新上项目、新批资源、新增储量。同时，在发展中过度依赖煤炭资源的趋同化，形成以煤炭为单一支柱，产业结构高度趋同的区域经济体系，使企业发展受到严重影响，产能结构失调，内部消耗严重，形成了大面积、粗放型、高强度、群体性的能源开发格局，难以实现转型、创新和跨越的发展目标。为此，西山煤电集团早在山西省委省政府推进煤炭工业战略性调整，实施煤炭资源整合重组之前就已经开展了相关工作，积累了经验。这次煤炭资源重组整合，为西山煤电集团做大做强，促进行业健康发展提供了难得的历史机遇。

## 第二节 煤炭资源的整合与重组战略实施过程

西山煤电集团抓住山西省大规模进行煤炭资源整合的历史机遇，以市场为导向，充分发挥国有大集团的优势，以21座生产矿井为重组整合主体，通过

实物资产投资、股权投资和国有划拨等方式积极稳妥地对划定区域的小煤矿进行了重组,并从资源、资金、资产、技术、管理、人才等方面进行优化整合,提升了资源整合煤矿的安全水平、技术水平和管理水平,为西山煤电集团做大做强和可持续发展提供了强有力的支撑。

### 一、确定重组整合的思路、原则及程序

(1) 原则、思路和工作策略。

西山煤电集团各整合主体按照"总量适度,优化布局,产能置换,关小上大,提升水平"的原则,确定"有急、有缓、有利"的思路,采取"点上突破、以点带面"的工作策略,统筹推进整合工作。

(2) 完善组织领导,确定重组整合的实施主体、范围和程序。

1) 建立集团公司总协调、各整合主体主推的工作机制。

西山煤电集团对资源整合高度重视,主要领导亲自挂帅,把资源整合工作当作"一把手工程"。首先组成了集团公司和子公司两级强有力的领导组,为资源整合提供了坚实的组织领导和工作机制保障;成立了专业领导组,定期召开集团公司董事会和党政联席会议研究资源整合工作专题,决策资源整合工作中遇到的重大问题,应对资源整合过程中出现的各类情况,并及时调整工作策略,形成了集团公司总协调、各整合主体主推的工作机制。

2) 确定整合主体和范围。

作为山西焦煤集团确定的大集团内部五个兼并重组整合主体之一,西山煤电集团按照山西省资源整合整体规划和山西焦煤集团资源整合思路,确定对西山、河东、霍西等煤矿区的地方小煤矿进行整合。

3) 明确整合程序。

按照山西省煤矿企业兼并重组整合工作领导组批复的整合方案,在市、县政府的主导下,按照山西省国资委相关文件规定,整合主体与各整合煤矿原矿主进行对接、洽谈,共同选择中介机构,对矿井进行资产评估,达成关于资产、矿权的收购协议后,整合主体按照协议规定,支付收购价款,选派"六长"和管理人员、技术骨干、特种工种作业人员等进驻接管矿井。

4) 实行责任部门对口管理,实现集团公司与下属整合主体业务全面对接。

按照集团公司领导分工和业务部门对口管理原则,西山煤电集团制定了"吕梁率先推进、临汾硬啃骨头、古交义城大步赶上"的工作思路,以董事长亲自抓,分管副总分类抓的整合工作模式,分别在吕梁、临汾地区设置了人员结构齐全的区域性管理公司,以"四个百分之百"和"五个到位"为标准,落实责任到人,倒排工期,建立"重赏重罚"的奖罚机制,真正做到了"千斤重担大家挑,人人头上有指标"。

(3) 完善制度,强化考核。

集团结合资源整合矿井的实际,倒排工期,确定了各项工作完成的时间"节点",并按照项目审查、资产评估、人员配置、安全管理、资金运作、新增资源范围、生态环境保护、采矿权价款处置、证照办理九方面制定了考核目标责任书,集团公司与各下属矿井签订了资源整合工作目标责任状,严格落实责任,实行层层考核。

## 二、因矿制宜,多种方式推进小煤矿重组

1. 建立分类矩阵,对被整合小煤矿进行科学分类

在重组方式的选择上,西山煤电集团因矿制宜,对不同区位、不同资源情况、不同生产能力、规模、不同技术条件的各类小煤矿进行分类,采取不同的整合方式。小煤矿类别矩阵如下:

| 依据因素 | 被整合煤矿条件 | | |
|---|---|---|---|
| 所有制形式 | 国有 | 集体 | 私营 |
| 资源条件 | 好 | 中 | 差 |
| 技术装备 | 好 | 中 | 差 |
| 生产能力 | 大 | 中 | 小 |
| 安全状况 | 好 | 中 | 差 |

依照所属的类别,区别对待,分类实施;依据双方自愿的原则,采取不同的整合方式,国有煤矿采取划拨的整合方式,满足矩阵第一列条件的小煤矿多为可直接进行生产的整合煤矿。

2. 进行整合风险评估,采取规避措施

在整合时,进行了充分的风险评估,采取规避措施。主要风险有:

(1) 法律风险：主要指被并购方有意或无意对有可能妨碍并购活动或可能损害被并购方利益的有关法律事项进行隐瞒或虚假陈述。

(2) 资源风险：被并购方的煤炭资源储量和开采条件不翔实。

(3) 财务风险：指被并购方在并购过程中对提供给并购方的财务报表及财务状况进行粉饰，以诱使并购方做出错误决定或增加其谈判筹码。

(4) 政策风险：指在并购中政府承诺的不确定性以及并购完成后政府相关政策的变化。

(5) 改组风险：指由于被并购方的管理层、职工或当地政府的原因，并购方无法按照自己的意愿对被并购方的经营方针、管理结构、管理人员进行改组或者由于企业文化的差异，导致管理混乱，企业骨干人员大量流失，从而威胁企业的正常经营。

(6) 职工安置风险：职工安置问题关系到企业的并购成败和社会的安定团结，并购方既要防止安置费用过高给企业造成财务负担，又要防止安置费用过低激化劳资矛盾，造成群体性事件。

在整合过程中，各整合主体采取积极有效的风险规避措施，使风险发生的概率降到最低。

3. 采取不同整合方式

(1) 实物资产收购。

实物资产收购是指一家公司以有偿对价取得另外一家公司的全部或者部分资产的方式。其优点是不需要承担被整合煤矿的原有债务，不存在无法收回所承接的被整合方债权的风险；缺点是整合后的新公司证照办理手续繁杂，且收购时所需支付的现金较多。

(2) 股权收购。

股权收购是煤矿企业兼并重组的主要形式，是以目标公司股东的全部或部分股权为收购标的进行收购。股权收购方式的优点，一是以净资产评估值为定价依据，收购时所需支付的现金略低；二是整合后不需重新办理工商注册登记，只需进行工商变更登记，办理程序较为简单。缺点是需要承担被整合煤矿的原有债务，整合的隐性风险较大。股权收购的范围主要是根据山西省政府相关文件和省工商局的要求，单独保留矿井只能采用股权收购方式。

（3）国有划拨。

国有企业之间的兼并重组可以采用资产划转的方式，经县级以上人民政府批准，将国有资产无偿交付给国有企业。

### 三、依法整合，充分保证各方合法权益

在整合过程中，严格遵守国家法律法规和山西省政府发布的有关文件精神，充分保障煤矿相关地方、原所有权人和矿工的合法权益。一是按照协议条款支付收购价款，并在当地政府协调下，在评估资产和采矿权价款外支付了部分补偿。二是对原企业员工尤其是原全民身份职工和集体身份职工，由整合后成立的新公司在政策规定范围内予以安置。三是对于原被整合煤矿与周边乡村签订的各类协议，通过政府协调后有条件地续签。在具体的操作过程中，充分考虑相关各方的正当权益不受损失，并以协议明确。例如，应缴纳的基金、税费，在项目和标准上维持整合前的格局不变，以严格的程序商定各级政府、村委和群众的既得利益不变；致力于生态保护和环境治理，对兼并重组整合井田范围内水资源泄漏、土地塌陷、房屋倒塌等灾害，按有关规定予以赔偿；制订长远的可持续发展规划，着重考虑延伸开采利用下组煤层计划，空白资源开发；投入较大比例的资金（按可持续发展基金计算），确保当地经济可持续发展；依法稳妥处置原企业的债权债务等，努力做到地方既得利益不减少，以煤补农建设项目不停止，相关群众生活水平不下降。

### 四、"一矿一策"，稳步推进移交和复产工作

**1. 严格按照移交接管七条标准，实现安全移交接管**

严格按照确认七条标准即签订了正式的重组整合协议；明确了投资人及投资比例，完成了名称预核准；换领了新的采矿许可证；按协议对被整合煤矿进行了补偿；主体企业以"六长"为主的管理团队全部到位，建立并健全了安全管理机构和安全管理责任制度；被重组整合的煤矿向主体企业移交了原煤矿的水文地质、矿井瓦斯等基础资料和生产建设、一通三防、矿井防治水、矿井供电等生产技术资料；主体企业对整合包内的所有矿井实现了全面接管，能全面负责煤矿的安全和生产建设。由矿、区域公司、子公司、集团公司层层把关，

对资源整合矿井签订安全移交接管确认书。

开展矿井关闭专项工作，已关闭的矿井按照"六条标准"完善相关手续并在国土部门完成备案工作。各子分公司统一部署，对整合矿井板块内非主体矿井派驻了专人进行盯守，杜绝了关闭矿井死灰复燃，强力保证了资源整合各项工作安全、有序、平稳推进。对需要过渡生产、保留利用的矿井尽快做好相关手续和文件的上报审批工作，杜绝违法生产、建设行为，确保资源整合矿井转型过渡这一特殊的安全时期。

2. 分类管理、逐步推进复建复产

（1）按照整合期、过渡期、正常生产期三个阶段推进。

每一类矿井都制定专门方案，经子公司和集团公司审批验收后方可生产和建设。在具体的做法上，认真贯彻集团公司资源整合工作的要求，一是狠抓基础工作，主要在对接业主、协调地方、熟悉情况、夯实基础、狠抓队伍等方面做了大量艰苦细致的工作；二是在完成基础工作的基础上，对各整合矿的实际情况开展针对性的工作，按照"因矿制宜"的原则推进资源整合工作；三是在保证安全工作的基础上，重点开展了财务管理、组织人事管理等专业管理，并实行集团公司领导包片包矿的"双包"责任制；四是建立区域性管理公司，大矿带小矿，实行矿对矿帮扶。按照整合期、过渡期、正常生产期三个阶段统筹推进资源整合工作。

（2）分类分阶段恢复生产。

第一类是接管以后直接恢复生产的矿井。此类主要适合那些整合前本身为生产矿井且已形成正规采面，各系统环节满足生产能力需要，整合后生产能力没有较大变化，可直接办理煤炭生产许可证和安全生产许可证的矿井。集团公司下属的德顺煤业、晟聚煤业、生辉煤业就属于此种类型，三个矿井整合后的核定生产能力为210万吨。

第二类是基本建设的矿井。这类矿井主要是整合后原系统能力无法满足生产需要，为合理开采整合后资源，对矿井重新进行设计和基本建设的矿井。此类矿井需按有关规定批复地质报告、初步设计、安全专篇、环评后办理开工报告，然后开工建设，建成后由山西省相关部门组织验收通过后办理煤炭生产许可证和安全生产许可证，达到生产矿井标准。集团下属的义城煤业、亚辰煤业、晋邦德煤业、庆兴煤业四座整合煤矿就属于此种类型,这四个矿井整合后的核定产能为330万吨。

第三类是边生产边建设的矿井。主要适用于那些整合后保留矿井系统满足生产条件,但不满足整个矿井能力的矿井。在生产系统与建设系统互不影响的前提下,可边组织生产边组织基本建设工作。此类矿井主要有光道煤业、圪堆煤业、登福康煤业、鸿兴煤业四座整合煤矿,四个矿井整合后的核定生产能力为300万吨。

以上三类矿井的详细整合情况如表4-1所示。

表4-1 西山煤电集团所属矿井整合情况统计

| 矿井类型 | 矿井名称 | 核定产能(万吨) |
| --- | --- | --- |
| 直接恢复生产的矿井 | 德顺煤业 | 90 |
| | 晟聚煤业 | 60 |
| | 生辉煤业 | 60 |
| | 小计 | 210 |
| 基本建设的矿井 | 义城煤业 | 60 |
| | 亚辰煤业 | 60 |
| | 晋邦德煤业 | 120 |
| | 庆兴煤业 | 90 |
| | 小计 | 330 |
| 边生产边建设的矿井 | 光道煤业 | 120 |
| | 圪堆煤业 | 60 |
| | 登福康煤业 | 60 |
| | 鸿兴煤业 | 60 |
| | 小计 | 300 |
| 合计 | | 840 |

**五、统筹规划、合理布局,建设高标准现代化矿井**

1. 在整合过程中,坚持"五个结合",统筹规划和合理布局重组小煤矿与集团原有的煤矿资源

一是把资源整合工作与矿井利益结合起来,对企业现有矿井周边煤矿的资源优

先整合；二是把上组煤整合与下组煤规模开采结合起来，对下组煤比较完整、资料齐全的煤矿进行优先整合；三是把资源整合与企业经济效益结合起来，对煤种和煤质较好、见效快的煤矿实行优先整合；四是把资源整合与推进企业规模发展相结合，对开采量不大、经过改造能形成规模生产的煤矿实行优先整合；五是把资源整合工作与企业发展战略结合起来，对紧邻后备区、有扩界条件的矿井进行优先整合。在兼顾各方利益的前提下，充分发挥大集团的优势，采取收购、兼并、股份合作等形式，全面改造地方小煤矿，实现资源的优化整合和企业的低成本扩张。

2. 全面改造和技术升级，建设"四化"高标准现代化矿井

对重组小煤矿重新进行勘探、技术改造升级和改扩建，依照新办矿理念，建设"四化"高标准现代化矿井。按照集团发展方向，确定了整合矿井"安全、高效、绿色、数字、发展"的方针主要包括以下内容：①安全：一是矿井安全生产，做好瓦斯、水、火等重大灾害预防；二是干部廉政，严格遵守办事程序和财经纪律；三是企业运营安全，确保企业运营合法规范。②高效：一是提高工作效率；二是提高生产效率，积极采用新工艺、新技术、新材料、新装备；三是提高经济效益，算好投产成本。③绿色：力求建设全国最美矿井，建设花园式、生态型、绿色矿山。④数字：用机械化、自动化和信息化实现现代化，把数字化理念融入矿井设计、建设之中。⑤发展：有条件扩充资源的矿井，尽量扩充周边资源，延长矿井服务年限，合理确定矿井生产规模，确保企业有充足发展空间。

按照"规模化、集约化、机械化、信息化"的高标准建设整合矿井。①规模化是指整合矿井的生产能力原则上不低于90万~120万吨/年，实现规模化开采。②集约化是指所有矿井实行一井一面化，队伍配备"一采二掘三辅"，矿井人数原则上不超过300~500人。③机械化是指各矿按机械化正规循环作业组织生产，实现综采综掘、运输系统集中控制、变电所无人值守等，辅助运输以胶轮车为主。④信息化是指整合矿井各系统均配置具有在线监测监控信息化装备，实现监测日常化、操作自动化和办公智能化。

以"四化"为标准，对整合的矿井进行设计、改扩建和生产。建设采煤、掘进、运输、通风、提升、排水、供电、通信、监控和紧急救援"十大系统"以及完善的避难硐室和救生舱、压风自救、供水施救、监测监控、井下通信和人员定位"六大安全避险系统"；在开采技术上使用新技术、新工艺；在矿井配套

洗选、储装运系统和集中销售方面西山煤电集团也超前做出了部署，做了配套跟进工作。一是引进了粉煤灰注浆技术封闭火区，彻底治理了一氧化碳超限问题。二是使用沿空留巷技术进行9号煤残留煤柱复采实践，使其资源回采率达到90%以上，做到了能采尽采、精采细采，不仅有效地回收了优质煤炭资源，同时还消除了开采下层煤时的煤柱集中压力影响，消除了9号煤空洞带来的积水积气大灾害隐患。三是推广使用了锚杆支护技术维修巷道，既安全可靠又降低了生产成本。同时努力推进9号煤残留煤柱复采技术实践，充分利用原有巷道，采用沿空留巷无煤柱开采技术和粉煤灰注浆治理采空区工艺，把小煤窑大量丢弃的煤炭资源和巷道煤柱进行回收开采，残留煤柱回采率达90%以上。全井可回收原来被小煤窑破坏的优质炼焦煤资源2000余万吨，延长矿井服务年限15年以上。

### 六、强化安全管理，实现安全整合

1. 理顺体制，完善制度

进一步完善法人安全治理结构，理顺安全管理体系，加强整合企业内部安全体制和机制建设，健全各项安全管理制度，各整合矿均制定下发了《加强兼并重组煤矿安全基础管理的决定》、《复工复产特殊规定的通知》、《特殊时期安全生产管理的规定》等安全管理制度文件，使西山煤电集团所属整合重组矿井各项安全管理工作扎实有效地开展。

2. 成立专业安监队伍，开展安全专项整治

两级集团公司安监部门成立专业安监队伍，设置监管整合矿井的专门机构，配备专人，各子公司相应增加了分管资源整合矿井的领导和专业安监队伍。集团公司开展了多次整合矿井专项安全行动，在不同阶段对所有整合矿井基本情况、系统现状、证照办理、隐患排查和改扩建工作进度等进行全面协调组织和督导检查。

3. 摸清家底，排查隐患

摸清水文地质和生产隐患是整合煤矿进行安全整合的基础工作，各整合主体对矿井采空区、积水区、老窑区分布范围及其有毒有害气体、水的积聚、水文地质等情况进行了摸排，收集各类资料，编制应急预案，完善救援系统，配足特种作业人员，使矿井生产和改扩建建立在安全的基础之上，为资源整合工作平稳有序开展打下了坚实的基础，同时规避了安全风险。

#### 4. 分类监管，逐级落实

为切实加强整合矿井的安全工作，对整合矿井的安全生产工作实行分类监管，逐级落实监管责任，实行子公司领导包片包矿、集团公司领导包整合主体的"责任制"；建立区域性管理公司，实行矿对矿帮扶。集团公司出台了《基础建设年活动考核办法》、《工作考核法》等一系列规章制度，并与各子公司签订了《目标责任状》，上下半年分别对各子公司进行考核，共兑现奖金400万元，有效地促进了整合任务的落实，进一步推进了整合工作的开展。

#### 5. 实施"班组长素质准入、'手指口述'法、领导干部带头下井、应急演练"四项基本安全管理制度与手段

在整合煤矿强力推行班组长、安全员素质准入制度，加强班组长和安全员队伍整顿，严格班组长和安全员的选拔任用和考核；制度演练方面，通过演练、评价和整改，逐步提高制度的执行力；通过干部带头下井，着力提高干部带头下井的质量，做到"上一天班负好一天责，下一天井做实一件事"。

#### 6. 完善"六大安全避险系统"，建立应急救援体系和三级创伤急救体系

在所有整合矿井建立完善的避难硐室和救生舱、压风自救、供水施救、监测监控、井下通信和人员定位的"六大安全避险系统"，建立应急救援体系和三级创伤急救体系，成为良好的安全救护的物质与保障条件。

#### 7. 实现安全质量标准化

在整合矿井的生产、基建和技改过程中，严格落实山西省煤矿安全质量标准，狠抓现场安全质量标准化，夯实矿井安全发展根基。实现整合矿井投产之时即达标之日；各类生产矿井要严格达标验收，达不到质量标准化二级以上的矿井坚决不得生产。

西山煤电集团在各矿井移交接管之初，按照整合矿井劳动用工管理制度，由区域公司具体组织，劳资处牵头，医院、卫生、安监局等处室参与，强化劳动用工管理，既体现了用工的严肃性，也增加了职工提高素质的紧迫感，为下一步的职工培训提供了思想保证。资源整合矿井按照山西焦煤的统一部署，建立了以"手指口述"安全确认和班组长注入为中心的分级上岗、循环培训、逐级提高的考核培训制度，保证了职工队伍达到安全基本标准，提高了关键环节岗位的职工素质。同时，利用分级经济杠杆作用使低层次人员经过培训逐步达到较高层次的

循环过程，使广大职工的安全学习行为成为习惯，为下一步整合矿井安全生产提供了人力保障。

**七、发挥集团优势，推进整合煤矿升级发展**

1. 创新体制机制，实现管理升级

一是建立三级条块结合的管理体制。"集团公司→子公司→子公司（区域分公司）与各矿"三级条块结合的管理层次组织架构模式为：一级单位集团总部，定位为战略、运作、投资管理与控制层；二级单位由各子公司构成，定位为利润实现层；三级单位为子公司（区域公司）和各整合煤矿，定位为成本控制层。

二是建立现代企业制度。按照建立现代企业制度的要求，各整合主体单位理顺各层级出资人及产权关系，完善和健全法人治理结构。按照《公司法》和集团"发展企业，贡献国家，回报股东，服务社会，造福员工"的治企理念，各整合子公司（区域公司）和矿井建立现代化企业制度，依法治企，严格按股份制公司运行，完善法人治理结构，成立股东会、董事会和监事会，建立了规范的公司化治理结构，明确了集团公司与子分公司区域公司和整合矿的管理体制、管理序列和运行机制，规范和优化集团体制，严格按《公司法》规范经营，实施企业内部统一集约化管理，使各资源整合矿井各项管理工作走上规范化、制度化的轨道。

2. 输出管理人才，实行"六长到位"

为保证整合煤矿的领导班子的专业、能力和水平，主要班子成员由集团公司统一任命，构成整合煤矿的领导班子主体，分任相应职能部门的主管，各个整合煤矿结合实际情况设立相应的部门、科室，发挥其职能。

3. 输出先进文化，为重组整合提供强有力的精神动力

"以人为本、团结奉献、求实进取、做大做强"是集团文化的核心思想，是西山煤电集团最具有优势的软实力、推动力和竞争力，形成了西山煤电集团的品牌。这次煤炭资源整合与兼并重组，既输出技术、人才和资本，同时还输出了集团的先进文化和价值观，为重组整合提供强有力的文化动力和精神支撑。

西山煤电集团充分发挥文化融合引导作用，着力培养"紧、严、细、实、廉"的工作作风，为整合煤矿打造一支现代化管理人才队伍；坚持"以人为本、全员参与、尊重个性、合作共赢、有机融入、促进发展、重在建设、务求实效"的原则，

深入实施和谐创新文化；按照"视觉先行、听觉跟进、感觉引深、示范引导、检查考核"的方法和策略，用制度与机制体现文化要求、规范员工行为、提高管理效能。

在西山煤电集团大企业文化统领下，各整合煤矿建立了核心企业价值观、企业精神与理念体系，形成了具有自己特色的企业文化体系。例如，新煤矿提出了"公司园区化、生产专业化、服务市场化"模式，在矿井配套洗选、储装运系统和集中销售方面，集团公司也超前做出了部署，做了配套跟进工作。西山煤电集团将西山文化与当地文化有机地融合起来，提出了"回报股东、造福员工、奉献社会、和谐共赢"的宗旨，创立一种符合煤炭整合企业发展要求的企业文化体系。

## 第三节 煤炭资源整合与重组战略实施效果

（1）促进了山西煤炭行业的健康发展。

通过这次整合重组，整合范围内的小煤矿彻底被关闭，改变了其群体化、粗放式的开发模式和"多小散乱"的煤炭开发格局，解决了资源浪费、生态环境破坏、安全事故频发和相关腐败问题等一系列小煤矿（窑）问题，为促进山西煤炭行业健康发展做出了贡献。

（2）增强了西山煤电集团做大做强和可持续发展的能力。

煤炭资源整合推动了西山煤电集团由煤炭资源大企业向煤炭经济强企业的转变，实现了煤炭经济的集约、循环、高效和可持续发展。企业综合实力和盈利能力明显增强，实现了做大做强"双亿"跨越目标。

（3）得到了社会各界的高度肯定。

山西省作为资源型大省，要创新发展方式，必须实现资源型经济转型。西山煤电集团在煤炭这个支柱型产业先行一步、率先创新，为山西转变经济发展方式提供了有益的探索，得到了山西省委省政府的高度肯定，也为全国煤炭行业的结构调整和转型发展积累了经验。同时，西山煤电集团煤炭资源整合经验也在国内引起了强烈反响。中央电视台、新华日报、中国能源、新华网、中国经济网、山西新闻网等国内多家媒体进行了全方位、多角度的专题报道。

# 第五章　稀缺优质煤炭资源开发的保护性战略管理模式

随着经济增长速度加快和能源需求恢复性的增长,我国能源生产由20世纪90年代中期的部分过剩到现在的全面短缺。2001年,"中国煤炭产业国际发展战略研讨会"在北京召开,讨论了在加入WTO背景下中国煤炭行业如何利用国际资本市场,进行煤炭企业国际化发展的战略问题。我国新制定的长远发展战略规划中全面落实全面、协调、可持续发展的科学发展观,把国家能源安全作为重要的战略问题进行研究。煤炭成为世界关注中国能源领域的一个焦点,煤炭行业在新形势下如何走国际化的道路,如何有效地利用资源进行可持续发展及如何处理同中国能源安全的战略关系等问题,已成为当代中国煤炭发展和国民经济发展的关键问题。

## 第一节　煤炭在我国能源和经济安全中的战略地位

经过50年的发展,目前中国能源工业已形成了以煤炭为主、多能互补的能源生产体系,在一次能源生产和消费总量中的比重大约为:煤炭75%,石油17%,天然气2%,一次电力(水电、核电、新能源发电)6%。我国煤炭、石油、天然气总资源量分别为5.57万亿吨、940亿吨和38万亿立方米,煤炭在我国化石能源资源中所占比例高达95.5%。与世界可采期限相比,我国煤炭、石油和天然气的可采期分别为 111 年、21 年和 56 年。据预测，在今后 50 年内，煤炭生产和消费的绝对量将有 3.5% 左右的增长率，但在我国能源构成中所占的比例将可能下降到 50% 左右。按照我国能源发展的"十五"规划，预测"十五"期间，国内煤炭需求量年均增长 2000 万吨左右。2005 年我国的能源结构发生较大变化，与 2000 年相比，煤炭在一次能源消费中的比例下降 3.88 个百分点。实现我国第三步发展战略目标，人均国民生产总值达到中等发达国家水平，能源消费量有较大幅度增长。所以，煤炭在中国一次能源结构中将长期占据不可替代的地位，正确认识煤炭在我国能源和经济安全中的战略地位，是十分迫切和重要的。

## 一、我国的煤炭生产与消费

中国是世界上最大的煤炭生产国，2011 年全国煤炭生产总量超 35 亿吨，其中 95% 以上用于国内消费，出口量不到 5%，且呈逐年下降趋势。近年的煤炭产量和出口量如表 5-1 所示。

表 5-1　近十年我国原煤产量与出口量

| 年份 | 原煤产量（万吨） | 出口量（万吨） |
| --- | --- | --- |
| 2001 | 116078 | 9013 |
| 2002 | 138000 | 8390 |
| 2003 | 172200 | 9403 |
| 2004 | 199232 | 8666 |
| 2005 | 234952 | 7172 |
| 2006 | 237300 | 6327 |
| 2007 | 252597 | 5319 |
| 2008 | 280200 | 4543 |
| 2009 | 297300 | 2240 |
| 2010 | 323500 | 1910 |

注：根据历年《中国统计年鉴》数据整理。

中国是世界上最大的煤炭消费国，2010 年全国煤炭消费量达 312236.5 万吨。中国煤炭消费以工业为主，电业、建材、冶金和化工为四个最大的耗煤行业，其中电力用煤所占比例最大。随着中国 GDP 的快速增长，能源生产和消费也迅速增长，当前中国已经成为排在美国之后的第二大能源消费国，占世界一次能源消费总量的 10.6%。

## 二、我国的煤炭需求

根据中国煤炭工业协会的预测，2010~2020 年，中国国内一次能源需求量将分别为 20.2 亿吨和 23.6 亿吨标准煤。2002~2010 年，国内煤炭需求的增长主要是在发电和供热用煤上，年均增长量在 3600 万吨以上。2010 年和 2020 年全国发电量及供热用煤量分别达到 10.9 亿吨和 13.5 亿~15.1 亿吨。建材和冶金行业煤炭需求量会略有增长，其他行业将呈下降趋势，2010 年为 1.7 亿吨，2020 年将为 1.6 亿吨。

## 三、世界煤炭需求展望和煤炭工业发展趋势

世界煤炭需求量将继续增长。据国际能源机构发表的《世界能源展望·1998》预测，到 2020 年，世界石油消费量年均增长 1.9%，天然气消费量年均增长 2.6%，煤炭消费量年均增长 2.2%。在世界煤炭需求增长中，亚洲呈较强增长势头，大部分国家年均增长 3.8% 左右，北美年均增长 2.1%，西欧和北欧煤炭需求呈下降趋势，年均下降 0.6%。世界煤炭需求增长带动贸易量增加，未来 5 年，世界煤炭贸易量将以年均 3.6% 的速度增长。世界煤炭进口量最大的是亚洲，其次是欧洲。由于亚洲新建燃煤电厂用煤量增加和欧洲煤炭生产规模萎缩，这两大洲的煤炭进口量将有所增加。世界石油输出国组织（OPEC）预测到 2020 年煤的耗量要超过石油。欧洲的主要产煤国家煤炭开采成本越来越高，政府采取关闭经济效益差的煤矿及减少财政补贴等措施，导致煤炭产量下降。煤炭将再次成为世界的主要能源，高质量煤炭的需求与竞争将越来越激烈。

面对国际和国内能源供应的严峻形势，以石油安全为代表的中国能源安全，在国家能源与经济安全的层面上是很脆弱的。当前我国煤炭资源开发最迫切实施的战略是除了对煤炭资源实施保护性开采外，还要实施战略储备和供应国际化延伸。这是科学的资源观与发展观，是国家能源安全的根本战略。

# 第二节 稀缺炼焦煤炭资源保护性开采开发模式

## 一、资源风险分析

炼焦煤在国民经济发展中的作用，不仅体现在其能源属性，更重要的是它在钢铁冶炼、化工等行业的原料性质。依据炼焦煤的特有属性，在未来较长的时期内，我国对炼焦煤的需求量仍将维持在 9 亿~10 亿吨左右。而我国炼焦煤的储量非常有限，且不可再生，是稀缺的战略资源，存在一定的资源风险。

(1) 储量有限，分布不均。

据国土资源部统计，截至 2009 年末，全国保有查明炼焦煤资源量 2961 亿吨，但可采储量仅为 567.6 亿吨。同时，炼焦煤保有资源量占全国煤炭保有资源量的比例，从 1992 年的 28.71% 下降到 2009 年的 22.6%，二十年间，下降了 6 个百分点。炼焦煤在我国 29 个省（区、市）均有赋存，但分布不均，一半以上分布在山西省，其他省份所占份额较小。

(2) 核心煤种短缺。

我国炼焦煤虽煤种齐全，但作为核心煤种的焦煤和肥煤比较短缺，分别仅占 17.3% 和 12.2%。

(3) 开采强度大，可采年限短。

据国家安监总局统计资料，中国炼焦煤产量从 2003 年的 8.42 亿吨增加到 2009 年的 10.41 亿吨，年均增速为 3.6%。按 2009 年炼焦煤可采储量及产量计算，全国炼焦煤最高可采年限仅 33 年。同时，2009 年末在建（改扩建）炼焦煤煤矿 600 多处，新增能力 1.87 亿吨，将加速炼焦煤资源消耗，进一步减少可采年限。

(4) 生产无序，浪费严重。

由于炼焦煤储量与煤种分布不均，且受洗选加工技术限制，相当一部分炼焦煤被作为动力煤使用，造成资源浪费。另外，按精煤产量计算市场绝对集中度，

CR4 <20%，CR8 <30%，CR20 <40%。基于贝恩分类法，炼焦煤市场属无序竞争结构类型，大企业对炼焦煤市场管控力低，加剧了资源的浪费。

## 二、稀缺煤炭资源保护性开采战略规划——炼焦煤限产规划

1. 限产规划模型

在目前已形成的实际产能基础上，为在一个相当长的时期内有效保障国内炼焦煤的市场供应且有效保护炼焦煤稀缺资源，需要平缓有序的降低炼焦煤产量，给国家制定炼焦煤保护性开采产业政策与法规、企业调整转型留有一定的时间，避免由于产量骤减给企业和社会带来的问题。

遵循开采对炼焦煤资源扰动的客观规律，分析产量扰动下可采储量的变化率，建立如下限产模型：

$$dX(t) = \lambda(X(t) - S)dt + (X(t) - S)dW(t) \tag{1}$$

在模型中：

S 指炼焦煤可采出量；X(t) 指在时间区间 [0, t] 上的累积产量，$X(t) = \int_0^t x(u)du$，x(u) 为时刻 u 的炼焦煤产量，$u \in [0, t]$；λ 指储量余量函数 $Y(t) = S - X(t)$ 的平均变化率，λ < 0，$t \in (t_0, T]$，T 为最大可采年限；W(t) 指布朗运动，描述可采出余量变化率的随机波动。

模型（1）是一个带有系统桎梏参数的几何布朗运动，描述了炼焦煤生产系统产量的衰减过程。

由限产模型（1）可以推出产量的理论环比递减率：

$$\rho = \frac{\Delta X(k+1)}{\Delta X(k)} = e^\lambda, \quad 0 < \rho < 1$$

产量的环比递推公式：

$$\Delta X(k) = \Delta X(n)\rho^{k-n}$$

其中，n 为观测原点，k > n，ΔX(k) 表示第 k 个观察期的产量。

含桎梏参数的限产模型，如图 5 - 1 所示。

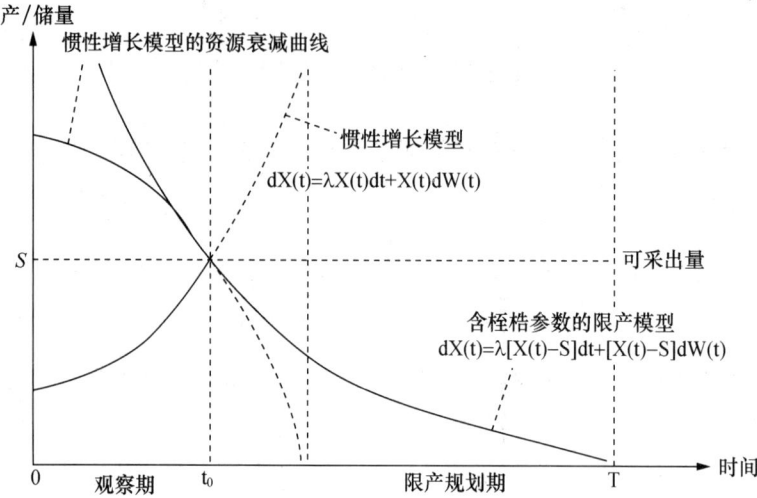

**图 5-1 含栀梏参数的限产模型**

据 2003~2010 年的全国炼焦煤产量数据,如表 5-2 所示。对模型(1)的参数进行最小二乘估计,求得产量环比递减率 $\rho$ 的值为 0.9725,应用中可取 0.97 或 0.98。

**表 5-2　2003~2010 年全国炼焦煤产量**　　　　　　单位:亿吨

| 年份 | 2003 | 2004 | 2005 | 2006 | 2007 | 2008 | 2009 | 2010 |
|---|---|---|---|---|---|---|---|---|
| 产量 | 8.42 | 8.84 | 9.13 | 9.61 | 9.80 | 10.33 | 10.41 | 11.14 |

**2. 限产规划方案**

依据建立的炼焦煤限产规划模型,设计两套限产规划方案,均可使炼焦煤资源可采年限提高到 100 年以上。

(1) 规划方案一。

对 2013~2050 年的炼焦煤生产,分两阶段进行限产规划。

第一阶段:2013~2035 年,按 $\rho = 0.97$ 进行规划,2019 年实现产量 8.5 亿吨,与核定产能平衡,2035 年产量压缩至国内需求量的 50% 左右。第二阶段:按 $\rho = 1$ 进行规划,维持 2035 年产量水平,如图 5-2 所示。

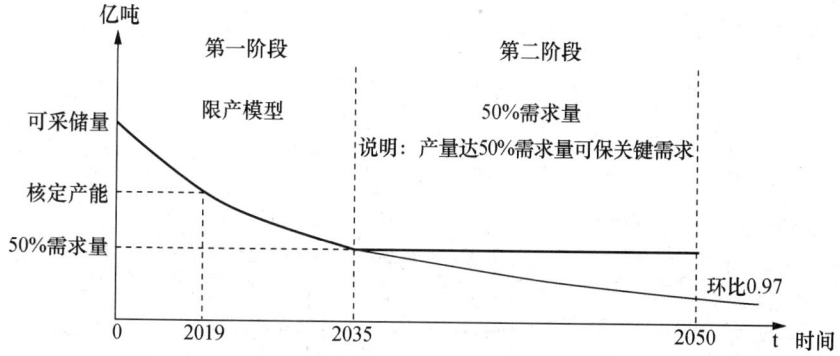

图 5-2 分两阶段限产规划

据此规划,目前查明的炼焦煤可采储量能够持续利用约 110~120 年。2030~2040 年将是国内炼焦煤供应压力最大的一个时期,应提前做出相应的安排,如图 5-3 所示。

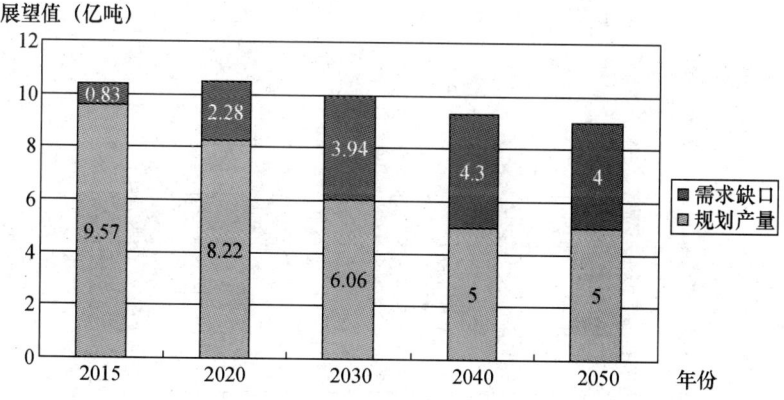

图 5-3 方案一规划产量

(2)规划方案二。

对 2013~2050 年的炼焦煤生产,分三个阶段进行限产规划。

第一阶段:2013~2019 年,按 $\rho=0.97$ 进行规划,2019 年实现产量 8.5 亿吨,与核定产能平衡。第二阶段:2020~2035 年,按 $\rho=0.98$ 进行规划,产量压缩至国内需求量的 65% 左右。第三阶段:按 $\rho=1$ 进行规划,维持 2035 年产量水平，如图 5-4 所示。

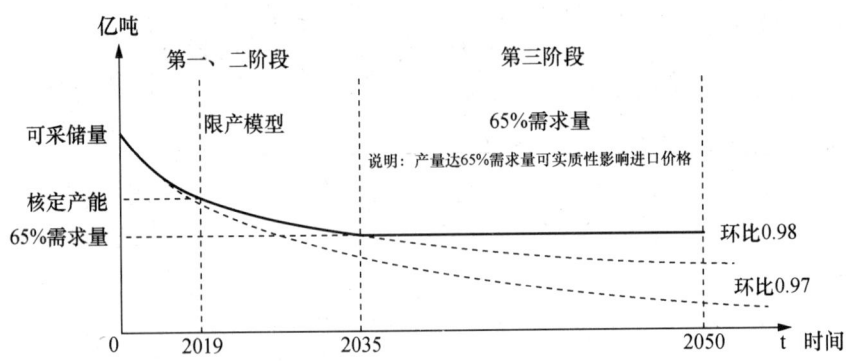

图 5-4　分三阶段限产规划

据此规划，目前查明的炼焦煤可采储量能够持续利用约 100 年。同方案一比较，不同之处在于环比的调整，如图 5-5 所示。

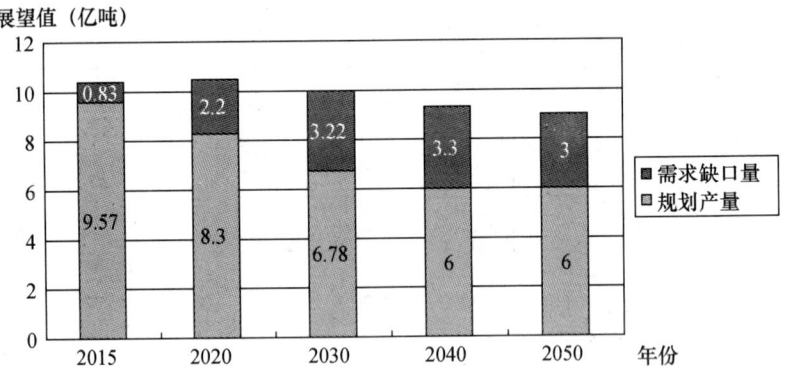

图 5-5　方案二规划产量

3. 限产国家财政补贴模型

限产会带来企业利润减少，给企业经营和再生产带来相应的困难，执行严格的限产规划，应有相应的国家财政补贴政策。

依据企业利润计算的基本原理，设计如下补贴计算公式：

$$Q = K \cdot M \cdot P \tag{2}$$

其中，Q 为国家财政补贴额；K 为国家政策性补贴系数，应根据煤层赋存条件、企业规模、地区经济发展水平、运输条件等因素进行科学测算；M 为企业本年度吨煤纯利润；P 为限产规划下的本年度减产量。

### 三、西山煤电集团资源保护开采研究

1. 炼焦煤限产规划分析

西山煤电集团拥有丰富的炼焦煤储量，是中国和山西省重要的主焦煤生产基地，如表 5-3 所示。按 2010 年炼焦煤可采储量及产量计算，炼焦煤最高可采年限约 61 年，其中焦煤可采 48 年，肥煤可采 57 年。

表 5-3　2005~2010 年炼焦煤各煤种产量　　　　　单位：万吨

| 年份 | 贫瘦煤 | 瘦煤 | 焦煤 | 肥煤 | 1/3 焦煤 | 气煤 | 总量 |
|---|---|---|---|---|---|---|---|
| 2005 | 909 | 651 | 2370 | 2050 | 0 | 100 | 6081 |
| 2006 | 842 | 703 | 3226 | 1576 | 201 | 0 | 6548 |
| 2007 | 852 | 723 | 3286 | 1627 | 0 | 303 | 6791 |
| 2008 | 1335 | 664 | 3146 | 1621 | 829 | 268 | 7863 |
| 2009 | 582 | 797 | 3700 | 1079 | 686 | 581 | 7424 |
| 2010 | 750 | 1030 | 3890 | 1899 | 575 | 1247 | 9479 |

采用与全国炼焦煤限产规划相同的模型。运用 2005~2010 年的产量观测数据进行模型参数估计，限产环比值及具体规划结果，如图 5-6、图 5-7 所示。

按此规划，目前产量越大，限产幅度越大。2030 年之后取环比值为 1，产量保持稳定。按限产规划结果，各煤种开采年限均大于 100 年，达到了保护炼焦煤资源的效果。

2. 保护性开采与洗选创新技术

在开采及洗选方面进行技术创新，提高资源回收率及精煤产率，最大限度地减少炼焦煤资源的浪费。

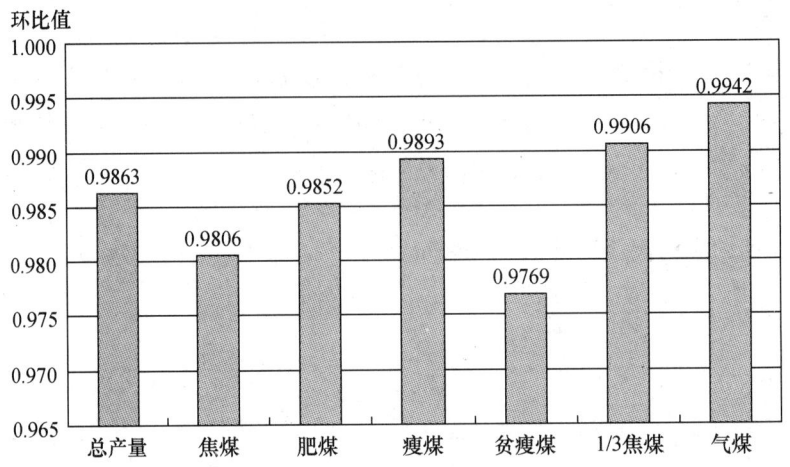

图5-6 西山煤电集团炼焦煤分煤种限产环比值

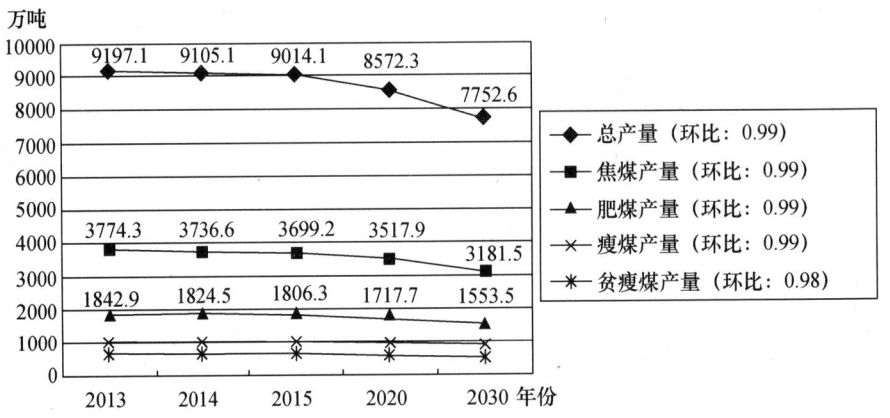

图5-7 西山煤电集团限产规划

(1) 厚煤层错层布置无煤柱开采技术。

在巷道布置方式上把相邻两面间的平巷错层位布置,综合集成放顶煤回采工艺、分层的上分层铺网回采工艺和下分层网下回采工艺,形成独特的三段式回采工艺,应用轻型放顶煤支架进行支护,解决了传统放顶煤开采端头丢煤多的缺点,且实现了无煤柱回采,使采区回收率由75%提高到83%。

(2) 综采放煤柱成套技术。

对近距离易自燃煤层采空区残煤,采用错层位巷道布置与三段式回采工艺,利用上层回风巷道探明下层顶板厚度,在顶板小于0.8~1.1m时采用综采放煤柱技术及防治瓦斯、火灾、水害等灾害的成套技术与装备回收上层残煤,如图5-8所示。

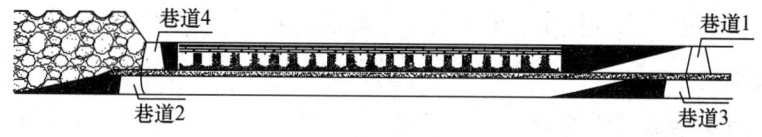

图5-8 近距离易自燃煤层采空区残煤综放复采

(3)洗选创新技术。

根据不同的原煤特性,提出了以三产品重介旋流器为主要分选方法,有针对性地选煤工艺流程,首创了"预先脱泥+无压三产品重介质旋流器"选煤新工艺。原煤进入三产品重介质旋流器之前先经脱泥筛预先脱除部分原生煤泥,减少系统煤泥量,矸石带煤由原来的3%~5%下降到1%以下,中煤带煤由原来的25%~28%下降到10%左右,精煤产率平均提高了4个百分点。

### 四、对策与建议

炼焦煤保护性开发需要考虑的因素错综复杂,且限产面临着国际及国内市场的巨大压力,必须建立配套的政策体系进行支撑。

(1)炼焦煤作为战略资源进行保护。

针对炼焦煤稀缺资源未进行立法保护的现状,应加快立法进程,对炼焦煤实行保护性统一规划、科学限产、有序开发、有效利用,禁止任何乱采滥挖和浪费行为。同时,应定期对炼焦煤资源的储量、产量及资源损失量进行核查,以科学调控开发合理利用总量,制止无序开发。

炼焦煤产量、价格、销售实行国家计划,按地区、煤层赋存条件、开采条件、煤种差异等制定相应的税收与补贴标准。限制炼焦煤资源出口量,增加出口关税。同时,按炼焦煤种稀缺程度分别制定不同回收率标准,禁止炼焦煤作为动力煤使用。

（2）加大技术创新力度。

加大开采及洗选加工技术创新力度，提高炼焦煤资源回收率、精煤回收率；加大钢铁冶炼技术创新力度，减少炼焦煤消耗量。

（3）加大勘查力度，增加炼焦煤储备资源。

加大资金投入，寻找新的炼焦煤田，并制定相关激励政策，鼓励炼焦煤老矿区进行资源勘查。

（4）加强资源开发规划和生产监管。

实施严格的行业准入制度、环境准入制度；实施严格的炼焦煤指令性生产计划编制、下达和监管制度。

（5）开发国际市场，利用国际资源。

针对炼焦煤用户，出台相关政策，鼓励企业进口；寻找国外优质炼焦煤资源，鼓励企业境外开发、合作，形成安全可靠的炼焦煤供应体系。

（6）提高炼焦煤产业集中度。

支持大企业以资本为纽带，通过跨地区、跨体制的联合、兼并、重组等方式，大力推进资源整合，提高产业集中度。

# 第六章 资源开发型煤炭集团管理体制研究

## 第一节 资源开发型煤炭集团公司管理体制研究

### 一、大集团公司及其特征

1. 大集团公司和企业集团

当今世界企业经营管理的重要趋势之一是企业公司重构,处于经济转型期的中国企业正面临体制转换与结构转换的双重使命。随着我国国有资产重组和资源整合的深入进行,不同的企业集团以实力雄厚的企业为核心,以资本联结为主要纽带,通过产品、技术、经济契约等多种方式,把多个企业单位联结在一起,企业之间形成了基于横向联系,由母公司、子公司和关联企业等多个法人企业(有时也含有部分非法人企业)组成了具有多层次组织结构的法人联合体即企业联合体——大型企业集团。同时也出现了具有独立法人,由母公司、子公司和关联企业(有时也含有部分非法人企业)组成了具有多层次组织结构的大集团公司。

从国外的有关文献和我国对集团公司的定义来看,国外只有企业集团(Business Group),而没有集团公司(Group Company),因此集团公司是我国或者中文中特有的一个概念。这里讨论的集团公司应该是国外学者所说的企业集团的一种形式,因为集团公司应该是多个法人企业正规或者非正规集合中的一种。但是,在我国的有关文献和法律文件中,集团公司与企业集团是不同的。从在推进企业改革和抓大放小的过程中,集团公司作为比企业集团更高级的一种组织形式。从集合内部各个企业连接的方式来看,集团公司内部企业之间主要是以产权关系为基础和以母子公司体制为主要内容的正规连接。总之,如果说企业集团是多个法人企业正规或者非正规的集合,那么集团公司就是一种企业集团,它的多样化经营特征使它区别于单体大企业。另外集团公司又不同于一般意义上的经济联合或者战略联盟,因为集团公司内部各个企业之间的连接是以产权或者股权为基础的,具有明确的母子公司关系,因此这种企业的集合具有更加正规和紧密的特点。

2. 我国集团公司的组建形式

我国企业集团从萌芽到发展,从时间上看大致可以分为三个阶段。第一阶段:萌芽阶段由政府推动的经济联合(20 世纪 80 年代初);第二阶段:多元化(20 世纪 80 年代后期到 90 年代中期),这阶段的企业集团多半是由政府机构改革(部分原来的政府机构企业化)转制过来;第三阶段:集团公司(1995 年以后),此时的集团公司多半是企业自愿组建的。

第一种集团公司与政府的产权还没有划分清楚,但是集团公司内部的产权归属关系是非常清楚的;第二种是在原先局、厅级等行政层次上直接转变而来的,要求成员间的关系主要以资产为纽带来改变原先的行政领导关系;第三种是国家政府抽调一些资源组建的集团,也是"拉郎配",这种集团通常结构比较松散。在后两种类型的集团中,集团公司的作用却显得不是那么天经地义,隶属关系有别于前一种,情况也要复杂一些。

3. 大公司应具备的基本特征

(1) 综合竞争力。

综合竞争力是企业的整体竞争力、系统竞争力和互补性竞争力,体现在企业规模、生产率、经营成本、经济效益、财务状况达到国际水平;建立规范的现代产权制度,做到归属清晰、权责明确、保护严格、流转顺畅;统筹经济和社会协调发展,统筹近期和未来持续发展,统筹内销和出口有序发展,统筹人与环境和谐发展;优化配置资源,具有同业国际先进水平的劳动生产率和资产收益率,企业对市场变化反应快速、应变及时，抗风险能力强；建立并实施科学的决策机制、竞争机制、约束机制和激励机制；以人为本，建立面向全体员工的良好成才环境和机制，充分发挥员工潜能，人力资源结构合理、配置到位。

（2）国际化经营。

国际化经营是大公司的一个主要标志，包括企业经济外向度高，产品出口和境外的营业收入达到企业总收入的30%以上；企业主要产品在全球市场的占有率超过5%；开拓国际市场的战略正确，措施得当，境外客户资源的数量和质量有利于参与国际竞争；企业具有较强的资金、人才、技术、市场的抗风险能力，可以抵御国际经济突发性风波，熟悉WTO规则和国际惯例，善于应对贸易纠纷。

（3）技术创新体系。

技术创新是一个体系，应从专用材料、专用元器件、专用设备到整机形成自己的研发创新链。大公司要建立技术创新体系，保证机构到位、人员到位、经费到位，企业研究开发人员占员工总数的比例超过10%，研发费用占营业收入的比例超过6%；拥有自主知识产权的核心技术，年均专利数超过30项，每年能推出几十种至上百种产品投放境内外市场，新产品产值率超过30%；产业化程度高，形成产品系列，在全球推出有规模效应和高知名度的国际品牌；形成一个有利于吸引人才与留住人才的发展环境、创新环境及工作条件。

（4）管理水平。

建立优秀管理队伍和实施科学管理是大公司的重要特征。要求企业领导班子熟法规、有远见、善用人、长决策、重协调、快应变；建设与国际接轨、科学先进的企业管理体系和适应竞争和变化要求的企业业务流程；成本、效率、质量、服务指标达到同业国际先进水平；企业信息化建设水平国内领先；按照ISO、SA-8000等标准开展生产经营活动。经营多元化、产业多元化，规模巨大，技术水平高，注重技术的独立性和国产化，有独立的企业与经营文化，注重回报社会。

## 二、国外煤炭大型企业发展的趋势

从国际上煤炭大型企业发展的趋势来看，它们的管理体制根据其经营规模、发展状况而变革，近几年出现以下若干新特点，这些特点值得正在快速发展中的中国煤炭大集团企业参考与借鉴。

1. 资源开发型企业经济规模大型化、产业集中化

世界大型煤炭公司依托核心竞争力,通过兼并重组等方式,大大提升了世界煤炭工业的集中化水平。2007年,美国四家煤炭大公司的煤炭产量约占全国总产量的45.90%,其中三家公司的煤炭产量超过1亿吨,排名第一位的皮博迪公司达到1.75亿吨,排名第二位的力拓公司达到1.22亿吨,排名第三位的阿齐煤炭公司1.15亿吨,排名第四位的基础煤炭公司0.65亿吨。而中国前四家煤炭产量约占全国总产量的18.62%,其中神华集团2.36亿吨,中煤集团1.05亿吨,山西焦煤0.8亿吨,大同煤矿0.65亿吨。

2. 资源开发型煤炭大型企业组织结构扁平化

从国外煤炭大公司组织结构发展来看,专业化和灵活性是组织结构改革的重要发展趋势。据统计,世界上89%的能源公司都把建立弹性组织结构作为2010年的一个主要竞争优势。跨国公司意识到,在全球经济中,公司要想达到世界一流的业绩水平,提高投资回报率和企业的竞争力,必须比以前更加重视组织的形态与结构,因此趋向采用更平展的、更具柔性的结构形态。不少煤炭公司开始摒弃其陈旧的等级制度,开始专业化重组,大力推行扁平化管理。组织结构扁平化,首先表现为跨国公司总部的分权趋势,总部从传统的决策中心逐步向支持性机构转变,自身主要负责规划整个企业系统的远景目标和发展战略,协调各成员单位的利益关系等重大决策,而将具体的生产经营决策、子分公司的发展和对市场变化的反应,都交由子公司或事业部独立负责。

同时,对于那些从总部剥离而又不适于分散行使的职能,跨国公司设立了一些职能性专业机构,如研发总部、物流中心、销售公司等,或者通过正式、非正式合同建立起一个无形的"外部虚拟组织",实现协调运作、利益共享、风险共担。跨国公司虽然不拥有"外部虚拟组织"的所有权,但同样能控制其行为,让它们为自己的战略目标服务。

例如在石油、煤炭等能源领域从事经营活动的著名企业壳牌公司,为了进一步提高下属企业责权统一程度,增强其市场反应能力,一改实行了30多年的矩阵式管理结构,有针对性地提出总部只定位于监管、控制和示范,协助董事会指导和领导各企业,总部机关由原来的3000多人精减为150人,主要由企业战略、人力资源、法律、计划、环境与外部事务、财务金融等方面的少量专家所组成,

其他专业服务机构,如信息技术服务、交易结算、培训、科技开发等重组为专业服务公司。

3. 煤炭大型企业集团内部交易市场化

许多跨国煤炭公司开始注重建立企业内部市场化机制,以强化下级组织的企业家意识。公司与权属单位之间以前表现的控制与服从的关系,逐步向交易关系和激励刺激关系过渡,这使得跨国公司系统内部的关系具有了市场关系的色彩。在符合企业整体发展目标和全局利益的前提下,让企业内部的各个单元形成自己的利润中心,这些单元可以根据自己的情况和市场环境选择,与组织内部或者外部的其他企业进行交易。如购买原材料、产品或服务以及对外部单位进行投资,以便更好地根据市场条件确定业务。通过建立内部市场机制,企业内部化整为零,更加专业化、市场化,能够灵活机动地适应市场的变化、消费者的变化、技术的变化。

4. 煤炭大型企业管理体制模式多样化

随着国际市场环境变化和自身发展战略的调整,国际上煤炭大企业管理体制也在不断地进行变革,形成了多种体制模式。总体趋势是,组织结构大都采用"M"型(事业部制)、超"M"型(超事业部制)或"M+H"型(事业部+子公司)结构。

按照管理控制方式的不同,逐步形成了"联合舰队"型和"航空母舰"型两大体制模式。

"联合舰队"型管理体制的主要特征包括集团企业有多个市场主体,包括若干拳头产业,它们各自的经营性质不同,不分主次,但都是在同一旗号之下。母公司主要从事战略控制和资本运营,考核和控制子公司的财务指标。而子公司按集团公司确立的各自战略定位独立运作,独自承担销售、运营、研发等业务。

"航空母舰"型管理体制的主要特征包括集团企业是一个整体,有一个主导产业和几个相关产业。各子公司按统一战略运作,由母公司掌管全集团的重大决策,并直接管理和控制核心业务。

5. 煤炭大型企业治理结构规范化

发达国家的煤炭大企业多数是上市公司,有的还在多个交易所上市。例如,力拓公司在伦敦、纽约、澳大利亚和新西兰证券所上市，安格鲁尔公司在伦敦、南非、瑞士、博茨瓦纳和纳米比亚股票交易所上市。公司上市无疑大大促进了公司管理水平的改变，提高了公司稳健经营和盈利能力。国外煤炭大公司资本结构中机构投资的股权占有相当大的比重，但持股又相对分散。例如，必和必拓公司股东中，机构投资法人为2930个，持股权益达99.3%，Xstrata公司的最大股东为格雷科尔国际集团，其持股比例也只有40%。在产权主体多元化的状况下，形成了比较合理的公司治理结构，具体表现在董事会成员专业化程度高；职业经理人模式已经形成；投资人结构多元化；都已经建立了调整本企业与相关利益团体（雇员、用户、供货方、社区、社会等）利益关系的机制，特别是在环境保护、安全生产、社区责任和雇员利益维护等方面卓有成效。

以德国鲁尔集团为例，鲁尔集团是1969年7月组建的典型股份公司，下设下莱茵矿业股份公司、奥伯豪森矿业股份公司、格尔森基辛矿业股份公司、赫尔纳/莱克宁豪森矿业股份公司、埃森矿业股份公司、多特蒙德矿业股份公司、威士特伐仑矿业股份公司7个股份公司。起初鲁尔集团的主要产业集中在本土的煤炭开采，此后，鲁尔集团一方面巩固本土煤炭开采业，拓展海外煤炭市场，另一方面大力发展其他产业。为适应这种变化，鲁尔集团的组织架构也相应调整为专业化公司的管理模式，集团公司（鲁尔股份公司）下属德国烟煤、鲁尔国际煤炭、鲁尔EBV公司、STEAG公司、RUIGERS公司、SAARBERG公司6大公司和鲁尔培训、鲁尔计算机技术、鲁尔保险服务3个服务性公司。

德国烟煤公司是对原有7个矿业公司重组整合而成的，负责本土的烟煤开采和焦炭生产；鲁尔国际煤炭公司，负责国际采矿、国际煤炭贸易、销售业务及采矿技术；鲁尔ERV公司、STEAG公司、RUTGERS公司、SAARBERG公司承担住宅房地产开发与服务、商品贸易、电厂经营、IPP国际业务、电子系统、化学品、塑料等各类非煤业务。鲁尔股份公司以及所属的子、分公司，都严格按照股权结构组建法人治理结构，公司内部建立严密精干的组织体系。

6. 煤业大型企业实施跨区域、跨行业运作

全球大型煤炭公司呈现出经营国际化和产业多元化的格局。大型煤炭公司都是跨国经营公司。全球十大煤炭跨国公司中有6家公司的业务地域覆盖世界各大洲，生产企业所在国的数量一般在10~20个国家之间，其中3家公司海外经营

盈利能力超过了本土。美国煤炭产量前6名公司，澳大利亚煤炭产量前5名公司，南非煤炭产量前4名公司，均属于世界跨国煤炭公司。力拓公司生产业务遍及19个国家，必和必拓公司生产业务遍及17个国家。主要产煤国澳大利亚80%的煤炭产量由跨国公司生产。2007年全球四大主要动力煤出口企业约占世界市场份额的70%。

此外，多数大型煤炭公司都形成了产业链，从事相关多元化经营，尽管煤炭生产规模很大，但煤炭收入所占总收入的比重并不高，主要是深加工和相关产业规模很大。大部分跨国煤炭公司煤炭收入占总收入的比重仅为30%左右，其中必和必拓占16.42%，安格鲁美洲公司占22%，萨索尔公司煤炭收入仅占总收入的9.1%。

### 三、我国资源开发型煤炭集团公司

当今世界企业经营管理的重要趋势之一是以美国企业为代表的公司重构，而处于经济转型期的中国企业正面临体制转换与结构转换的双重使命。大型煤炭集团公司形成了以企业重组的主要方式，以下对几个煤炭大集团组织机构、管理体制进行分析，总结出一些共同特点。

（1）神华集团有限责任公司（以下简称神华集团）成立于1995年，为中央直管企业之一，是集煤矿、电力、铁路、港口、煤制油煤化工一体化开发，跨地区、跨行业、多元化经营的特大型能源企业。主要经营国务院授权范围内的国有资产，开展煤炭等资源性产品，煤制油、煤化工、电力、热力、港口、公路、铁路、水路、航空运输和金融、国内外贸易及物流、房地产、高科技、信息咨询等行业领域的投资、管理；规划、组织、协调、管理神华集团所属企业在上述行业领域内的生产经营活动，实施跨地区、跨行业经营。神华集团目前是全国最大煤炭企业、全球最大煤炭供应商。截至2009年底，共有全资和控股子公司27家，从业人员163745人，总资产4908亿元。2009年营业收入1612亿元，利润在中央企业名列前茅，企业经济贡献率连续九年名列行业第一。

神华集团的组织结构是集团公司董事会、总经理层—职能部门—全资子公司和控股子公司—各下属公司（矿、厂）。神华集团的组织结构，如图6-1所示。

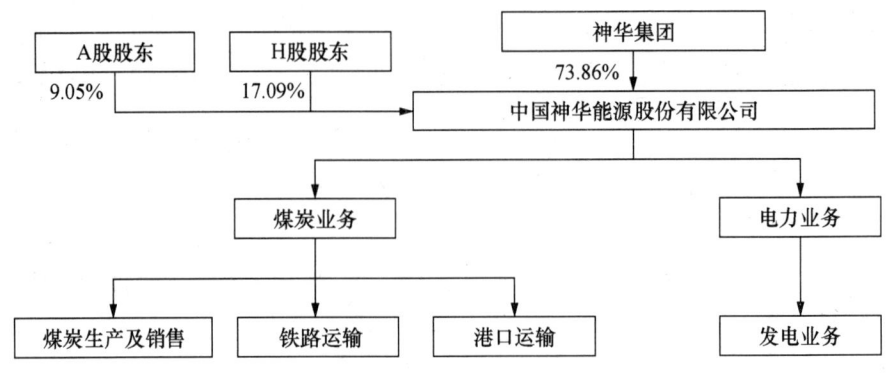

图 6-1 神华集团的组织结构

(2) 中国中煤能源集团有限公司（以下简称中煤集团）是国务院国有资产监督管理委员会管理的大型能源企业，前身是 1982 年 7 月成立的中国煤炭进出口总公司，主营业务包括煤炭生产及贸易、煤化工、坑口发电、煤矿建设、煤机制造、煤层气开发以及相关工程技术服务。现有全资公司、控股和均股子公司 41 户，境外机构 4 户，参股企业 11 户，在册职工 12.1 万人。截至 2009 年底，总资产 1476 亿元，在 2008 年中国企业 500 强中名列第 77 名。

中煤集团是中国第二大煤炭生产企业，连续三年产量超亿吨。主要矿区有山西平朔、离柳、乡宁矿区，江苏大屯矿区，内蒙古鄂尔多斯矿区，陕西榆林矿区，黑龙江依兰矿区，在建新疆哈密、准东、伊犁矿区，资源总量超过 450 亿吨。现有生产矿井 21 座，在建矿井 24 座，总产能超过 1.6 亿吨，拥有洗煤厂 22 座，生产能力 1.2 亿吨。中煤集团有近 30 年的煤炭、焦炭进出口贸易历史，拥有完善的物流配送中心和分销网络。大型煤焦化工和煤基醇醚、烯烃化工的设计规模和技术水平居行业领先。煤机制造企业位列全国煤机行业第一位，具备煤矿井下综采综掘成套装备研发、制造能力，技术水平和市场占有率为国内第一位。煤矿建设设计企业承担了国内半数以上的千万吨级矿区、千万吨级高产高效矿井、百万吨级矿井和大型洗煤厂的设计建设任务，代表行业最高水平。

2005 年 2 月，经国务院国有资产监督管理委员会批准，中煤集团启动重组改制境外上市工作。2006 年 8 月 22 日设立了中国中煤能源股份有限公司，2006 年 12 月 19 日中煤能源在中国香港联合交易所主板成功挂牌上市。2008 年 2 月 1 日中煤能源回归 A 股。境内外上市共融资 408 亿元，为中煤集团搭建了资本运作的平台。另有上海大屯能源股份有限公司、太原煤气化股份有限公司分别在上海和深圳证券交易所上市。

2009 年，中煤集团积极应对市场变化，加快结构调整，加强企业管理，多项生产经营指标创历史最好成绩。原煤产量 1.25 亿吨，同比增长 9.6%；国内煤炭销量保持亿吨以上，同比增长 13.5%；全年利润总额预计 103 亿元，同口径相比利润总额创历史最好水平；实现营业收入 692 亿元；煤炭生产百万吨死亡率降到 0.016，保持国际先进水平。

（3）大同煤矿集团公司，大同煤矿集团有限责任公司的前身大同矿务局成立于 1949 年 8 月 30 日，2000 年 7 月改制为大同煤矿集团有限责任公司。公司现有总资产 750 亿元，职工 20 万人，矿井 54 对，分布在山西和内蒙古，东西跨度 300 多公里，南北跨度 600 多公里。2009 年煤炭产销量 1.13 亿吨，连续五年突破亿吨。现已形成煤炭为主，电力、化工、冶金、机械制造等多业并举的特大型综合能源集团，正在建设的晋北煤炭基地是国家规划的 13 个大型煤炭基地之一。

2000 年 7 月 29 日，大同矿务局改制为大同煤矿集团有限责任公司，企业制度由计划经济的工厂制转向市场经济的公司制。2003 年底，山西省委省政府重组晋北主要煤炭生产和销售企业，成立了新的大同煤矿集团有限责任公司（以下简称同煤集团）。2005 年 12 月，大同煤矿集团有限责任公司完成了债转股改制，成为七家股东持股的集团公司，建立了新的产权结构和法人治理结构。重组后的同煤集团地跨大同、朔州、忻州三市（县），以大同、宁武、河东（北部）煤田为资源基地，煤田储量 892 亿吨，拥有 47 对矿井，20 万员工，70 万员工家属，所属子公司、分公司和二级单位 139 个。2005 年，煤炭产销量突破 1 亿吨，居全国第二位，销售收入 258 亿元，上缴税费 23 亿元，员工人均年收入突破 2 万元，已形成以煤炭生产为主，电力、机械制造、钢铁生产、工程建设、化工、建材、物业、旅游等多业综合发展的特大型现代化企业，在中国大中型企业竞争力 500 强中排名第 94 位。2006 年 6 月，大同煤业 A 股在沪市成功开盘上市，标志着同煤集团首次挺进资本运营市场。

同煤集团开采技术先进，创造了不同地质条件下煤炭开采的技术和装备等 "11 个全国第一"；企业文化底蕴深厚，人才、管理、队伍等方面在同行业具有明显优势;产品过硬,大同煤发热量高、灰分低,是工业食粮中的精品,畅销全国电力、冶金、建材等多个行业,并远销日本、韩国、印度、土耳其等多个国家。产品被列为"中国十大世界影响力品牌"、"世界市场中国十大年度品牌"、"国家免检产品"。企业曾荣获"全国五一劳动奖状"、"金马奖"等多项荣誉。荣列2008年中国500家最大企业第80名,2008年中国大企业集团竞争力500强第79名。

(4) 黑龙江龙煤矿业集团公司,形成了具有长城公司、华能集团、宁波港集团、辰能投资、鞍钢股份、中油资产、汇银投资、七匹狼集团、鸡矿集团、鹤矿集团、双矿集团、七矿集团的控股大集团公司。

(5) 中国平煤神马能源化工集团有限责任公司(以下简称中平能化集团),由原平煤集团和神马集团两个中国500强企业联合重组创立的一区,拥有东庞矿、邢台矿等共18座矿井;同时还拥有设计能力为年产跨区域、跨行业、跨所有制、跨国经营的特大型能源化工集团,旗下拥有两家上市公司、两个国家级技术中心和博士后工作站,是国内品种最全的炼焦煤、动力煤生产基地,亚洲最大的尼龙化工生产基地。

(6) 河北冀中能源公司,公司控股一家上市公司——河北金牛化工股份有限公司。公司下辖河北邢台矿区、河北邯郸矿区、河北张家口矿区、山西寿阳矿4.5万吨无碱玻璃纤维池窑拉丝的邢台金牛玻纤公司,设计能力为两条日产2500吨新型干法水泥熟料的水泥厂。公司还与天铁集团共同出资设立了金牛天铁煤焦化公司,年产干熄焦150万吨,与旭阳焦化共同出资设立了河北金牛旭阳化工有限公司设计年产甲醇20万吨,公司业务涉及煤炭、电力、建材、化工等行业。

(7) 中国国电集团公司,是经国务院批准,于2002年12月29日在原国家电力公司部分单位的基础上组建的全国五大发电集团之一,主要从事电源的开发、投资、建设、经营和管理,组织电力(热力)生产和销售;从事煤炭、发电设施、新能源、交通、高新技术、环保产业、技术服务、信息咨询等电力业务相关的投资、建设、经营和管理;从事国内外投融资业务,自主开展外贸流通经营、国际合作、对外工程承包和对外劳务合作等业务。

中国国电集团公司目前拥有16个区域和省级分公司、13个特大型子公司、两个科研机构、近200家基层发电企业;拥有国电电力发展股份有限公司、国电长源电力股份有限公司、内蒙古平庄能源股份有限公司、宁夏英力特化工股份有限公司等4家国内A股上市公司和龙源电力1家香港H股上市公司；产业遍布全国31个省、市、自治区；员工人数11万余人。截至2009年12月底，拥有可控总装机容量8203万千瓦。其中火电装机容量7025.05万千瓦，占85.64%；水电装机容量637.6万千瓦（含潮汐发电机组0.39万千瓦），占7.77%；风电装机容量534.52万千瓦，占6.52%；生物质装机容量5.4万千瓦，占0.07%。

拥有60万千瓦及以上火电机组44台，占全部火电总容量的39.72%；30万千瓦及以上火电机组占火电总容量达到84.41%。风电装机位居世界第五、亚洲第一；潮汐发电位居世界第三、亚洲第一。控制煤炭资源量132亿吨，年产量超过2500万吨；烟气脱硫、脱硝占国内市场份额25%；拥有自主知识产权的等离子点火技术，在国内2.2亿千瓦的装机上应用，并成功应用于韩国和俄罗斯燃煤机组；自主研发的电站控制技术（DCS）国内市场占有率达20%。截至2009年12月底，公司资产总额达4188.6亿元。

**四、我国煤炭资源开发型集团公司管理体制特征**

我国的煤炭大集团企业组织具有相似的组织结构，主要由以下的组织单元构成。

（1）集团公司与股份公司。

集团公司与股份公司在法律上是两个独立的法人实体，二者之间没有法律上和行政上的隶属关系。在业务、资产、资金运作、财务管理、组织机构等方面分别独立，不能互相无偿占用和共享资产、资金。集团公司与股份公司之间发生的所有业务，包括提供产品和服务，都按照市场可比价原则进行结算。

集团公司和股份公司总部各职能部门向总经理（总裁）负责，由分管的副总经理（副总裁）直管。审计部门向董事会负责，向审计委员会报告工作，并在公司高层分管领导的领导下开展工作，根据公司分管领导指示，配合监事会工作。

集团公司和股份公司总部采用扁平化管理方式，实行部门总经理领导下的主管负责制。部门内部不设处，部门总经理直接领导各主管。设助理主管、业务主管、业务经理、高级经理等职务等级，但职务等级高的主管与职务等级低的主管不是领导与被领导的关系，所有主管直接对部门总经理负责。部门总经理根据工作需要，可以授权某一主管负责一方面或一个团队项目的工作，并指示其他主管支持和配合被授权的主管，但这类授权不再发文明确，部门总经理可以随时调整授权或取消授权。

（2）股份公司与所属分（子）公司。

股份公司采取直接管控模式与事业部模式相结合的过渡管理模式，加强对所属分（子）公司的管理。总部是战略管控中心、资源配置中心、决策中心及利润中心，各运营单位原则上是成本中心。股份公司原则上实行一级法人治理结构，运营单位能够取消法人资格的尽可能取消法人资格，对于多股东单位，股权无法转移的，保留子公司。但在实际运作中，也要在符合《公司法》和监管要求的前提下，统一指挥、统一调度、统一销售、统一考核。涉及多股东的子公司，本着依法、公平、合理的原则进行利润分配。

实行一级法人治理结构，运营单位按照成本中心管理的符合现代企业制度的要求，一级法人治理结构更符合监管要求，也是上市公司比较通用的治理模式。各运营企业单位，基本是车间的性质，实行一级法人治理结构，既有利于发挥团队作用，也有利于增强公司的执行力，更有利于实现公司利益最大化。统一调拨使用资金，统一合理纳税。

（3）集团公司与存续子公司。

集团公司作为资本中心和投资决策中心，各子公司是利润中心，自行开展业务运作。但对于属于集团主营业务范畴的煤、电、煤化工主业和循环经济产业等，集团公司仍要进行统一指挥、统一调度、统一协调。

（4）各职能部门除上述的主要产业子（分）公司外，还是保证集团各种功能运行的职能部门，如党、政、工、团，机关处室。

## 五、大集团公司管理与控制模式涉及的问题

我国的大煤炭集团公司成立时间短，处于初级阶段，在公司治理、管理体制等方面面临许多问题。大集团的成立、联合之后的市场竞争力和经济实力却并不全是"1+1＞2"或"1+1=2"，其中不少大集团由于没有及时处理和理顺母子公司之间的管理关系，带来重重矛盾，直至酿成散伙或拖垮核心企业（母公司）

的苦果。如何根据我国的煤炭大型集团公司的特点，进行管理的组织、协调、指挥与控制职能，确定集团公司管控模式是一个复杂的体系，它要涉及以下层面的问题。

1. 狭义的与广义的管理模式确定

此问题涉及总集团对下属公司的分权与集权的程度。狭义的管理与控制模式，即总部对下属企业的管控模式。广义的管控模式，它不仅包括狭义的、具体的管控模式，而且包括公司的治理结构的确定、总部及各下属公司的角色定位和职责划分、公司组织架构的具体形式选择（直线职能制、事业部制、矩阵制、子公司制及多中心网络制）、对集团重要资源的管控方式（如对人、财、物的管控体系）以及绩效管理体系的建立等；另外，对管理与控制模式相关的一些重要外界因素的考虑，涉及业务战略目标、人力资源管理、工作流程体系以及管理信息系统。

2. 总部对下属企业的管理与控制模式

按总部的集、分权程度不同而划分成"操作管控型"、"战略管控型"、"财务管控型"和"组织管理与控制型"四种管理与控制模式。

（1）操作管理与控制型模式。

总部从战略规划制定到实施几乎都负责。为了保证战略的实施和目标的达成，集团的各种职能管理非常深入。如人事管理不仅负责全集团的人事制度政策的制定，而且负责管理各下属公司二级管理团队及业务骨干人员的选拔、任免。在实行这种管控模式的集团中，各下属企业业务的相关性要很高。为了保证总部能够正确决策并能应付解决各种问题，总部的职能人员的人数会很多，规模会很庞大。如通用电气公司（以下简称 GE 公司）在 1984 年以前采用的就是这种管控模式，导致总部职能人员多达 2000 多人。直到杰克·韦尔奇任 CEO 后才转变为战略管控模式，大大减少了总部参谋人员。这种模式可以形象地表述为"上是头脑，下是手脚"。IBM 公司可以说是这方面的典型，为了保证其全球"随需应变式"战略的实施，各事业部都由总部进行集权管理，计划由总部制定，下属单位则负责保障实施。

（2）战略管理与控制型模式。

集团总部负责集团的财务、资产运营和集团整体的战略规划，各下属企业

（或事业部）同时也要制定自己的业务战略规划，并提出达成规划目标所需投入的资源预算。总部负责审批下属企业的计划并给予有附加价值的建议，批准其预算，再交由下属企业执行。在实行这种管控模式的集团中，各下属企业业务的相关性也要求很高。为了保证下属企业目标的实现以及集团整体利益的最大化，集团总部的规模并不大，但主要集中在对综合平衡、提高集团综合效益上做工作。如平衡各企业间的资源需求、协调各下属企业之间的矛盾、推行"无边界企业文化"、高级主管的培育、品牌管理、最佳典范经验的分享等。这种模式可以形象地表述为"上有头脑，下也有头脑"。运用这种管控模式的典型公司有英国石油、壳牌石油、飞利浦等。目前世界上大多数集团公司都采用或正在转向这种管控模式。

（3）财务管理与控制型模式。

集团总部只负责集团的财务和资产运营、集团的财务规划、投资决策和实施监控以及对外部企业的收购兼并工作。下属企业每年会给定各自的财务目标，只要达成财务目标就可以。在实行这种管控模式的集团中，各下属企业业务的相关性可以很小。典型的财务管理型集团公司有和记黄浦。和记黄浦集团在全球45个国家经营多项业务，雇员超过18万人，既有港口及相关服务、地产及酒店、零售及制造、能源及基建业务，也有因特网、电信服务等业务。总部主要负责资产运作，因此总部的职能人员并不多，主要是财务管理人员。GE公司也是采用这种管控模式。这种模式可以形象地表述为"有头脑，没有手脚"。

（4）综合管理与控制模式。

这是"操作管控型"、"战略管控型"、"财务管控型"三种管理与控制模式的混合利用。集团公司人事管理上没有对各下属公司二级管理团队及业务骨干人员、干部的选拔、任免权利。在管理上实行"战略管控"和"财务管控"。这是我国目前煤炭大集团的管理特征，大集团属于国有企业，领导层级别上属于正厅级，需要省级组织部任免，而下属的分（子）公司有对其公司内的各级领导层如矿长、厂长有任免权。大集团公司仅在战略和财务上进行管理与控制。

还有其他一些模型设计方式，如"分成经营式"、"战略式"和"控股公司"三种模型，其基本原理和集团中心的管理与控制方式也与前面描述的模型相似。可以分成两大类：纯粹的投资控股公司和具有具体生产经营功能的集团公司。纯粹出资功能的母公司对下属子公司的业务没有直接的指导,主要负责对外投资、监督投资的使用和调整对外投资的结构;具有部分生产经营功能的母公司通过集团战略、业务单元战略和集团的职能部门等方式对下属子公司业务进行协调和影响,集团中心可能考虑设置统一购进、统一销售、统一研发等功能。

可见,"操作管理控制型"和"财务管理与控制型"是集权和分权的两个极端,"战略管理与控制型"则处于中间状态。但是,有的公司从自己的实际情况出发,为了便于管理与控制,将处于中间状态的"战略管理与控制型"进一步细划为"战略实施型"和"战略指导型",前者偏重于集权而后者偏重于分权。现代大企业集团,本身就是小社会,面临着许多集权与分权、控制与开放等问题。为了达到总体效益,必须把握这样一些问题。

**六、我国煤炭资源开发企业传统管理模式及其弊端**

1. 我国煤炭企业大集团的管理特性

(1) 管理体制复杂。大集团由具有独立法人(责任法人)资格的下属分(子)公司企业组成,是在多个法人企业组织基础上所形成的更大的经济组织,比单体企业管理体制更复杂、更难以管理。

(2) 管理协同性强。从法律意义上说,大公司是一个法人企业,是完全独立的经济实体,总公司董事长具有法人资格,按我国现在煤炭大集团的状况,集团的下属成员企业有的也具有法人资格,这些企业应具有平等的法律地位,垂直式的领导关系,成员企业之间不存在单纯的领导与被领导的关系。在实际经营活动中,各成员企业在大集团中的地位是不平等的,其中核心企业在大集团中起主导作用,集团母子公司间的权力结构更加复杂。通过控股、持股关系对下属成员企业的投资决策、人事安排、发展规划,以及生产、开发、市场营销等各个环节施加控制或影响,以维护成员企业行为的一致性和协调性,实现集团的整体发展战略。

(3) 管理层次多。我国煤炭大集团是以现代企业制度为基础的企业大集团,在组织结构上是由多层次的成员企业构成的。在横向上,按照资产联结的紧密度不同,通常可分为核心层、紧密层、关联层三个层次;在纵向上,分为集团决策领导层、职能部门分公司层和矿（厂）管理层三级管理层。成员企业之间不仅有管理上的层次性，同时还有联合上的层次性。

（4）归核与非核管理。核心子公司是整个集团运转的中枢，其本身实力的强弱对整个集团的发展举足轻重，管理上形成以主要子公司核心归核管理。集团公司为了发挥其"核心"作用，必须在政策、战略和投资方面具有一定的重点支持，以保证大集团实现发展战略和规划。作为集团核心的子集团公司必须是法人，是一个具有企业法人地位的经济实体。

（5）管理的跨度大。我国的煤炭大集团都实施跨行业的多元化经营。子企业在经营范围上一般都实行多样化经营，在第一、二、三产业中广泛开展经营的。既经营煤炭矿产原材料生产，又经营加工制造业、商业服务业、融资资本运营业；既经营国内贸易，又经营对外贸易。煤炭大集团形成具有多种功能强有力的企业集合，不仅拥有生产中心、贸易中心，而且拥有研究开发中心、投资发展中心，具有很强的生产、贸易、研究开发及投资发展功能。

（6）管理体制复杂。煤炭大集团组织结构大都采用"M"型（事业部制）、超"M"型（超事业部制）或"M+H"型（事业部+子公司）结构、矩阵式组织结构。按照管理控制方式的不同，逐步形成了"联合舰队"型和"航空母舰"型两大体制模式。

2. 分散管理弊端分析

上述对我国大煤炭集团企业传统管理模式的分析，传统的塔式组织结构，以经营单位、成本控制层——生产矿为中心的分散管理模式为主，在组织结构上类似于直线职能制和事业部制的结合。在集团公司一级主要是履行战略管理、资本运营、市场营销及职能管理职责，日常生产运作管理主要集中在各分公司和下属的生产矿（厂）。从大集团公司的角度来看，各分公司、子公司相当于各生产矿或事业部；而在各生产矿内部，则是典型的直线职能制结构。

这种管理模式的主要弊病是管理层次多，组织机构复杂，管理人员队伍庞大，组织运作效率低。一般情况下，煤炭企业从集团公司总经理到生产工人，至少有7个层级，其中生产矿井至少有5个层级，组织机构则有数十个层级，管理人员数千人。以某特大型煤矿为例，该矿年产量为500万吨商品煤，共有各类管理机构75个，副科及以上级别的管理人员就达1076人。除去非煤和文教卫生机构 12 个和 640 名副科及以上级别的管理人员,机构设置仍然多达 63 个,副科及以上级别的管理人员则多达 436 人。对于三级管理的集团公司,每一个管理层都有这样庞大的组织机构和管理者队伍,而且在机构及职位组成上基本是相同的,分散在不同管理层次单位同一种业务工作,由完全相同的多套管理机构分别进行管理与控制。有多少管理层次,就有多少套组织机构和管理人员。一个集团的分公司及其下属的生产矿井越多,组织机构及管理人员的重复现象就越严重。

这种分散化的管理模式导致我国煤炭企业劳动生产率与世界发达国家相比始终很低,并难以大幅度提高。一方面,庞大的组织机构和管理人员队伍制约了各生产单位劳动生产率的提高,技术进步所引起的直接生产人员效率的提高被庞大的管理及辅助服务人员队伍大大抵消,企业全员劳动生产率难以取得大幅度的提高。如果企业直接生产工人劳动生产率提高,企业全员劳动生产率则将提高,提高的速度将大大低于直接生产工人劳动生产率提高的速度。企业管理人员队伍越庞大,全员劳动生产率提高越困难。另一方面,由于煤炭集团生产能力受到自然技术条件的局限,通过增加和扩大生产规模,提高企业整体效率和效益水平是一条重要途径。但在这种分散化的管理模式下,分公司和生产矿井数量的增加并不能使集团管理的集约化程度有所增加,因而通过增加矿井数量而进行扩张的规模效益很不明显,企业全员劳动生产率也不可能有较大幅度的提高。

我国目前大煤炭集团企业立足于高度分散化管理机制所建立起来的组织管理模式,既缺少必要的集成,又缺少对管理点和企业资源与能力必要的整合,也就是说管理的集成度太低,使得管理机构和人员大量重复设置。企业拥有世界一流的资源条件,全套引进了世界最先进的生产设备,在具体的管理上可能也做得很好,但由于集成度太低,企业组织运作系统的有机性差,整体功能弱,效率水平虽然也有了一定程度的提高,但与世界上具有同等资源条件和装备水平的先进企业相比,仍然有很大的差距,没有达到其资源条件和装备水平应有的效率水平。要改变这种状况,把我国煤炭企业的劳动生产率提高到世界先进水平,就必须从根本上改革大集团企业管理模式,精简和优化企业组织结构,大大压缩非生产性机构和人员。

我国煤炭大集团在管理体制改革方面已经做了许多集约化管理的探索,使企业管理水平和全员劳动生产率有了很大程度的提高。但这些改革大都是在原有的框架和局部系统，如财务管理、人力资源管理等进行，属于约瑟夫·A. 熊彼特所谓的"适应性反应"，而不是"创造性革新"。煤炭企业沿袭了多年的以生产矿井运作管理为中心的分散管理模式并没有受到挑战。因此，改变这种分散管理，提出一种新的管理模式具有重要意义。基于上述我国大型煤炭集团的管理问题，亟须改变这种分散管理的大集团或企业状态，对集成管理进行进一步创新应用，推进高强度、密集型集成管理和集约—精细化管理模式是解决目前大集团管理的最佳选择。

## 第二节 集成管理与集约化管理研究

### 一、集成管理

1. 集成管理的含义与重要性

约瑟夫·哈林顿（Joseph Harrington）1973 年在《Computer Integrated Manufacturing》一书中首次提出计算机集成制造（CIM）的概念，其内涵是借助计算机将企业中各种与制造有关的技术系统集成起来，进而提高企业适应市场竞争的能力。我国学者张华胜等从系统论的角度将集成定义为相对于各自独立的组成部分进行汇总或组合而形成一个整体，以及由此产生的规模效应、群聚效应（张华胜、薛澜，2002）。海峰等（1999）则从一般意义上将集成理解为两个或两个以上要素（单元、子系统）集合成为一个有机系统，即按照一定集成规则进行的组合和构造，目的在于提高有机系统的整体功能。

将集成概念引入管理领域，形成了集成管理（Integration Management）的概念。这是一种全新的管理理念及方法，其核心就是强调运用集成的思想和观念指导企业的管理实践，实现各种资源要素的全方位优化，激发单项优势之间的聚变放大作用，从而最终促进整个管理活动的效果和效率的提高（李宝山、刘志伟，1997）。

2. 从技术集成到集成管理的逻辑发展

但从有关文献来看，研究者们除都同意集成管理是以集成思想为指导的管理外,对集成管理的内涵并未取得一致意见,甚至连"集成管理"这一术语都还没有得到广泛认可,有的学者直接套用"技术集成"概念为"管理集成"(海峰等1999;王治纲、秦岭,2000)。虽然只是词语顺序的颠倒,但着眼点却有很大的差别。李宝山等对"集成管理"的特征及实施方法的归纳和海峰等对"管理集成"的特征及类型的归纳,明显地表现出了这种差别。前者(集成管理)的着眼点在"管理",而后者(管理集成)的着眼点则在"集成"。

李宝山和刘志伟(1997)认为集成管理具有四个特征:目标具有超常的企图、要素包容度更广泛、系统的边界日益模糊、手段强调兼容与适应。依此归纳出了实施集成管理的六种方法:①整体优化。通过"减负"(减少或消除集成对象中的薄弱环节)、"增正"(积极扶植优势环节的发展,增强集成体的优势度),实现要素间的优势互补,形成组合放大效应。②多维旋进。建立"共荣型"竞争关系和面向未来的管理运作机制,在与协作伙伴协同旋进的同时,实现持续不断的利润增长。③连锁互动。充分利用集成体内各相关要素之间相互促进和相互补充的关系,减少或者消除它们的制约和阻碍力量,发挥各要素之间的协同推进作用,使集成优势大于各单项优势的总和。④裂化重组。按照一定的规则对各种要素通过裂化重组以达到功能放大的效果。⑤模糊控制。借助模糊数学的指导,对集成体中大量的"亦此亦彼"的模糊事件进行抽样统计,然后再作聚类分析,最终确定各种集成要素之间的融合程度,并据此选择相应的管理对策。⑥虚拟联盟。将自身所不具备的或者较弱的功能"虚拟"出去,通过与外界其他企业的联盟来获取优势以弥补自身不足,从而在集成体中达到优势互补和资源共享。

海峰等(1999)对管理集成的特征概括为整体优化性、整合性、协同性、层次性、多样性及动态发展性,认为管理集成包含以下六个方面或类型:①管理组织集成,如以任务为目标的矩阵式组织结构或工作小组(Work Team)。②管理功能集成,如将生产管理中的生产计划管理、生产能力管理、库存管理、采购计划等有机集成在一起的制造资源计划(MRP-Ⅱ)。③经营过程重构(BPR - Business Process Reengineering)。④管理系统集成,如成组单元(DT - Group Technology)、柔性制造单元/系统(FMC/S - Flexible Manufacturing Cell/System)、计算机集成制造系统(CIMS)、智能制造系统(IMS - Intelligent Manufacturing

System)、虚拟制造（VM – Virtual Manufacturing）等。⑤管理理念集成，如汪应洛教授提出的 LAP 生产系统管理就是集精良生产（LP – Lean Production）、敏捷制造（AM – Agile Manufacturing）、柔性生产（FP – Flexible Production）理念于一体的管理系统。⑥管理技术方法集成，如制造资源计划（MRP – Ⅱ）与准时生产（JIT – Just in Time）这两种不同的生产管理理念和逻辑的有机结合。

李宝山和刘志伟的研究更多地集中在组织层面或职能层面，是对集成思想在管理领域的向上拓展。而海峰等的研究则更多地集中在作业层面或方法层面，是对基于技术集成的作业组织与管理模式的归纳。这种差别与技术集成创新模式之间存在某种联系，体现了技术创新与管理（组织）创新相互协调与融合的趋势。

按照罗斯韦尔（1992）对技术创新方式的划分，20 世纪 80 年代至 90 年代初产生了第四代技术创新模式——集成（一体化）式（Integration Model）创新，90 年代又进一步发展出第五代系统集成和网络式（System Integration and Network Model）创新模式。这两种创新模式的一个共同特点就是将组织因素包含在内，尤其是系统集成和网络式创新模式，不仅将生产工艺组织作为重要的创新对象，而且在很大程度上将创新过程本身看作是一项组织活动。

自 20 世纪 80 年代开始，伴随技术创新模式发生根本转变，人们越来越重视对技术创新与组织创新关系的研究。利用 O – T Map 分析图，根据企业进行技术创新时所采取的主要路径，将企业技术创新归结为三种典型范式：O 型（组织路径）、T 型（技术路径）和 B 型（平衡路径）。Efflie（1988）通过案例研究得出的结论是：技术和组织创新应当平衡协调，单维度创新导致低创新绩效。Bessant（1992）从动态的角度考察了技术创新和组织创新的增加（Simultaneous Innovation），认为组织变革应先于技术创新或至少两者应该平行。著名管理学家理查德·L. 达夫特指出，技术自身不能使组织在灵活性、质量、产量和顾客满意度方面受益。研究表明，除非重新设计组织结构和管理过程，否则，CIM 会变成竞争负担而不是竞争优势。但是，如果高层管理者致力于实施新的组织结构和管理过程来授权工人和支持学习型、知识创造型组织环境，CIM 则会使企业更具竞争力（Richard L. daft，2001）。由此可见，海峰等所说的"管理集成"既可以看成是基于技术集成的管理创新，也可以看成是以生产工艺构架为对象的技术创新。

这就形成了一种三者既具有一定层次关系，相互依存又具有发展递进关系的企业生产经营新模式：技术集成—管理集成—集成管理模式。技术集成是基础，也是有效实施管理集成和集成管理的必要条件；管理集成则是在融合技术因素与组织因素基础上的企业生产工艺流程和管理流程组织新模式，又构成集成管理的实施条件；而集成管理则是在技术集成与管理集成的基础上形成的企业职能管理和组织运营新模式。

从技术集成到管理集成再到集成管理，既反映了企业创新模式发展的历史轨迹，与技术变革最终必然引起管理变革这一历史规律相适应，又体现了信息时代技术与管理相融合的新特点。从企业的角度来看，这一发展历程也是从点到面、从具体的方法到系统的组织管理模式进行扩展和推演的过程，是从解决问题的具体方法向指导管理设计与实施的根本原则升华的过程。并且，这一发展轨迹也正是采用传统技术和组织管理模式的企业，进行技术与管理创新的正确路径选择。

近年的集成管理研究在集团管理中有所应用。梁美健（2004）在《企业集团财务集成管理模式研究》一文中通过对企业集团实行财务集成管理体制的可行性进行分析，指出企业集团财务集成管理的主要内容是：资金的集成管理；人员的集成管理；成本的集成管理；信息的集成管理。高洁等分析了企业内、外部信息系统的集成管理以及充分体现集成管理思想的企业资源计划系统，提出了企业信息系统集成管理的关键措施是数据集成和网络集成。文献认为中国煤炭企业管理的弊端在于缺乏必要的集成，而从技术集成到管理集成再到集成管理，既反映了企业创新模式发展的历史轨迹，又体现了信息时代技术与管理相融合的新特点。通过对神东公司集成管理及其形成的实证研究，证明这一发展轨迹也正是采用传统技术和组织管理模式的企业，进行技术与管理创新的正确路径选择。

薛冬娟（2007）在《复杂装备制造企业物料集成管理技术研究》中运用集成管理理论，提出了一个适用于复杂装备产品集成生产管理的共性体系结构，并在此基础上构建了复杂装备企业生产计划与物料集成控制管理系统（PMCMS）的结构模型，为该系统的开发应用奠定了基础。

杨金廷（2008）在其博士学位论文《煤矿安全生产风险集成管理研究》中基于集成管理的理论模型与思想，对煤矿安全风险集成管理机制进行了流程再造，构建了包括煤矿企业外部监管机制再造、内部监控机制再造、风险管理信息平台再造、国家安全生产监察系业务流程再造、安全战略决策运行机制再造等内容的风险集成管理流程再造体系与结构化运行机制模型。

郭晓霞（2009）在《建筑工程项目集成管理研究》一文中根据"集成管理"的思想，紧密结合建筑工程项目自身的系统性及其特点，建立了建筑工程项目集成管理的概念模型，并以此模型为基础，提出了对建筑工程项目集成管理的新构思。

王艳丽（2009）在其博士学位论文《石油化工上下游多项目集成管理模式研究》中提出了上下游多项目管理采用集成管理组织机构；为了更好地对石油化工企业同时建设多个上下游一体化装置建设过程进行控制，根据石油化工项目建设自身的特点，提出了石油化工多项目建设过程集成控制模式，通过多项目建设的管理信息平台，以上下游多项目集成管理团队为联结纽带，最终实现多项目的集成管理。

**二、集约化管理**

1. 集约化管理的概念

集约化是管理学科的一个概念，本意是指在最充分利用一切资源的基础上，更集中合理地运用现代管理与技术，充分发挥人力资源的积极效应，以提高工作效益和效率的一种形式。它最早源自对农业生产的经营管理改革，国内外理论界对"集约化"的定义和理解众说纷纭。马克思认为，在经济学上所谓耕作集约化，无非是指资本集中在同一土地上，而不是分散在若干毗连的土地上。1958年苏联经济学家在经营中第一次引用"集约"一词，解释其义为在社会经济活动中，在同一经济范围内，通过经营要素质量的提高、要素含量的增加、要素投入的集中以及要素组合方式的调整来增进效益的经营方式。

集约化管理是相对粗放经营管理而言的。集约是相对粗放而言，集约化经营是以效益（社会效益和经济效益）为根本对经营诸要素重组，实现最小的成本获得最大的投资回报。集约经营的方式始于农业，它的原意是在科学技术发展到一定程度的西方，农业开始脱离"广种薄收"的粗放经营方式。集中各种科学成果，在单位面积上，遵循作物生长发育的规律，把各种生产要素和田间劳作有序地用最佳程序和最佳比例投入。这种经营管理方式使农业脱离了刀耕火种，农业劳动生产率有了革命性的变化。这种运用系统原理,遵循作物生长规律的要求,把土地、化肥、良种、农药、耕作施工系统化综合管理的经营方式,称为集约化管理。

《中国大百科全书:经济学》则将农业集约经营界定为:"在一定面积土地上,集中地投入较多的生产资料和劳动,使用先进的技术和管理方法,以期在较小面积的土地上获得高产量和收入的一种农业经营方式"。《辞海》进一步明确释义:"广泛地采用集约经营方式以发展农业,称为农业集约化。"然而苏联学者则将集约化等效为"资源集约型发展",强调"应彻底克服集约化的耗费理论(即农业集约化的标准是按单位土地面积计算的耗费的增长)"。这几种释义之间存在着巨大的差异,马克思的农业集约化概念形式上就是资本密集化,我国大百科全书的定义也是"生产资料和劳动"的"集中地投入",即非土地要素投入的密集化,并且明确提出"以劳动的集中投放为主的称之为劳动集约型或劳动密集型的集约经营","以生产资料的集中投放为主的,称之为资金集约型或资金密集型的集约经营"。

现代意义的"集约化经营"的内涵,就是以提高质量、品种、降低消耗、提高效率和效益为目标,通过对现有生产技术进行改造,采用新的先进技术,对生产要素进行合理的、适度的集中和优化组合,并加以精细管理,以求从纵深进行扩大再生产的经营过程。

2. 集约化管理的基本内涵

农业运用集约化管理方式,可以提高管理效率,获得革命性的发展。其他一切行业移植与引用这种方式,实行集约化管理。因为无论是农业、工业,还是商业、采矿业,都可以把它看作一个复杂的系统,即自然系统和社会系统的总和,它受自然规律和社会经济规律的支配。一个企业的生产及经营运作也同样受着自然规律和社会经济规律的支配。管理者应运用系统工程的原理,寻找自身运作的内部最佳结构比例,解决对环境的适应和利用关系,按一定的程序和合理的比例投入生产力的各种要素,使企业的经营在最佳状态下运作,得到最佳盈利。

集约化管理的理论和方法,能够有效地运用现代化的管理技术手段。第一,建立系统观念。第二,运用工程原理搜索数据寻找最佳方案,分析内部结构,确定目标,完成正确的决策。第三,在确定经营目标的同时,还要优化组织结构,使机构、职能、设岗、定员都形成最佳状态，再进行目标分解、分层次授权、定责、量化标志值，形成运作模式和运行机制。第四，指令各"作业线"，按照一定的时间和空间要求完成任务，建立指令、执行、反馈、监控机制和协调机制。第五，在一个经营阶段后进行分析和评价，进行系统的修正，这些运作过程，要系统地使用电子计算机，进行集约化管理，改变经验式管理。技术革命，必然要导致管理革命，必然要推动生产力出现突破性的发展。

3. 集约化管理的研究现状

在金融业集约化管理应用较多，何福章（2004）在《论我国商业银行的集约化经营与管理》中，对我国商业银行集约经营化中的问题与对策进行了分析与探讨，并专门分析论述了我国商业银行集约化经营与管理的具体对策。他提出，实现我国商业银行集约化经营与管理涉及方方面面：首先，要树立集约化经营与管理的思想观点，增强转变经营方式的紧迫性；其次，要从精简次要的分支机构、提高经营管理决策水平、构建资金营运体系、财务管理体系、劳动人事管理体系等方面来提高商业银行的集约化水平，同时，推进我国商业银行集约经营需要实现五大转变，构建相关的技术支持平台；再次，提高我国商业银行集约化经营管理水平，还要正确处理集约化经营管理中的几大关系；最后，强化我国商业银行集约化经营与管理还应进行我国商业银行的再造。高朗（2001）在《论银行集约化管理》中，针对我国目前银行高投入、高消耗、低质量、低产出的粗放型管理方式，提出采取集约化管理方式的思路，论述了实现国有商业银行集约化管理的途径，主要包括六个方面：明确产权关系；优化资金结构，提高信贷质量；建立集约型的资金营运机制；建立科学的财务运作机制；以科技进步推动金融业的发展；完善国有企业银行的内部管理制度。

集约化管理研究在我国的矿业上也有应用。张顺堂（2001）在《中国黄金矿山集约化经营的理论与方法》对黄金矿山企业经营集约化理论、形成机理和应用方法进行研究。在研究矿山企业发展的一般影响因素及一般规律的基础上，重点研究矿山企业经营集约化的形成机理、特征，探讨矿山企业集约化的实现途径，进行矿山企业集约化经营的评价，结合矿山企业集约化的基本原理，对具体黄金矿山进行实证分析，并提出相应的对策建议。

中国石化胜利油田有限公司现河采油厂（以下简称采油厂）为加快隐蔽油

藏勘探步伐，寻找更多优质的、经济的储量和产能接替阵地，2004年适时提出了勘探项目集约化管理模式。勘探项目集约化管理是以项目组的运作方式，在现有勘探开发条件和技术水平下，以寻找规模、效益型储量和产能阵地为核心，以提高钻探成功率为目标，通过应用现代化企业管理手段，优化调整经营管理组织结构，发展特色勘探技术，创新勘探管理体制，走有效经营发展之路，在加强制度保障基础上，建立最佳的管理组合形式，实现粗放型管理向集约型管理、会战—工作量型管理向效益—经济型管理的转变，最终获得勘探项目管理效果的最佳化，其勘探项目集约化管理的主要内容有：优化组织结构，创新勘探体制管理；创建和推广特色勘探技术，创新勘探技术管理；控制项目运行过程，创新勘探经营管理；完善保障体系，创新勘探长效机制。勘探项目集约化管理的实施取得了明显的效果：取得"一个突破，两个发现，五大扩大，两大显著"的勘探成果；勘探技术、管理水平得到提高，勘探投资得到控制；地质储量范围进一步扩大，经济可动储量不断增加；扩大产能建设阵地，提高原油生产能力。

特别是近年来，大型企业集团的大量涌现，集约化管理作为现代企业集团提高效率与效益的基本取向应用较多。集约化的"集"就是指集中，集合人力、物力、财力、管理等生产要素，进行统一配置，集约化的"约"是指在集中、统一配置生产要素的过程中，以节俭、约束、高效为价值取向，从而达到降低成本、高效管理，进而使企业集中核心力量，获得可持续竞争的优势。如深圳市能源集团有限公司根据集约化要求进行改制，同时相应地建立起集约化管理体系，改制与管理同步设计、同步实施、同步完善、同步发展，使管理与改制有机结合在一起，从而保证全集团的健康运作与发展。集约化管理实施的主要内容有：以企业发展目标为导向，依照集团化管理的要求，建立以资本为纽带、产业相关联的母子公司体制，形成专业化协作的企业群体，为集约型经营打下坚实的基础；为确保管理与改制相配套，在组建集团过程中，按照集约化原则形成一套集团化的科学管理体系，将集约化管理贯穿于集团化管理的全过程。自实施集团化管理以来，集团公司以经营上规模、管理上层次、科技上水平、效益上台阶为目标，以企业制度创新为突破口，以转换经营机制为新起点，全方位推进资本结构的优化，促进了整体运行水平的提高。

### 三、精细化管理

1. 精细化管理发展历史

被誉为科学管理之父的泰勒,早年做过学徒,后来从杂工、技工、技师、维修工长一路成长为总工程师。1881年,25岁的泰勒在钢铁工厂工作期间,通过对工人操作动作的研究和分析,消除不必要的动作,改正错误的动作,确定合理的操作方法,选定合适的工具等。泰勒总结出来一套合理的操作方法和工具培训工人,使大多数人都能达到并超过定额。1911年,泰勒发表了《科学管理原理》一书,这是世界上第一本精细化管理著作。

第二次世界大战后,企业规模的扩大,生产技术日趋复杂,产品更新换代周期缩短,生产协作要求更高。在这种情况下,对企业经营者管理提出了更加精细化的要求。于是,包括决策理论、运筹学、系统工程在内的很多理论被引入经济管理领域。这些理论和方法以决策过程为着眼点,特别注重定量分析与数学的应用以及系统结构与整体协调,因此被称为管理科学。后来,日本的精益生产思想对精细化管理思想的形成都有一定的影响。

2. 国内有关精细化管理思想的完善

"精细管理工程",是指企业按照"五精四细"的思路与方法,对企业的管理进行精细化改造的工程。"五精四细"是精细管理工程的核心内容。其中,"五精"包括以下五个方面:

精华:企业需要有效运用、创造、输出全球范围内的文化精华(含企业精神)、技术精华、智慧精华等来指导促进企业的发展。

精髓:企业管理科学众所周知,企业管理理论也已成熟,但深谙和运用管理精髓的企业家或企业管理者为数并不多,要想成为一个成功发展的企业,企业必须拥有那些为数不多的、深谙和运用企业管理精髓的企业家和一批企业管理者,只有这样,企业管理的精髓才能够在企业成功发展中得到充分运用。

精品:企业需要把握好产品质量精品的特性、处理好质量精品与零缺陷之间的关系,建立确保质量精品形成的体系,为企业形成核心竞争力和创建品牌奠定基础。

精通:市场似江河与海洋,企业和客户的产品、原料等物流是流出和流入江河与海洋的水流,企业需要精致打造畅通于市场的渠道,精致建好畅通于客户的管道。

精密：企业内部凡有分工协作和前后工序关系的部门与环节，其配合与协作需要精密；与企业生存、发展相关环境的适宜性需要精密，与企业相关联的机构、客户、消费者的关系需要精密。

"四细"包括以下四个方面：

细分市场和客户，全面准确把握市场变化和客户需求、企业发展战略和产品定位准；细分企业组织机构中的职能和岗位，企业管理体系健全，责权利明确到位；细化分解每一个战略、决策、目标、任务、计划、指令，使之落实到人；细化企业管理制度的编制、实施、控制、检查、激励等程序、环节，做到制度到位。

精细化管理要求对于管理工作要做到制度化、格式化、程式化，强调执行力。精细化作为现代工业化时代的一个管理概念，最早是由日本的企业在20世纪50年代提出的。"天下大事，必做于细"，精细化管理的理论已经被越来越多的企业管理者所接受，精细化管理就是一种先进的管理文化和管理方式。精细化是一种意识、一种观念、一种认真的态度、一种精益求精的文化。

现代企业对精细化管理的定义是"五精四细"，即精华（文化、技术、智慧）、精髓（管理的精髓、掌握管理精髓的管理者）、精品（质量、品牌）、精通（专家型管理者和员工）、精密（各种管理、生产关系链接有序、精准），以及细分对象、细分职能和岗位、细化分解每一项具体工作、细化管理制度的各个落实环节。"精"可以理解为更好、更优、精益求精；"细"可以解释为更加具体，精细化管理最基本的特征就是重细节、重过程、重基础、重具体、重落实、重质量、重效果，讲究专注地做好每一件事，在每一个细节上精益求精、力争最佳。

本书对资源开发型煤炭大企业集团的集约化管理创新进行研究，通过对西山煤电集团公司围绕实现集约化经营所进行的探索与实践，深入分析在结构调整、产业升级、循环经济建设、多元化产业发展大的时代背景下，国有大集团企业的改革与创新，尤其要在产权体制突破的前提下，积极推行扁平化管理，建立专业化管理和园区化管理相结合的体制构架，进行全方位的资产重组和流程再造，实现集约化管理的根本改造。总结现代化管理创新的基本经验，为更多的资源开发管理创新和煤炭大公司管理实践提供可借鉴的案例，指导和引领我国资源开发型大型国有煤炭企业集团发展方向，具有十分重要的现实意义。

# 第七章　典型煤炭资源开发型企业
## ——西山煤电集团集约与精细化管理体系构建

## 第一节　西山煤电集团进行集约—精细化管理创新的必要性

企业的经营管理有粗放型和集约型两种方式。一般来说，粗放型经营管理以企业的外延式扩张为基本特征，主要依靠生产要素数量的扩张来实现企业的发展，注重的是速度和规模；集约型经营管理则以企业内涵式的增长为基本特征，主要依靠生产要素的优化组合来实现企业的发展，注重的是效率和收益。作为企业经营管理的一般规律，在企业发展初期，往往会比较注重企业外延式扩张。这对企业在短期内迅速提高市场认知度、迅速占有市场、迅速完成原始积累是有着重要的、不可替代的作用。但是，当企业发展到了一定的阶段后，就应该将经营管理的方式转到注重企业内涵式增长上来，即保持适度的增长速度和增长规模的同时，把企业的效率和收益放到更加重要的位置。只有这样，才能保证企业的可持续发展。因此，正确的企业发展观，就应该以效益为中心，追求内涵式增长，即大集团在提高产业集中度的同时，面临管理集约化变革的重大问题：一是大集团母子公司之间的集权分权关系和管理体制模式；二是如何实现集约化经营这一目标，真正发挥大集团平台功能优势。这两点成为当今大集团公司面临的重要问题。

西山煤电集团按照集团化的发展方向，实施规模扩张的巩固产能、扩大生产能力、整合资源和拓展资源储备的"四步战略"后，已经实现了规模扩张、外延发展的战略目标，集团的进一步发展应注重以下方面，一是质量经营的特征，从过去一贯性以"外延扩大"和"争地盘，壮块头"为主的经营思路转向以"强化内涵"为主的经营思路上来，在资产质量、负债质量、管理质量、服务质量等方面上档次；二是集团规模经营的特征，集约化经营要求生产要素的相对集中，经营集团化、规模化，因此"分散管理，各自为政"的局面必须坚决改变；三是效益效率经营的特征，集约化经营以提高效益为最终目标，改变"高成本、低效率"和"少、慢、差、费"的状况，全力向"低投入、高产出"和"多、快、好、省"的经营目标努力；四是高科技经营、电子化经营的特征，不断提高科技含量，大力发展计算机网络工程，尽快实现"手工"向"电子化"的转变，实现服务手段电子化是集约化经营的突出表现；五是人才经营的特征，建立优胜劣汰的用人机制，启用优秀人才，参与日益激烈的市场竞争。

为此，西山煤电集团进行了集约化管理的创新，进行大集团集约化管理中人流、物流（销售和采购）、资金流、信息流、技术创新、安全服务等重大业务集约化管理模式与实践。

在母子公司重大体制制约下，优先从重大业务事项集约化管理入手，实现管理体制创新，促进管理集约化进程；在结构调整、产业升级、循环经济建设、多元化产业发展大的时代背景下，进行国有大集团的管理模式改革。尤其要在产权体制突破的前提下，对多样化的公司集群，管理跨度大，管理层次多，机构设置部门繁多，职能集聚率低、功能复杂，呈塔式组织机构的模式特点，进行组织结构推行扁平化和流程化创新，构建专业化和业务集约化管理和园区化管理体制构架，进行全方位的资产重组和流程再造，实现组织结构与运行集约化管理的根本改造后，对管理业务流程的节点——每个经营单位的管理效率和效果进行管控与保障，在经营单元—单位内实行全面精细化管理。创新大集团的管理模式，实现集约—精细化管理的模式。

# 第二节　西山煤电集团的集约化组织结构改革创新

## 一、原有组织结构分析

1. 法人治理结构

根据《公司法》要求和西山煤电集团公司的实际，西山煤电集团公司各层的独立法人企业都应分别建立健全规范的法人治理结构。每层治理结构内都有职能不同的权力行使机构，即股东会、董事会、监事会、经理层。它们各自的地位、功能和作用不同，分享不同权能，承担相应责任，从而形成相互独立又相互制衡的关系。除了以上四方相互制衡外，党委、工会、职工持股会、社会舆论等也对基本行为主体实施监督和制衡。根据《公司法》要求及集团公司的实际情况，建立西山煤电集团公司规范化的法人治理结构。

2. 三级管理层次组织架构模式

西山煤电集团管理层次组织架构模式为条块结合的三级架构：一级战略、运作与投资管理与控制层；二级利润实现层；三级成本控制层。

3. 集团公司总部职能定位

一是公司产权财务管理职能；二是重要人事的任免职能；三是重大事项的决策职能；四是审计监督职能；五是协调、服务职能；六是需要由自身承担的一些综合服务性工作。

4. 组织结构

集团一、二级管理层机构设置：西山煤电集团公司拥有西山集团现有26对矿井、9座选煤厂、9座发电厂、3座焦化厂和机电修造、建筑建材、商贸服务等生产经营单位，拥有1个A股上市公司——西山煤电股份公司，初步形成"煤—电—材"、"煤—焦—化"两条循环经济产业链。截至2010年9月底，共有子（分）公司165个，职工81166人，资产总额411亿元。

集团机关职能部门20个，集团直属单位39个，集团二级单位24个，上市公司西山煤电股份公司二级单位12个,如西山煤电(集团)有限责任公司机构设置图,如图7-1所示。

5. 多元组织结构类型

由于企业类型、产业与管理体制的多样化,在组织结构上具有以下类型。

(1)直线职能制组织结构:实行母、子(分)公司总部集权控制,按职能划分为若干职能部门,母公司通过职能部门对下属经营单位(分公司、子公司)实行高度集中管理。

(2)事业部制组织结构:对相关领域进行相对集中的归口经营管理,将相同或相近产品的基层生产经营企业结合为一个事业部,通过事业部来管理基层企业(子公司、关联企业、协作企业)的生产经营活动。

(3)控股制(母子公司制)组织结构:母公司通过对子(分)公司的控股或者相对控股,以控制和管理子(分)公司,通过对子(分)公司的经营来完成母公司的业务。母公司不设立与经营生产相关的事业部和职能部门,只设立一些职能部门用来管理和控制子(分)公司。

(4)混合型组织结构:母公司以事业部或者直线职能单元的形式直接经营一部分业务,同时以子(分)公司的形式经营一些业务,从事经营生产的事业部与子(分)公司处于同一水平上,这实际上是一种事业部制、控股制以及直线职能制的混合型结构。

**二、西山大集团集约化管理体制的构建**

这种多样化的公司集群,管理跨度大、管理层次多、机构设置部门繁多、职能集聚率低、功能复杂,呈塔式组织机构。不适宜大集团简约、高效、流畅的管理要求,必须进行改革创新。为此西山煤电集团创新了大集团管理体制。按照《公司法》和公司章程的要求,完善了法人治理结构,制定了董事会、党委会、经理层职责和议事规则,明确了集团公司与母子公司之间的管理体制、管理序列和运行机制。规范和优化大集团体制,实施企业内部统一集约化管理。着力推进管理体制创新:一是按照有利于西山煤电集团发展建立现代企业制度的方向,理顺各层级出资人及产权关系,相应地完善和健全法人治理结构;二是按照产业型企业集团的根本定位,设置三层母子公司结构框架;三是按照体制属性和各层级

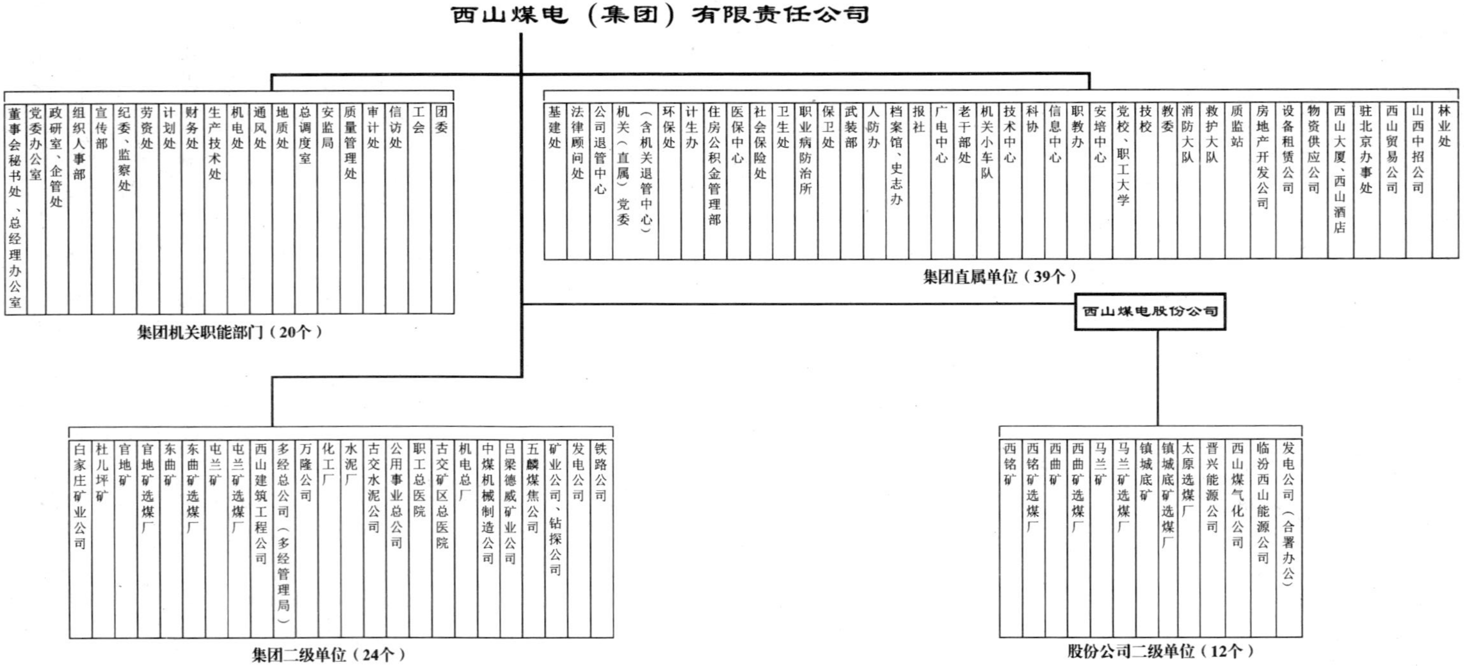

图 7-1 西山煤电（集团）有限责任公司机构设置

功能定位设置两级机构，优化产业组织形式，推行专业化经营、扁平化组织和集约化管理，减少内部关联交易，做到统一、精简、效能，不缺位、不越位、不重叠；四是进一步精简企业管理机构，加快推进机关建设。对子（分）公司，集团公司以资本联结为纽带，行使资本受益权、重大决策权和选择管理者等权利。推行了"责任法人"制度，确定集团公司所属各单位、各部门为责任主体，要求各子（分）公司的法人代表承担和集团公司法人相对应的经济责任、法律责任、社会责任、政治责任四大责任，定期进行严格的责任考核。集约整合销售体制，实行集中统一管理、统一调配、统一对外。将所有商品煤取消属地名称，实行统一编号、目录和质量标准。

子（分）公司的核心功能按模块归一，实行操作、战略、资金管理与控制的全面整合与集成；建立集团公司物资与装备集约化物流管理；采用资金管理与控制的大集团模式，融资与财务集约化管理；技术创新核心技术管理与控制体制，集团技术中心统领各分公司技术中心；实现人力资源管理集约化、信息化管理集约化与安全服务集约化管理，集约化管理贯通到底，对二、三级管理层也进行了管理集约化创新。这种大集团的管理集约、整合与创新，为新的形势下我国大集团管理创新开辟了新道路。

### 三、集约化管理组织机构模式创新——企业脊椎型组织结构的构建

1. 塔式结构与集约化脊椎型结构

（1）原有塔式结构组织模式。

西山煤电集团初期传统的组织结构模式是以塔式结构为基础建立的企业组织模式。这种模式的弊端是一种条块分割的组织结构，只有纵向垂直的关系，缺少横向联系，平级部门之间没有直接联系。同时这种组织结构只见业务部门，不见业务流程；只见组织结构，不见组织任务，管理层次多、管理跨度小、职能凝集度低、职能部门间的关联度低、协同性差、管理效率低。

（2）脊椎型组织结构。

脊椎型组织结构，这种结构强化了业务流程集约化。对于体制集团化、产业规模化、技术现代化、产品多元化的大集团，横向连接紧密，协同与自组织功能，分权与集权结合，传统的塔式管理组织结构已经不适应这种大集团的管理的

需求，大集团的管理需要组织机构的创新，经过多年的实践与探索，西山煤电集团创新与改进一种新的组织结构模式——集约化脊椎型结构，依据战略、财务和运作管理与控制的模式，对集团二、三级管理层次进行了集约化管理创新。

人、事项、资产是企业的三个基本构成要素，在企业脊椎型组织结构创新体系中，这种构成的要素形成有序的分布，企业的人是以企业的运行轨道为基础进行有序的分布。生产人员分布在企业运行轨道的"产品流"上，财务人员在"资金流"，内销售人员分布在内部"物流"上，外销售人员分布在"销售物流"，采购人员分布在"供应物流"轨道上。行政管理人员是分布在"信息流"的流程轨道上，依联动机制——在企业业务的流程上企业新的运行机制，直接联动、间接联动和指挥联动，协调、指挥企业的各个流程轨道。

这种以企业的运行轨道为基础设计出的创新组织结构——脊椎型结构，实现了企业内部的部门与部门之间、模块与模块之间、流程与流程之间和企业与外部的实体要素之间形成了无缝的连接，形成一个有机的整体。脊椎型结构主体部分是企业的主体结构，依企业的运行轨道设计企业的组织结构与功能模块。克服了塔式结构的弊端，纵向关系与横向关系联动，业务流程清晰，职能任务明确。公司组织机构与运行机制实现了改革创新，脊椎结构与塔式结构相比，结合了矩阵结构的优点，强化了部门间功能的聚集、耦合与协同，实现了组织机构简约与扁平化。

2. 功能模块的集约化

（1）功能与部门设置。

依据公司企业的功能模块设置部门。企业的功能模块的设计按指挥与协调的功能模块设置行政管理部门；按产品生产功能需要设置产品生产部门；按资金收付功能设置融资与财务管理、销售部门；按物料与产品的流动需要设置物流部门与采购部门。

（2）功能模块的集约化。

充分发挥与利用大集团所具有的各种优势，打通三级管理层功能，将集团、分（子）公司的相同功能按模块归一，实施集约化管理。全集团公司物资与装备集约化建立集团物流管理网络；采用资金管理与控制的大集团模式，融资与财务管理集约化管理；技术创新管理体制建设；集团技术中心统领各分公司技术中心；人力资源管理和信息化管理与安全服务管理集约化。西山煤电八大集约化管理体系，如图7-2所示。

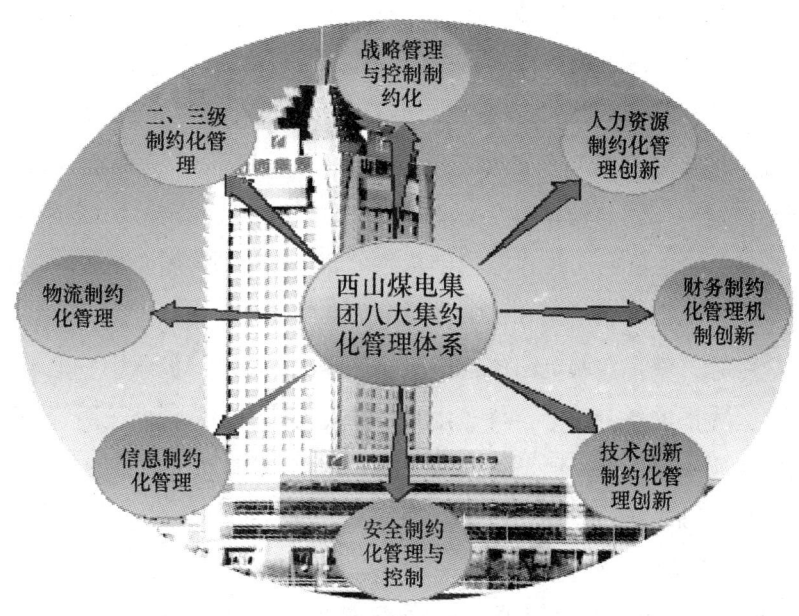

图7-2 西山煤电八大集约化管理体系

集约化管理解决了大集团企业结构的集约、整合、优化与组合等管理效率提高的问题，但在集团的业务流程运行过程中，要在高效的情况下保证质量与效果，完成其设计的功能、职能，必须要在管理上精细化，严格管理与控制。所以结合集约化与精细化，西山煤电集团开创了一种集约—精细化的管理新模式。

3. "RMO"全方位精细化管理模块

集约化管理体系业务流程上的每个基本单位、业务部门或职能部门节点，全面实行全方位精细化管理。全方位精细化管理模式（Refined Management Overall，RMO），就是从"4E"即每一天（Everyday）、每件事（Everything）、每个人（Everyone）、每一处（Everywhere）基础做起，从经营单位的管理业务流程源头做起，从现场实时管理做起的管理模式，是在"日事日毕、日清日高"的基本平台上可延展的管理模式，将原有的定额制度、岗位责任制整合规范为科学的企业基础管理标准系统，做到人人有标准、事事有标准、时时有标准、处处有标准。具体来说，就是通过制度，规范员工行为，细化、量化各岗位工作标准，并依据工作标准对各自控制的事项按预定的计划执行,每日把工作实际结果与标准对照、总结、纠错,从而将对结果的管理转为对过程的动态控制,培养员工标准化作业的习惯,以提高企业的整体效益。

该管理模块的实施的基本内容是:

(1) 基于"4E"精细化、定量化、准确化、科学化管理。

全方位精细化之"精"就是精心、精干、精确。精心,就是有高度的事业心和责任感;精干,就是领导和员工都精明强干,为企业做出最大的贡献,精确就是定位准确符合实际易于操作;精细化之"细",就是管理要量化、细化、科学化。量化,就是把生产结果和日常行为中所有能量化的指标全部数字化,定出合理标准;细化,就是在制定岗位责任制和各项规章制度的过程中,把定量指标细化到生产、生活的各个角落;科学化就是通过优化把复杂管理按照管理科学原理简单为便于操作、考核。所谓"全方位精细化",就是对"4E"实现管理的精细化、定量化、准确化、科学化。

(2) "五精五细"管理理念。

管理理念"五精五细"贯穿其中,五精即精心、精髓、精确、精致、精品,五细即细在流程、细在环节、细在考核、细在监督、细在规范。

"五精":

①精心:要求管理各项工作都要全身心地投入,敬业爱岗,有责任心、事业心、良心等;

②精髓:要以文化引领,形成完备的企业精神、安全理念、质量理念;

③精确:管理要到位,每名员工、每项工作、每一班、每一岗位都要有精确的准则和标准;

④精致:工作无遗漏、零缺陷、无盲区;

⑤精品:工作质量、工程质量、产品质量、服务质量要创出行业或全国一流水平。

"五细":

①细在流程:使企业管理的大小决策,全部生产和工作计划都要周密、正确、准确无误,各级管理人员和员工知道工作如何正确地做;

②细在环节:就是以科学管理为基础,使精、严、细、准落实在管理过程的

各个环节；

③细在考核：严格控制考核过程的偏差，一丝不苟，降低成本、提高效率；

④细在监督：通过严格细致的监督，提高工作单元之间的协作能力，提高环节链接的质量，进而提高企业整体的结构性效率；

⑤细在规范：解决目前普遍存在的执行力薄弱、执行不到位的问题，是精细化管理的主攻任务，通过运用刚性手段和综合措施，克服管理中惰性、马虎、粗放组织的侵害，从而提高执行力和效率。

（3）"RMO"模式保证集约化管理实施。

与以往的管理模式相比，"RMO"模式具有范围更广、内容更细、方式更多、制度更严、易于操作、见效快等特点，具体表现为：

①要求的精细化。通过出台详细的日常礼仪规定，向员工传递企业对其基本行为的要求。包括上下班礼仪、岗位工作礼仪、语言礼仪、电话礼仪、会议礼仪、仪表礼仪、班前安全礼仪等。

②标准的精细化。对于管理人员与基层员工的工作内容分别设置"RMO"标准，从多个角度进行识别，作为其考核的主要依据。

③考核的精细化。考核对象覆盖管理人员、基层员工、班组等所有个人及团队，考核周期分日考核与月考核，同时又有自评、上级评定与考核员评定等多种考核方式。

④分配的精细化。新的分配制度细化到每一天，即针对每个人的工作任务、工作质量、安全生产、安全技能培训为个人日收入的主要依据。

全方位精细化管理模式的基本内涵及特征，如图 7-3 所示。

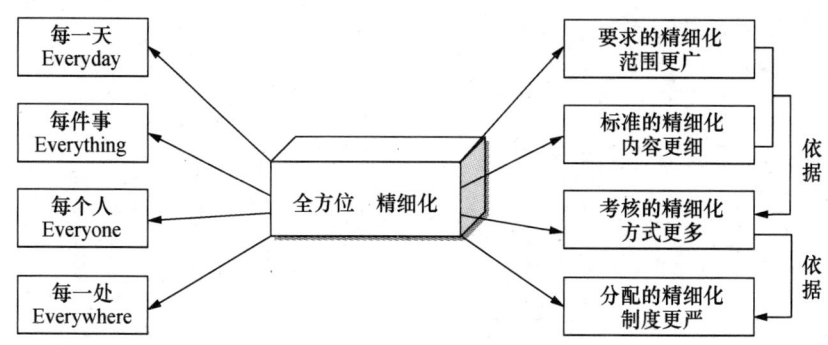

图 7-3　全方位精细化管理模式的基本内涵及特征

在多层次、多方位的企业管理工作中,通过不断地实践逐步完善了以市场为前端、以生产岗位为终端的"RMO"闭合链条,对有效提高整体管理水平起到了积极的推动作用。

因此,在大集团的纵横上形成了集约化组织结构的框架和业务流程集约化管理运行机制,以提高管理效率。在经营单位内部形成了精细化管理运行机制,保证每个业务运行单元和节点的管理效果,形成了一个西山煤电集团的集约—精细化管理创新体系。

# 第八章　西山煤电集团的八大集约—精细化管理体系

## 第一节　战略管理与控制集约化

董事会领导下的负责分公司的发展战略规划的研究与制定，下设对应的各子公司、分公司负责本经营单位的战略规划并监督实施。总公司和各子（分）公司的责任法人和主要领导负责规划实施。职能部门、业务、流程关系战略集成管理脊椎结构图，如图8-1所示。

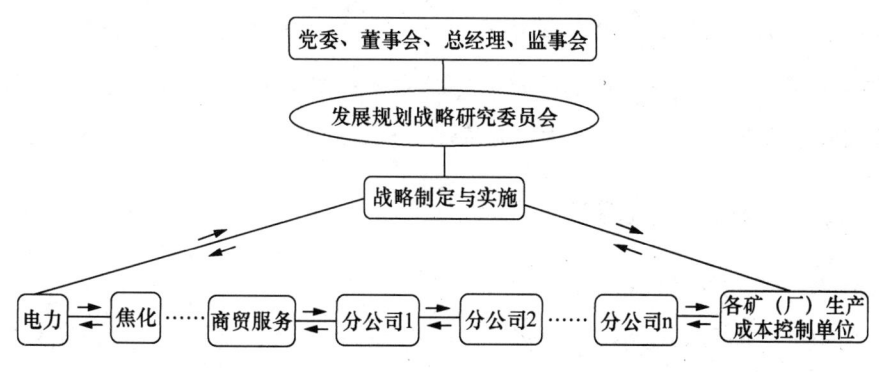

图8-1　战略集成管理脊椎型结构

根据西山煤电集团的发展战略,整个集团要实现从单一煤炭产业,向煤炭、电力、焦化、建筑建材、机电修造、商贸服务六大产业协调发展,由单一区域发展向跨地区发展,由单一所有制向多种所有制共同发展的格局。这些产业的共同特点都是与煤有关。电力产业的主要原料是煤炭、焦化产业的主要原料也是煤炭,建筑建材主要是围绕煤矿建设的施工队伍、煤炭生产废弃物利用的建材,机电修造、商贸服务主要是服务于煤炭、电力、焦化生产的修理业务和矿区后勤服务业。目前,这种格局已初步形成,正在按照战略步骤稳步推进。按照有关发展战略的权变理论,西山集团目前实行的是一种相关多元化战略。在这种战略中,煤炭、电力、焦化、建筑建材、机电修造、商贸服务这六种产业的销售渠道、生产工艺、管理方法、人员技能等要求都不相同。因此,根据组织结构与企业发展战略权变的有关理论,企业组织结构应与战略相匹配,企业此时应实行分权化的组织结构。

## 第二节　人力资源集约化管理创新

### 一、人力资源集约化管理组织机构

董事会领导下的组织人力部门,负责集团公司的人力资源与薪酬分配政策、计划制定,关注人才市场,负责人才招聘、培训、人事关系代理等。下设对应的各子公司、分公司、西山煤电集团公司、处、室,负责本经营单位的人力资源管理并监督实施。总公司和各子(分)公司的责任法人和主要领导负责规划实施。职能部门、业务、流程关系人力资源集成管理脊椎结构图,如图8-2所示。

### 二、人力资源集约化管理与控制机制

1. 选人用人机制创新

西山煤电集团从战略性人力资源集约化管理的高度,强化选人用人上的导向激励,遵照焦煤集团制定的《人才发展战略规划纲要》、《关于推进干部人事制度改革的实施意见》、《领导干部选拔任用实施细则》、《公开选拔领导干部实施细

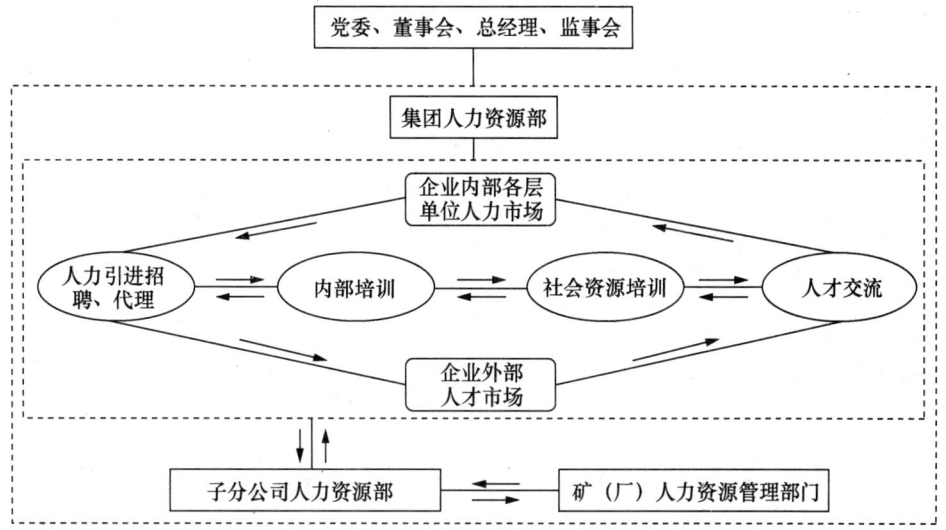

图 8-2 人力资源集约化管理脊椎结构

则》、《干部交流（轮岗）工作实施办法》、《后备干部工作暂行规定》等一系列文件，不断创新企业选人用人机制。在人员的选聘引进上，西山煤电集团公司根据企业发展战略和产业发展规划，从满足所属单位各产业发展的需要出发，采取多种方法营造了吸附人才的良好环境。用优惠政策吸引主体专业人才。研究制定了煤炭主体专业人才引进优惠政策，提出高素质、高学历主体专业和急需专业毕业生可以享受多重优惠政策：第一，给予补贴优惠。对从事井下工作的煤炭主体专业本科毕业生，分年度考核，分档次激励。考核不合格者取消当年奖励，连续两年考核不合格者取消评比资格。第二，给予收入优惠。上岗期间出勤正常、考核合格，直接执行定级工资和相应岗位工资。第三，给予实习优惠。与西山煤电集团签订就业协议的毕业生，免费提供毕业实习条件，并发放生活补助。屯兰矿、杜儿坪矿等单位建立了实习基地，为山西煤炭职业技术学院、太原理工大学阳泉学院等煤炭院校的毕业生提供良好的实习条件，鼓励和引导优秀毕业生留在企业工作。第四，给予生活优惠。新建了大学毕业生公寓，为毕业生提供舒适的居住环境。

2. 控参股公司人才管理

随着产权多元化，对新组建的控参股公司实行了灵活的用人政策。主要通过三种途径解决人才问题：第一，由西山煤电集团从所属单位符合条件的职工中选派；第二，由控参股公司委托西山煤电集团公司人事部门在企业内部和社会进行招聘；第三，由控参股公司按照工作需要，在社会上自主招聘。通过多渠道的人才引进政策，较好地解决了新经济组织人才短缺的问题，有力地促进了企业的快速发展。

3. 人事代理

随着企业的快速发展，一批新经济组织相继成立运行。但受股权结构、管理体制、运行机制等因素的影响，这些新经济组织在人才的引进、开发、管理、使用等方面面临着诸多困难，在专业技术职务评审、户口申报审批以及养老保险、医疗保险、住房公积金的缴纳等方面存在着一些困难和问题。

4. 多策并举，"拴心留人"

为引得进、留得住、用得好人才，山西焦煤各级党政全方位、多角度关心引进人员的成长。

（1）首先，从思想上关心，通过走访、座谈、联谊等方式，了解引进人员的想法，倾听引进人员的呼声，沟通交流，释疑解惑，解决思想问题，夯实思想基础；其次，从政治上关心，把思想进步、表现积极的同志吸收入党积极分子队伍进行重点培养，定期对优秀毕业生进行评比表彰，多方面体现组织的关怀和温暖；再次，从工作上关心，上岗前进行业务技能培训，上岗后让老同志传帮带，适时把素质高、业务强、作风硬的同志放到重点岗位上进行锻炼培养，人事部门加强跟踪考核，注重交流轮岗，多渠道为引进人员的成长提供平台、创造条件；最后，从生活上关心，拿出资金为引进人员专门建设了公寓，一些单位在单身宿舍还安装了宽带、闭路，改善了引进人员的生活环境，解决了毕业生的后顾之忧。

（2）在人员的培养使用上，西山煤电集团本着"人尽其才、才尽其用"的原则，努力把公司打造成各类人才施展才华的大舞台，为优秀人才的脱颖而出创造条件。

首先，加强教育培训。西山煤电集团按照2010年发展战略规划要求，构建了人才终身教育培训体系，分层次、分类别、多渠道、多形式、重实效地开展了人才教育培训工作。

其次，完善三项制度。即与社会主义市场经济体制和现代企业制度相适应的企业用人及收入能增能减、有效激励的分配制度；管理人员竞争上岗、能上能下的人事制度；职工择优录用、能进能出的用工制度，加大人事、劳动、分配制度的改革力度。

再次，改进职称评聘。为切实解决企业科技人员职称评定中存在的"两硬"（学历、资历）、"两软"（水平、业绩）、评聘不分、设岗不实等突出问题，西山煤电集团研究制定了主要依据科技人员工作业绩的职称评审办法，对确有真才实学且贡献突出的中青年科技人员实行破格晋升。同时，完善了双向选择机制，坚持科学合理设岗，实行评聘公开、竞争聘任，并根据不同的岗位类别、责任大小、技术水平高低确定不同的工资档次，消除职称相同工资也相同的弊端。建立健全严格的考核管理办法，打破专业技术职务终身制，形成了专业技术职务能上能下、能高能低、能升能降的新机制。

最后，促进人才流动。在内部人才流动管理上，西山煤电集团通过建立企业内部人才市场，制订有利于人才合理流动的方案，实行双向选择的动态管理，盘活内部人才资源，促进内部人才资源调节工作，改变了"一次分配定终生"的静态格局，有效提升了内部人才资源利用效率。

（3）在人员的选拔任用上，西山煤电集团坚持公开、平等、竞争、择优的原则，创立了一整套符合现代国有企业自身特点的"职务能上能下、人员能进能出、待遇能高能低"和"有效激励、严格监督、竞争择优、充满活力"的选人用人机制。

加大公开选拔领导干部的力度。把组织考核、引入市场机制和公开招考结合起来，严格按照民主推荐方式工作程序选拔领导干部，并不断扩大公开招考在领导干部选任工作中的范围和数量。凡是能够公开选拔的岗位，均可在本单位、本系统或面向全集团公司、面向社会广泛遴选人才。多中选好、好中选优，努力创造促使优秀人才脱颖而出的良好环境，使想干事、能干事、干成事的优秀人才走上领导岗位。

大胆选拔任用优秀年轻干部。站在西山煤电集团长远发展的战略高度，对个人素质高、综合能力强、懂经营、会管理的优秀年轻干部，可以不受职务层次、任职年限等任职资格限制，大胆地把他们提拔到各级领导岗位上来培养锻炼。在有条件的生产矿（厂）选配一名30岁左右的年轻副职，子（分）公司班子选配一名40岁左右的副职，并在全集团逐步推行。

实行领导干部交流轮岗制度。从培养锻炼、提高素质、加强监督、爱护干部和改善班子结构等目的出发,加大机关部门之间、机关和基层之间、生产单位之间、同一单位内部不同岗位之间的领导干部交流轮岗力度,通过交流轮岗,促使各级领导班子专业结构更为合理,整体结构更加优化,人员素质不断提高,优势互补,廉洁高效。

(4)全面推进配套薪酬激励。积极探索资本、技术、管理等生产要素参与效益分配的办法,激励不同层次人员的工作积极性。

首先,规范领导干部的薪酬,坚持先考核、审计,后兑现的原则,领导人员薪酬与安全生产、国有资产保值增值、企业经营指标、利润完成情况直接挂钩,除上级核准的薪酬外不得再拿其他工资奖金收入;各子(分)公司班子成员薪酬,由集团公司统一管理。对经营业绩和工作实绩突出,为企业发展做出重大贡献的领导干部,给予物质和精神奖励。其次,推行完全岗位工资制。通过科学的岗位测评,确定岗位工资标准,真正做到多劳多得,易岗易薪。专业技术岗位人员可享受技术津贴,优秀专业技术岗位人员享受特殊技术津贴,科技人员可以从成果创造的效益中提取一定比例的奖励金额。从而形成了争先创优、奋发进取的良好氛围。

(5)有成效的考核机制与办法。为了进一步实现管理工作的规范化、制度化、长效化,山西焦煤在加强制度建设的同时,强化目标责任,突出考核重点,注重过程控制,不断尝试探索新的更加富有成效的考核机制与办法,确保了各项工作目标的全面落实。

用"责任法人制度"强化综合考核,助推执行力。所谓"责任法人制度",即以法人的身份和要求,把企业所承担的经济、政治、社会、法律四项责任的总体要求和具体内容纳入一个统一的责任体系中来落实、控制和考核,通过党政相互参与,双向纳入,建立起促进各项工作的目标导向机制、利益协调机制、激励约束机制,实现责、权、利的有机统一与相互激励,政治资源和技术资源的有机融合与相互补充,政治优势和经营优势的有机转化与相互促进。

制定责任目标统一考核,建立目标导向机制。制定"责任法人制度"的目标体系,就是坚持定量指标与定性指标相结合、指令性指标与指导性指标相结合的原则,根据各单位生产经营实际,将与企业效益直接相关的产量、质量、安全、成本、效率、减员分流、销售收入、盈亏等指标确定为义不容辞的经济责任目标;将包

## 第八章 西山煤电集团的八大集约——精细化管理体系

括企业党的建设、思想政治工作、精神文明创建工作、企业文化建设、全心全意依靠工人阶级等指标确定为责无旁贷的政治责任目标；将依法经营、党风廉政建设和社会治安综合治理责任等指标确定为忠实履行的法律责任目标；将环境保护、计划生育、信访责任等指标确定为良性互动的社会责任目标。使集团公司对所属单位的管理评价实现了目标化。

明确责任主体同步考核，建立利益协调机制。西山煤电集团"责任法人制度"确定集团所属各单位、各部门为责任法人主体，行政一把手为责任法人代表，党委书记为责任保证人，党政一把手负总责，单位与党政负责人共同承担与集团相对应的四大责任，并把这种责任以合同的形式规定下来。每年年初，集团与各责任法人单位代表、保证人签订《责任法人综合目标责任书》，明确各自的责、权、利；尊重各单位的实际和差异，设定各单位、部门利益分配的基本比例和主要负责人的奖励额度，并运用经济法规、政策、管理手段和方法处理和调整不同责任主体之间的利益关系，克服了过去一些单位存在的只看自己收入不讲别人贡献、只谈自己功劳不看别人付出、只说客观不足不讲主观努力的盲目攀比心理。各所属单位也依照考核体系精神，结合自身实际制定相应的考核办法，将责任目标层分解落实到了分管领导、矿（厂）、区队、班组和个人，形成了"力往一处使，劲朝一处用"的工作局面。既为培养、锻炼各级管理人员的领导能力创造了环境，又使企业的管理方法实现了从"命令型"向"信任型"的转变，提高了干部职工完成"责任法人"目标的主动性和创造性，使得总目标的顺利实现有了可靠的保证。

严格责任落实奖罚分明，建立激励约束机制。"责任法人制度"最核心的内容是综合运用经济、法律、行政三种考核奖惩手段，建立激励约束机制，综合评价各单位的规模、效益、进步程度、努力程度、工作质量和经营绩效，把考核结果与责任主体的"票子、帽子、面子"挂钩。责任指标的考核奖惩，主要与工资分配直接挂钩，与各种精神奖励相联系。经济责任指标的考核原则上奖罚对等，法律责任、社会责任的考核原则上只罚不奖。根据各单位经营特点、责任目标及指标的不同，分别在月度、季度、半年和年末进行考核。月度绩效工资与各单位四项责任目标完成情况挂钩，按照月度绩效工资考核办法和有关规定进行考核；半年和年终进行责任法人综合目标一体化考核，并根据考核结果进行综合与单项指标排序。综合考核评价评分和单项指标评价结果作为对各单位、各部门年底评模、评优的依据,安全、效益、计划生育、社会治安综合治理四项指标均为"一票否决"指标。对各单位党政正职的考核,与单位盈亏指标挂钩,实行风险抵押,完成盈亏指标,除返还抵押金外,实行对等奖励;完不成盈亏指标抵押金不予返还或黄牌警告,对构成重大经济损失、构成违法违纪的,追究党纪、政纪或法律责任。

在实践中,西山煤电集团用和谐发展的理念不断丰富"责任法人制度"的内涵,进一步完善责任落实机制。针对企业跨行业、跨地区、跨所有制经营的客观实际,结合不同单位的生产经营特点,区别对待、分别设计,使之既符合不同单位的经济利益,又符合企业的总体目标和正确的社会价值取向,全面反映不同单位的经营成果与社会效益。统筹考虑、合理设计指标权重,把考核数量速度型指标与考核质量效益型指标结合起来,把考核近期的生产经营业绩与考核远期的可持续发展能力结合起来,把考核发展速度与考核稳定程度结合起来,既适应了现代企业制度要求,提升了企业管理效率,又有效发挥了各方面的积极性,激发了职工群众的创造活力,推动了企业的科学发展,促进了企业经济责任的完成,保证了政治、社会、法律责任的落实。

用"岗位千分制"优化精细考核,延伸执行力。所谓"岗位千分制"考核,是西山煤电集团在"责任法人制度"基础上推进的精细化管理,涵盖了所有岗位工种,从技术要求、工作质量、精神文明、团队精神、职业道德、社会公德、企业文化、员工规范八个方面入手,按照管理标准、工作标准、技术标准三个层次实施,形成了"工作有标准、行为有准则、办事有程序、考核有依据"的标准化考核体系。该体系具体分为井下管理 A 类、井下岗位 B 类、地面管理 C 类、地面岗位 D 类、多经管理 E 类、多经岗位 F 类 6 大类 524 个岗位工种,包括井下、地面、多经系统所有干部、职工。为有效推行这一体系,集团配套制订了《岗位千分制考核实施办法》,明确了千分制考核"三原则":即坚持全面、客观、公平的原则,因岗施考,公正地评价岗位业绩;坚持同岗同酬、岗变薪变的原则,打破大锅饭,实现责权利对等;坚持变定性考核为定量考核的原则,把对结果的考核,提升到对过程的考核。实现考核的全面性、科学性和规范性,保证了千分制考核的规范和完善。

围绕千分制考核，集团以落实责任为核心，着重在抓干部作风和岗位标准落实上下功夫，从粗放型管理向精细化管理转变，落实各级领导、各部门、各类人员的岗位责任制，按照"谁主管，谁负责"的原则，变事后追究为工作过程追究，使广大干部职工的责任意识不断提高，营造了"紧、严、细、实"的良好工作氛围；以强化管理为抓手，深入现场，靠前指挥，对每项工作按照检查、反馈、追究三个环节实施监督。坚持日常考核与定期考核相结合、定量考核与定性考核相结合、领导考评与单位互评相结合，以责定分、按分记奖，充分调动了各级干部职工上标准岗、干标准活、做标准事的积极性。

### 三、人力资源集约化管理实施效果

通过人力资源集约化管理的选人用人机制创新，集团从战略性人力资源集约化管理的高度，强化选人用人上的导向激励。推进干部人事制度改革，极大地提高了干部队伍的素质。

推进了配套薪酬激励，积极探索资本、技术、管理等生产要素参与效益分配的办法，激励了不同层次人员的工作积极性。

使人力资源管理适应了现代企业制度要求，提升了企业管理效率，又有效发挥了各方面的积极性，激发了职工群众的创造活力，推动了企业的科学发展，促进了企业经济责任的完成，保证了政治、社会、法律责任的落实。

通过集约—精细化管理，减少了部门设置，优化了业务流程，减少了流程节点和工作岗位，提高了业务单位内部的运行管理效率和效果。减少了用人量，取得了巨大的经济效益。

## 第三节 财务集约—精细化管理机制创新

### 一、财务集约化管理组织机构

董事会领导下的资金运营审查委员会、重大项目投资与论证审查委员会，负责集团公司的资金运营、投资的审查与政策计划制定、资金管理与控制。总经理负责的财务处、西山煤电集团投资有限公司,负责融资、投资、资本运营如股市、证券、借贷等、财务经营、管理与控制等职能。设专门的上市办公室,履行集团公司上市的资本运营职能。

组建财务公司,作为以中长期金融业务为主的非银行金融机构,为集团公司成员单位提供金融服务,具体从事存款、贷款、承兑贴现、发行债券、投资融资、担保、转账等金融业务和中国人民银行批准的其他业务。财务公司运用产业和金融相结合的方式,促进集团公司生产规模的发展,确保集团公司经济的良性循环,为实现集团资本运营发展战略提供了有效保障。

在资本投资领域,公司按现代投资公司体制运营,健全投资决策监督机制、资本资金运作机制、项目运营监管机制,应用市场化手段处理与子公司之间、与上市公司之间的股权交易。

集团下设对应的各子公司、分公司的财务中心、处、科,负责本经营单位的财务管理并监督实施。总公司和各子(分)公司的责任法人和主要领导负责规划实施。职能部门、业务、流程关系财务集成管理脊椎结构图,如图8-3所示。

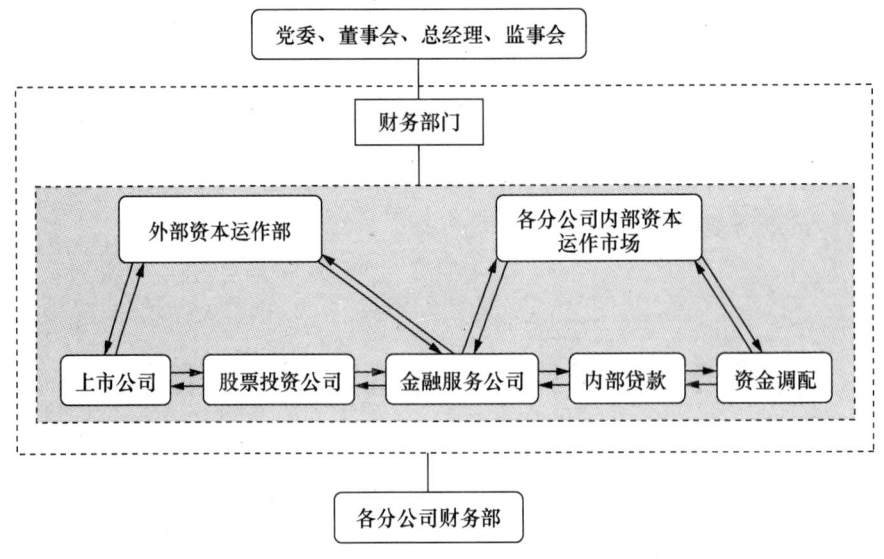

图8-3 财务集约化管理脊椎结构

## 二、财务集约化管理机制

我国煤炭企业的财务管理是以各生产矿的财务科为中心的分散式管理,集团公司财务处主要负责整个公司的资本运营、战略规划、报表汇总等中观经济活动,而日常主要的财务活动集中在各矿的财务科。这种模式不适合大集团的财务管控要求,西山煤电集团在财务管控上进行了创新,将集成管理的理念运用在企业的财务管理工作中,形成了财务集约化管理体制。它包含两个方面,一是系统化,即企业筹资、投资、营运、分配是财务管理的有机整体并与企业的生产经营活动通过财务关系而密切相关;二是知识化,即通过集成化的财务管理活动,将员工所拥有的创造性思维和知识、经验、技能相结合,不断提高企业的工作效率。

1. 资金筹集管理机制创新

拓宽资金筹集渠道,为各个经营单位和大项目提供资金保障。证券市场、增资扩股、新股上市、发行企业债券等筹资;自身积累资金;与战略伙伴等股东合资;争取国家注入资本金;与外商合资建设项目,引进外资;争取政府财政支持和银行贷款,如国债贴息、技改贷款、银行贷款等融资方式。

2. 财务集约化管理机制创新

企业财务管理贯穿于企业经营管理的全过程,在企业的经营管理活动中占据相当重要的地位。集团根据《会计法》、《企业会计准则》、《企业财务通则》等国家政策法规要求,结合企业实际情况,制定了一系列行之有效的财务管理制度,形成了科学、高效、有序的财务集约化管理机制。

(1) 资金集中管理。集团统一办理销售结算、资金调度、资金融通和银行信贷,强化资金流转环节控制,建立集中管理的资金运营模式,发挥财务资源聚合协同效应,使用效率和运行质量明显提高,形成缓解银行贷款、存款余额双高局面,企业资金循环长期处于良性平衡状态,促进了集团资金的统一调配,确保企业整体利益和内部协同。目前,占资金来源比例最多的商品煤销售回款资金已基本纳入集中管理。

(2) 资金预算管理。遵循"量入为出、以收定支、留有节余、增加积累"的稳健管理原则,建立了较为全面的资金预算管理体系,资金管控能力得到不断强化，资金管理行为更加规范，资金预算的编制、审批和调控，都能严格按照实际资金情况办理，超支预算、预算外支出有效杜绝，投入规模和支出结构不断优化，按照资金预算额度、用途来使用资金，做到专款专用。项目资金优先安排重点工程，不符合大集团发展战略或未落实资金来源的项目不予审批，杜绝项目资金挤占流动资金，严控非生产性支出，资金预算管理工作扎实有序。

（3）资金安全管理。集团资金筹措和使用，都严格遵守国家法律法规，接受有关监管机构检查和监督。有严格规范的筹措资金、对外担保等重大事项审批制度，有效防范融资风险；有严格规范的银行账户监管制度，严肃清理银行账户，克服了资金分散、调度困难、沉淀严重等长期存在的问题；有严格规范的资金管理规章制度，对现金、银行存款、商业汇票等有价票据的保管、使用和稽核等程序做出明确规定和要求；有严格规范的资金拨付结算体系，主要成员单位间的资金拨付全部通过银行网络系统办理，实施了分级授权、分级审批和专人管理，有效杜绝舞弊根源，资金收支风险得到有效控制。此外，坚持大额资金集体审批制，开展采购资金、产品库存和应收账款三项资金占用考核监管，加速资金周转，经营性现金净流量持续增加，企业盈利的含金量不断提高。

（4）成本费用管理。集团完善和落实目标成本责任制，组织实施全员、全过程、全要素的成本费用控制体系，并加大了成本费用的预算控制与考核激励力度；全面实行大宗物资集中招标采购，对重点物资、重大材料严格执行集中招标和集中采购的方式，利用采购规模优势，降低了采购成本和经营成本；加强修理费控制，重点做好材料、工时和费用三项消耗定额的预算。对需要维修更换的设备或配件，遵循先技术鉴定后更换的原则，并在保障设备安全与正常运行的前提下，科学合理地储存易损备品配件，最大限度地减少了库存积压；加强可控费用管理，充分发挥各级财务部门的监督作用，实时监控可控费用预算执行情况，加大奖罚力度，激励各级人员加强成本管理的积极性，努力降低成本费用支出，促进了企业又好又快发展。

3. 优化现有资产结构

重点是对企业非经营性资产、劣质经营性资产、较差的经营性资产、部分一般经营性资产以及闲置资产和沉淀资产，根据其不同情况，以效益最大化为原则，进行分类处理。一是对非经营性资产，如企业办社会的学校、医院、公安消防移交当地政府，按中央八部委的文件精神进行主辅分离改制分流；二是对闲置资产和劣质经营性资产，进行重组、整合、托管、拍卖、破产清算或非货币性交易方式进行处置；三是对沉淀资产，采用法律形式、债务（权）重组等方式，对不能为企业带来收益的对外投资等，分别采用转让、清算等方式处置；四是加强内部资产协调，在各子（分）公司之间通过资产重组、有偿转让、市场交易等方式进行资产调配，合理、有序、高效地进行资产流动，最大限度地发挥资产的整体使用效率。

## 第四节　技术创新集约化管理创新

### 一、技术创新集约化管理组织机构

1. 集约化管理组织机构

董事会领导下的技术委员会负责公司技术创新发展战略规划的研究与制定；设技术中心、生产技术部等直属单位，负责本经营单位的技术创新相关工作，并监督实施；下设对应的各子公司、分公司、国家级企业技术中心；总公司和各子（分）公司的责任法人和主要领导负责规划实施。职能部门、业务、流程关系技术创新集成管理脊椎结构图，如图 8-4 所示。

2. 西山国家级企业技术中心——西山煤电集团技术中心

按照国家对企业技术中心建设的基本要求，吸收各子（分）公司及各部门的优秀人才，组合各种优良资产，组建了独立于各部门、各单位的具有较高层次、较高技术水平的国家级企业技术中心，作为企业技术创新的核心和龙头。其主要任务是整合企业内外技术创新资源，参与制定企业发展战略和科技发展规划，跟踪世界相关行业最新技术动向与成果，围绕企业的生产经营活动，对各子（分）公司技术中心进行监督管理和开展技术创新。主要研究开发方向为煤炭开采、煤炭洗选加工、煤焦化、煤炭副产品发电和煤层气综合利用开发技术。拥有涉及煤炭、煤矿机械制造、机电、煤化工和建材的五个产业、七大专业的 8 个检

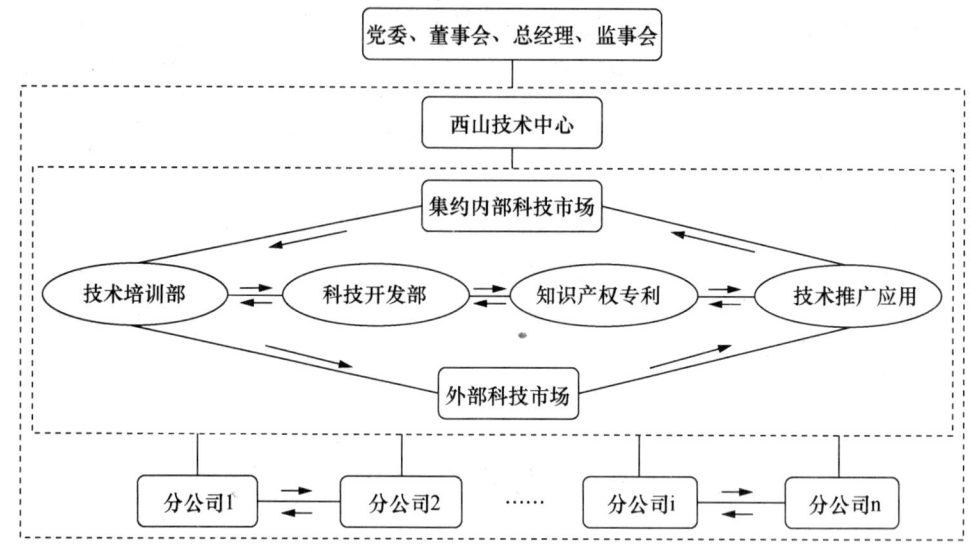

图 8-4 技术创新集约化管理脊椎结构图

测实验室,初步具备了研究开发、决策辅助、情报信息、对外合作、人才培养、技术孵化六项职能。

## 二、技术创新集约化管理运行机制

1. 以国家级技术中心建设为龙头,整合技术创新资源

在技术中心集约化管理与控制引领下,集团不断深化科技体制改革和创新,始终坚持产学研合作与自主开发联合并重,与国内外近40多家大专院校、科研院所和企业建立了长期稳定的合作伙伴关系,聘请了69位国内外著名专家学者,成立了博士后流动工作站,逐步形成了以企业技术中心为核心,以企业内部技术资源为依托,以项目为纽带,聚结社会优良技术资源为支撑的层次型技术创新体系,这对推进集团技术创新发挥了重要作用。

2. 以强化技术创新集约化管理为基础,健全技术创新制度

集团在分析理解国家政策的基础上,结合企业自身实际,从配套激励、规范管理、知识产权保护三个方面健全了企业技术创新的制度体系。

(1) 配套激励制度。一是各子分公司根据企业自身实际,选择重点课题,

切实通过科技创新,解决科技难题。集团把科技创新的成果纳入责任法人考核体系,加大考核权重,加大奖励力度。二是资金上切实保障。重点课题,重点立项,资金上重点保障,涉及企业整体性、能给企业带来经济效益的成果的课题,组织多部门联合协同完成。三是制订了《促进技术创新若干规定》,对优秀的高技能人才实施特殊的奖励政策,对于参加科技攻关和技术革新,并做出突出贡献的专业技术人员,从成果转化所得收益中通过奖金等多种形式给予相应的奖励。

(2)规范管理制度。一是技术创新项目的选择要坚持以市场为导向,与生产实际相结合,以完善本质安全型矿区建设为宗旨,以效益为中心的原则。在立项程序上坚持基层申报,技术中心和业务部门把关,总工程师主持技术委员会审定的原则。二是在课题的安排上,把近期与中长期项目立项相结合,逐步增加中长期研究项目的比例,为企业的发展提供技术储备。三是在项目的实施上实行项目负责人制,签订技术合同和责任书,加强考核,对重点项目要进行招投标。四是对科技项目实行分类、分规模监管,以研发为主的、涉及对外合作的、资金量较大的、延续时间较长的项目,由技术中心牵头组织实施。以生产实践为主要内容的一般性技术改进、提升、总结的项目,以实施单位或部门为主组织完成。五是加强对科技项目成果的管理,包括集团公司内部评审、奖励,申报国家专利,申报上级部门鉴定和奖励。

(3)知识产权保护制度。在知识经济和经济全球化的大潮中,知识产权已成为企业发展和参与竞争的重要手段,成为关系企业核心竞争能力培育和可持续发展的关键,加强对知识产权的保护势在必行。首先,西山煤电集团加强知识产权保护的管理。各子(分)公司和三级单位均设立了专(兼)职机构和人员,对商标、服务标记、商业秘密、著作权以及专利、专有技术、首创的工艺方法、材料、装备(包括设计图纸、工艺文件、科研试验、说明书、论文、技术总结、管理经验)按照一定权限进行管理与保护。接待参观、来访人员时,对涉及的技术秘密采取保护措施,对未经批准而造成的泄密损失追究相应责任。其次,开展各种舆论宣传,提高企业员工知识产权的意识,形成尊重他人知识产权,保护自己知识产权的良好社会风气。凡在本职工作中取得的智力成果,凡利用集团公司资金、原材料、机器设备、试验设备取得的研究成果,涉及企业首创的工艺、方法、材料、设备及操作手段有所改进之处，均应妥善进行知识产权保护，并及时办理申请、注册和登记。最后，制定出台相关政策和措施，营造良好的政策环境和有效的激励机制，鼓励广大科技人员积极申报成果、专利。同时加强信息交流，将成果、专利尽快转化为生产力，加大知识产权保护的力度。

3. 以建设技术创新队伍为核心，加大技术创新的力度

人才是推进技术创新的核心。集团始终把创新人才培养与企业发展相协调，把人才工作作为企业发展战略、规划、计划的重要组成部分。一方面，强调"一把手"围绕"第一要务"抓"第一资源"工作，把实施"人才强企"战略纳入企业长远规划、纳入班子任期目标，系统策划、整体推进，分类指导、分步实施；另一方面，坚持思想教育，营造舆论氛围，大力宣传实施人才战略的重要性和紧迫性，为人才成长与发挥作用创造良好的内外部环境。

注重人才队伍建设，提升科技创新能力。集团公司自成立以来，按照党和国家有关人才队伍建设的方针、政策，服务自身"全国百强，行业领先，四跨集团，做强做大"的战略目标，实施人才战略，开发人才资源，坚持以调整和优化人才结构为主线，以创新人才队伍管理体制为动力，大力推进人才队伍建设。明确指出要求：首先，技师、高级技师总量有较大幅度的增长，人才在企业各产业的分布更趋合理，人才的专业、年龄结构和高、中、初级专业技术人才的比例更加协调。为此，西山煤电集团首先借鉴其他企业的先进经验，根据国家的政策，结合企业的实际，不断完善技术创新激励办法，对科技活动中有重大发明和突出贡献的人员实行重奖，并实行科研成果转化收益按比例提取奖励的办法，调动专业技术人员的积极性。其次，为专业技术人员的工作和成长创造环境、提供平台。完善产、学、研合作机制，建立人才培训基地，保证专业技术人员的知识更新，培养和造就集团公司发展所需的各类人才。最后，教育专业技术人员立足本职工作，潜心研究、实践、总结、提升、再实践、再提升，逐步成长为专业带头人。

明确创新主攻方向，优化科技创新结构。集团从自身实际出发，不断加大技术攻关、引进吸收和再创新力度，初步实现了三个方面的技术领先。其一，以采掘主导技术为核心的矿井集约高效和精细化开采煤炭生产整体技术群的领先。通过加强以综采放顶煤为核心技术的煤炭开采及配套技术研发，基本实现了综采重

型化、掘锚一体化、主运集控化、辅运快捷化、地质勘探精细化、洗选装备模块化、监测监控智能化、调度指挥信息化。集约高产高效矿井建设达到了国际先进水平。其二，以焦化副产品综合利用为核心的煤化工产业技术群的领先。以"焦炉建设大型化、综合利用高效化"为突破口，积极研制掌握大型捣固环保焦炉建设、焦炉煤气制甲醇、二甲醚以及煤化工联产等新型煤化工核心技术，具备以煤为原料，对焦油、苯、萘等副产品进行深加工和大规模综合开发利用的技术能力，形成了低能耗、低污染、高效益的大型循环经济产业群。其三，以瓦斯抽采应用技术为核心的清洁能源综合利用技术群的领先。坚持把瓦斯的抽采和防治放在工作的首位，坚持"以抽促用，以用促采"原则，大力发展以瓦斯抽采技术应用为核心的清洁能源利用技术，强化低透气性煤层瓦斯抽采和综合利用技术攻关，全面应用采前预抽、边采边抽、边掘边抽、裂隙带抽采技术，初步构建了采前、采中、采后全过程，三位一体的立体瓦斯抽采基础技术和装备体系；低浓度瓦斯发电技术和控制装置的研究成功，使西山煤电集团成为瓦斯商业化和规模化开发生产基地；发展煤炭转化，加强多联产技术研究，加强与煤伴生资源和废弃物（如煤矸石、煤渣、洗煤泥等）综合利用技术的研究、开发与应用，进一步提高了产品附加值，实现了煤炭的洁净高效利用。

4. 构建科技集约化管理的"三个体系"

构建了基于科技资源整合模式的技术创新组织体系、管理体系和评价体系。

①组织体系方面：建立了内部加强技术创新决策、外部整合科技资源产学研合作的体制机制，对重大技术难题利用技术创新战略联盟进行攻关；对共性技术难题采用产学研及战略合作方式攻关。

②管理体系方面：实施了技术创新过程管控模式，对技术项目立项、研发、验收、后评价等严格程序化管理。

③评价体系方面：提出了基于经济指标、技术水平、社会效益的多目标技术创新评价体系，并将其作为绩效考评的核心内容。多目标评估和有效激励使技术创新效果得到各方认可，形成高层领导重视、技术管理人员自豪、专业技术人员受人尊重的"鼓励创新、崇尚创新、自觉创新"创新文化。

### 三、科技集约—精细化管理的实施效果

作为煤炭国有大型企业集团和骨干企业,通过科技集约—精细化管理,实施了基础资源整合的创新工程,使企业综合研发能力得到显著提升;促进产学研用相结合,推动开展了一批具有国际先进乃至领先水平的重大科技攻关项目,实现了企业超常规、跨越式发展,成为我国以煤炭为基础的一流能源企业集团,跻身国际具有一定影响力的综合能源企业行列。

创新人才快速聚集。高端人才国内外招聘,技术管理人才和研发人才多元化培养。招聘了数名国际知名的专家担任实验室主任,聚集了一批世界一流的专家。

近年来先后完成重点科研攻关项目124项,自主开发项目88项,引进消化吸收技术32项,产学研合作76项,企业间技术合作18项;通过省部级鉴定项目66项,荣获国家科技进步二等奖等各类科技进步奖56项。企业连续多年被评为煤炭工业科技进步企业。技术创新不仅为集团快速发展壮大提供了必要的技术支撑,而且取得巨大的经济效益,在部分技术领域有所突破,逐渐成为引领我国煤炭开采技术和国家相关产业发展方向的"风向标"。

## 第五节 安全集约化管理与控制

### 一、安全集约化管理组织机构

董事会领导下的矿井灾害防治委员会负责研究矿井灾害防范、安全管理制度、政策、监督安全管理;设安全监察局、安全生产监督管理局职能部门,负责安全培训等职能;下设对应的各子公司、分公司;设有安全处、室,负责本经营单位的安全管理并监督实施;总公司和各子(分)公司的责任法人和主要领导负责安全责任人,集约管理和控制各矿(厂)安全管理部门。职能部门、业务、流程关系安全集成管理脊椎结构图,如图8-5所示。

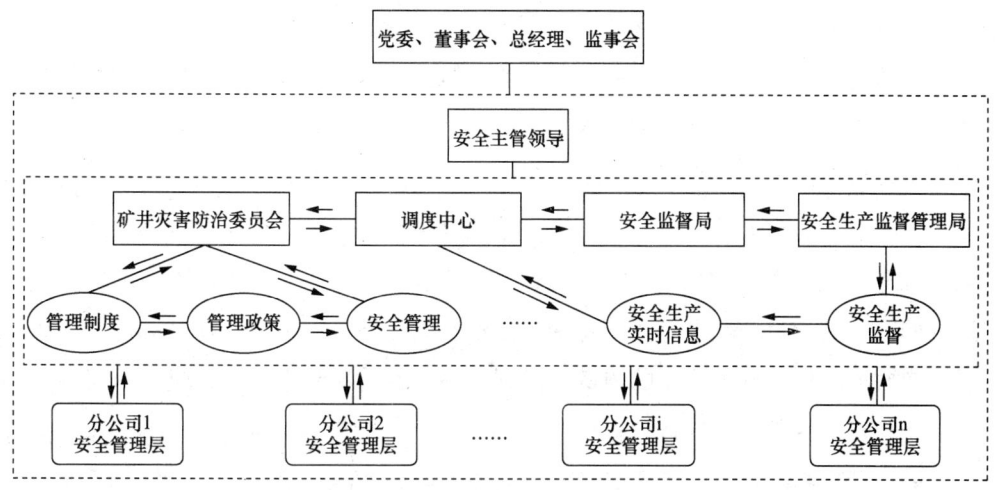

图 8-5　安全集成管理脊椎结构

## 二、安全集约化管理机制

安全是第一要务。集团采用安全战略进行战略管理与控制，建立与运行了安全集约化管理机制，安全全天候落实到生产实践的全过程、全方位。

1. 安全理念创新与扩展，形成具有西山煤电特色的"两个安全"大安全理念

两个安全的理念是指集团在实践中创造性地总结和形成了符合集团实际的"大安全"理念："既要严防死守，抓好安全生产工作，切实对广大职工的人身安全负起责任；同时又要筑牢拒腐防线，抓好党风廉政建设，切实对党员领导干部的政治生命安全负起责任"。

围绕这一具有西山煤电特色的"大安全"理念，集团在加大安全管理制度的同时，各级职能部门紧紧围绕安全这个中心，规范行为，群防群治，形成和完善了"舆论引导、实物警示、现场教育、业余帮教、技能培训、干部示范"等六大安全宣传教育体系，取得了良好的效果。集团以落实党风廉政建设责任制为龙头，以反腐倡廉教育为抓手，以构建党风廉政建设制度体系为重点，积极构建与现代企业制度相适应，符合集团工作实际的教育、制度、监督并重的惩治和预防腐败体系。确保"两个安全"理念的广泛认同和全面贯彻。

### 2. 集约整合制度，完善管理机制，规范大安全制度

集团统一建立安全管理机制、规范人的安全行为、保持安全生产高效运转。对所属各单位的安全管理制度、管理机制进行了整合、规范和统一。

安全管理标准化是指制定了集团公司《生产矿井安全管理及质量标准化检查标准》，并将其作为集团公司的安全管理"大法"，对不同类型不同条件的矿井进行统一检查、统一考核、统一排队，对采煤、开掘、机电、运输、通风、地测、调度、综合治理八个专业的每个岗位都明确了统一的标准和评分办法。打破了以往按类考核、分类评比的惯例，做到了标准面前矿矿平等，促进了低等级矿井上管理、上装备、上标准。

安全管理制度化是指集团对各子分公司、各矿井统一执行《安全管理及质量标准化检查评比制度》、《安全绩效考核奖评制度》、《事故分析追究处理制度》、《安措资金使用监督制度》，明确了安全业绩考核、事故责任追究、安措资金使用等规章制度，用制度管人、管事、管行为、管思想，形成了一个标准量到头、四项制度管到底的统一管理格局。为体现"管理、装备、培训"并重的原则，集团每年都自上而下层层制定《安全技术培训计划》和《安全宣传教育计划》，并制定配套实施、监督落实的《安全技术培训管理办法》和《安全宣传教育管理办法》。对检查考核、评比奖罚等给予详细规定，做到了权责明确，奖罚分明，推动了安全管理科学化、规范化、制度化发展进程。

严格落实了通风区长兼矿长助理制度，把高瓦斯矿井和瓦斯突出矿井总工程师调整为行政"二把手"，保证了矿井"一通三防"工作政令畅通、令行禁止；强化了各级领导干部下井、下现场管理，建立了事故、隐患问责和主要领导告诫约谈制度，做到了"七个切实"，即事故危机局势切实得到稳控、"安全第一"理念切实得到树立、安全生产组织领导切实得到加强、干部员工队伍作风纪律切实得到转变、矿井瓦斯治理切实得到有序推进、基层基础工作和矿井质量标准化工作切实得到提高、安全管理体制机制建设切实得到完善；这彰显了大集团大公司扎实的工作基础、应对复杂局面的能力和科学发展的决心和信心，得到了全社会的普遍认可。

### 3. 提升安全技术装备水平，建设大安全环境设施体系

集团坚持"重点突出，监管有力，效益显著"的原则，不断加大安全投入，

进行技术环节和各大系统的完善和改造;依靠科技进步,积极推广应用新技术、新工艺、新材料和新装备,不断淘汰落后的工艺和装备,改善了矿井安全生产硬件环境,提高了矿井本质安全水平。

在"一通三防"方面,集团各矿井开掘工作面全部装备了双风机双电源自动切换装备;在长距离大断面掘进头全部安装使用了对旋风机;综采工作面全部实现了全电压瓦斯超限自动断电;高瓦斯矿井和低瓦斯矿井全部装备了安全监测监控系统,并实现了矿、子分公司、集团公司、省四级联网;12个高瓦斯矿井全部实现了瓦斯抽放,其中,11个矿井实现了地面固定抽放,1个矿井实现了井下移动抽放,采煤工作面瓦斯采达标率100%以上,基本保证了回采、掘进面瓦斯不超限;对能力偏小的主扇进行更换改造,优化了矿井通风系统,降低了矿井通风阻力,通风系统达到基本稳定合理,严禁超能力生产。

集团从德国、澳大利亚引进了长钻机瓦斯抽放设备,在西曲矿投入使用。瓦斯利用方面,西曲矿、杜儿坪矿、东曲矿等高瓦斯矿井瓦斯发电项目相继建成投产。在矿井防治水方面,把防治水工作放在和"一通三防"同等重要的位置来抓,坚持"有疑必探,先探后掘"的原则,加强了对带压开采矿井水文勘探、三维地震勘探和监测预报,加快了矿区水文地质条件勘探工作,完善了矿井防治水系统、矿井防治水措施,矿井总排水能力满足了生产需要。在小煤窑治理方面,完善各项管理制度,加强对矿区井田范围内各类小煤窑的调查处理工作力度,投入大量人力、物力和财力,对和大矿贯通及井口低于洪水位线的小煤窑实行了重点监控,重点防范,并积极配合地方政府对非法采矿行为进行了有效打击。几年来,共炸毁危及大矿安全生产的非法生产小煤窑950座,封堵124座,填埋178座,关闭73座,有效地遏制了小煤窑引发的各类事故。在矿井供电方面,加强了对矿区和矿井的供电管理,合理配置设备容量,完善电器"三大保护",强化对供电线路、保护设施、设备开关的检查、维护和试验,使保护设施实现了灵敏、有效、可靠,严格执行停送电制度,杜绝无计划停电。在采掘机械化装备方面,针对机械化高效开采薄煤层这个煤炭行业难点问题,从德国引进了世界领先的全自动工作面无人薄煤层刨煤机成套设备和技术;重点推广先进的大功率采掘设备,率先布置了中厚煤层智能化工作面;推广使用了大功率半煤岩掘进机和全锚支护快速推进技术,安全水平和生产效率有了显著提高。

### 4. 管理创新，六大安全教育支撑体系

集团在加大安全管理制度、矿井环境设施建设的同时，不断加强干部职工安全思想的教育和引导，形成了六大安全文化宣传教育引导支撑体系。

（1）舆论引导体系。即建立完善了以广播、电视、报纸、黑板报、牌板、标语为基本渠道的舆论体系，大力营造安全生产、遵章作业的氛围，提高职工的安全生产意识，形成了安全生产的舆论环境。

（2）警示提示体系。即建立完善了以各种提示、警示、说明、指引、声光信号为支撑的警示提示教育体系。一方面在皮带（行人）走廊、井下车场、巷道、硐室、工作面、车间等生产工作现场设置警示提示标志，时时处处提醒工作人员遵章作业，照章行事；另一方面在工业广场、行人走廊、办公楼、福利楼、公寓、澡堂、食堂、候车室等非作业场所设置具有启迪、引导、教育性的声光标志，时时处处唤起职工的安全意识。

（3）现场教育体系。即建立完善了以班前会、安全例会、现场指导培训为基本载体的现场适时教育体系，包括传达安全指示、指令；分析安全生产隐患和职工思想动态；提出加强安全管理的针对性措施；结合工作面质量标准化和职工安全生产行为，进行现场培训和帮教，使上级安全生产指示和指令能迅速贯彻，当前安全生产的重点和措施让职工明了，职工的安全生产意识和操作技能得到不断提高。

（4）业余帮教体系。即建立完善了以坑口、宿舍、社区、家庭为阵地，以女工、家属、青年团员、社区为主体的家庭联保、慰问嘱安全、现身说法、谈心、"三违"人员帮教为形式的业余帮教体系，并建立起对"三违"人员的联合帮教制度，组织"三违"人员过好"社区关"、"家庭关"。把安全宣传教育拓展到社区家庭，延伸到八小时以外。

（5）技能培训体系。即建立完善了以岗前培训、安全生产技能、专业知识培训为主的培训教育体系。主要是实施职工培训计划，对特殊工种、特殊作业人员定期培训、考核，进行系统的培训教育。通过培训、考核，不合格者再培训、再考核的反复培训制度，不断提高职工的安全生产技能。

（6）干部示范体系。即建立完善了以党员责任区、党员、岗员、网员身边无"三违"、无事故活动和干部以身作则、"两下两抓"制度为主的示范教育体

系。通过考核干部下井次数、查隐患个数、抓"三违"人数，促使各级干部转变作风，深入一线、深入现场，针对倾向性问题抓教育、抓管理。

5. 大安全文化建设

（1）集团在创建企业文化的同时，建塑安全了文化。将企业全体员工多年来安全管理的经验和教训，编制成《安全文化手册》。《安全文化手册》既是企业多年安全管理的结晶，也是对安全管理工作的优化、规范和提升。安全文化是企业安全生产活动中安全理念、安全原理、安全准则、安全行为和安全环境的总和，在建塑安全文化过程中，首先要确定坚定的安全理念。安全——煤矿生产永恒的主体；质量——安全生产的基础；培训——安全生产的第一道防线；三违——安全生产的大敌；准备——安全生产的保障；珍爱生命——让安全成为员工的习惯。

（2）安全原理认知。木桶原理——每一位员工都是安全生产中的一块"木板"，安全的好坏取决于每一位员工；链条原理——安全生产是一个闭合的链条，每一链环的闭合程度决定安全生产的系数；青蛙原理——安全生产中任何"麻痹"都可能酿成大祸；堤坝原理——千里之堤，溃于蚁穴，工作中任何细小的隐患都是安全生产大堤的蚁穴等安全文化的新认知。

（3）完善安全管理体系。安全管理体系建设是对煤矿法律法规以及安全生产管理经验的总结。安全管理体系的内容包括安全准则、安全行为、安全环境、培训和装备等，建立和完善隐患排查制度、事故责任追究制度、隐患预警体系、安全评估体系、安全网络体系、安全教育体系、安全标准化建设、亲情文化建设和安全投入安全集约化管理。

# 第六节　信息集约—精细化管理

## 一、信息化集成管理组织机构

信息集约化管理是西山煤电集团的战略目标之一。西山煤电集团对信息化建设极其重视，在组织和资金投入上给予保障。对于大型煤炭集团企业而言，要加强各管理职能部门和业务板块的战略执行能力，支持集团整体战略的实现，建立以企业战略管控为中心的集成管理信息系统，以战略明晰分解计划作为各部门和各单位开展工作的指导和目标。在此基础上，建立贯穿集团的核心业务管理系统，以支持集团统一管控的需求。

建立流程驱动的集约化信息管理模式，建立流程驱动（而非职能驱动）的工作流体系，基于业务链流向和关键节点设计配套的组织结构，包括部门设置和职责分工，使组织与流程相对应匹配，责权匹配清晰，因流程设置部门职责而非因部门职责设置流程，强化组织执行力。

董事会领导下的信息化建设领导小组，集团设信息调度中心，计算中心，下设对应的各子公司、分公司调度中心、信息中心。总公司和各子（分）公司的责任法人和主要领导负责信息集约管理和控制。职能部门、业务、流程关系信息集成管理组织脊椎结构图，如图8-6所示。

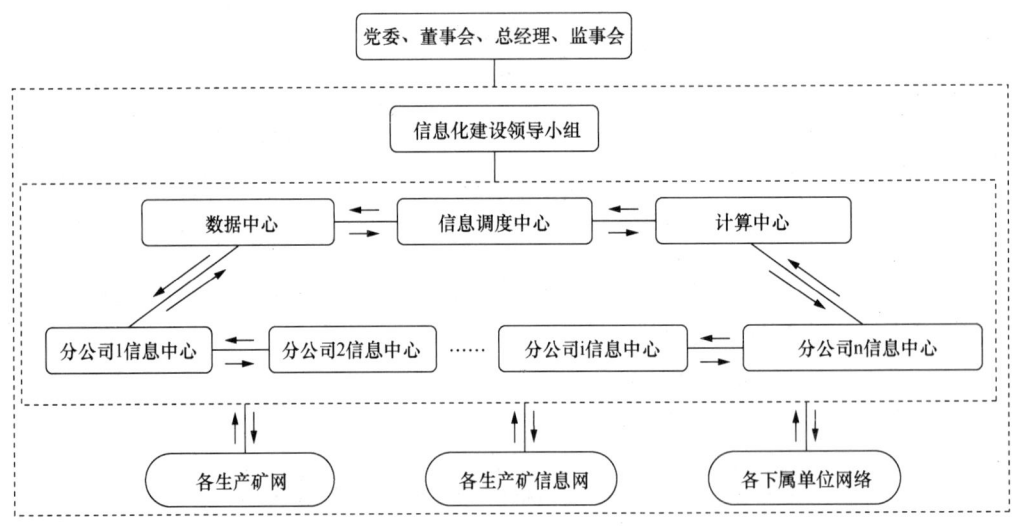

图8-6　信息集约化管理组织脊椎结构

## 二、信息集约—精细化管理系统结构

以先进的管理思想为指导，以战略管理为龙头，以安全生产为核心，以信息技术为基础，支撑集团集中化管理、多元化经营、规模化发展，实现集团的协调控制及和谐运作，强化集团生产和管理的高效率和高效益，促进集团可持续全面发展。

1. 集约化管理信息建设主要重点内容

支撑集团业务统一控制、分级管理的模式；构建安全、可靠、先进、科学的基础网络平台，保证数据和信息的上传下达；提高安全生产保障能力，提高应急指挥的效率和效能；提高业务和管理数据的共享程度和抗风险能力；构建信息共享、方便办公和管理的企业信息集成平台，提高管理沟通效率。

集团公司信息化建设工程是一项复杂的系统工程，投资大，各系统模块需要逐渐、分步实施和应用。在统一、完整的规划方案基础上，按照模块化结构分子系统进行建设和实施。

其信息化系统流程为：集团公司数据中心建设→办公局域网优化→互联网接入系统优化→集团公司到各子公司的一级广域网建设→各子公司局域网→下属煤矿等其他三级单位信息化建设和改造优化。

2. 企业级信息化应用总体架构

集团企业级信息化应用总体架构包括四大层次：区域性执行层、信息化基础层、全局性经营层、全局性决策层，其中应用系统分为不同层面针对企业生产及经营管理不同方面，总体架构如下。

（1）区域执行层。

针对煤炭采掘、煤化生产、煤电三个板块进行信息化改造和建设；基础自动化系统，即对煤矿井下自动化生产设备进行改造，让其具备实现综合监控的条件；过程控制系统，即通过一体化监控指挥平台对安全生产监控监测有关的各类子系统进行应用；生产执行系统（MES），即提供对一线生产现场的实时监控和远程控制及生产安全执行协调管理系统。

此层为企业生产数据的来源和初加工，是企业生产经营数据的基础和最后落脚点。

（2）信息化基础层。

该层是西山煤电集团实现信息化管理的基础，包括企业一级骨干网络的建设，将集团与分、子公司连成一个安全可靠、先进科学的网络基础平台。在集团本部建立统一的数据中心。对整个集团及下属分、子公司的数据进行集中的统一管理。搭建便于调度、指挥的应急指挥平台，实现视频监控和远程会商的完美结合。

此层是数据的通路和数据安全的保障，是全集团信息化的硬件和网络基础。

（3）全局性经营层。

企业的日常管理及业务活动，贯穿于企业的业务活动之中，该层面向经营目标控制和资源综合配置，包括办公自动化、信息门户、人力资源管理、财务管理、营销管理、设备资产管理、工程项目管理、供应管理等系统。

此层是信息化管理的关键层次，不仅需要设备和网络的机器意识，更需要人的主观和情绪意识。两者相互作用，才能真正用信息化来体现管理思想。

（4）全局性决策层。

提供集团企业不同机构、人员之间随时随地及时沟通，包括了对四个不同板块的数据信息进行集中处理，形成数据中心，相关领导可对企业日常的生产经营数据进行决策分析，建立企业绩效管理、考核体系。

### 三、管理机制——集团统一流程化管理体系

1. 集约化管理体系

建立集团统一的信息平台、统一的数据中心，所有不同业务信息集中存放，统一分配权限，按权限使用信息，这样保证业务信息在不同部门之间共享，重复利用，在不同层级机构之间纵向贯通，方便统计，方便追溯。更重要的是最大限度地保证了数据的实时性和真实性，实现信息一致、横向共享、纵向贯通、权限严密、统一管理。

流程化管理体系包括业务流程和管理流程，通过流程构建规范、清晰、简捷的整体业务链，针对西山煤电集团公司业务及管理特点，建立了以下统一流程管理信息系统体系：安全生产管理信息体系；资产管理信息体系；运销管理信息体系；供应管理信息体系；计划管理信息体系；人力资源管理信息体系；财务资金

管理信息体系；资源环境管理信息体系；组织行政管理信息体系。

2. 信息集约化管理模块

公司实现了业务组织的集成管理和煤炭生产运作的集成管理，投入大量资金从整个企业的角度进行了全方位的计算机网络系统化建设，在系统硬件和软件方面紧跟国内外先进设备和设计思路，先后开发了以下三个主要的模块。

（1）人力资源集约化管理信息系统模块。

建立了集团战略性人力资源管理系统，下属各单位各层次的人员招聘、异动、绩效考核、工资核算必须通过集团人力资源管理信息系统收汇信息，由集团人力资源部审核批准。系统除支持企业日常人事管理业务以外，将企业战略执行落实到对员工的绩效考核中，引进平衡计分卡的先进人力资源管理方法，建立人力资源管理模型，逐步拓展员工自助平台、网络远程教学等开放性的应用功能。

（2）财务集约化管理信息系统模块。

建立了全面的财务管理信息平台，完善财务核算、资金管理、预算管理、资产管理以及经营指标分析功能，通过信息集成与应用整合，实现财务与营销、工程投资、物资采购等业务的一体化运作，提高效率，增强财务控制能力。

（3）物流集约化管理信息系统模块。

一体化物流集约化管理信息平台，通过建立物资采购计划、供给商管理、产品质量跟踪、库存管理、备品备件管理等功能，支持企业物资统一采购、统一调配，加强成本控制；建立协调高效的运销管理链条，完善信息发布和采集功能，对外发布外部企业销售信息、铁路运输需求，采集行业政策动态、市场供求、市场价格等信息，通过拓展销售渠道，调配产运销计划，在运力允许的条件下，尽量提高销售合同完成率，辅助营销决策分析，提升企业市场竞争能力。

此外，开发与建立了综合自动化调度监控系统、生产调度监测系统、设备管理系统、办公自动化系统、物资供应管理系统、人事档案管理系统、调度信息系统、领导查询系统、财务管理系统、计划管理系统、基建管理系统、煤质管理系统、地测查询系统、电网模拟监控系统、集团煤质数据库和运销管理系统等模块系统。在上述系统广泛应用的基础上，又对管理信息系统进行了系统升级，实施了企业资产管理系统（EAM系统）、金财系统，使企业在资产管理方面从以前的统计、查询过渡到具有分析、计划、决策功能的智能系统。

通过在企业层次上的系统集成，在更大程度上实现信息资源共享，在改善职能管理部门运行效率的同时，也为业务部门的有效运作提供了更多、更快的管理服务与支持。

3. 实现企业信息集成共享

西山煤电集团下辖众多的分子公司，每家公司的信息化建设水平不一，不同程度地引进了信息系统支持业务运行和管理。实现这些企业在信息上的集成与整合，统一各单位原有系统相互之间的信息编码、共享，强化了集团对下属单位的管理与控制，突破了跨企业、跨部门之间形成的信息交流壁垒。

实现集团对下属企业的集约化管理，产业各环节之间的横向互通，全面梳理集团数据资源，统一制定企业信息编码标准，包含物资编码、设备台账、营销编码、财务编码、人力资源编码、综合计划编码等，集团上下统一"语言"。在此基础上，建立企业统一的信息集成平台。

基于该平台建设的新系统将严格遵循企业信息资源标准，与已建业务系统之间通过建立企业信息门户实现界面集成，通过建立数据仓库实现数据集成，通过引进SOA的设计理念实现业务集成，支持跨单位、跨部门的业务运作。

横向上，设备从购买入账到领用、出库、装置、维修直至报废，都有一个唯一的台账，能够被设备管理、资产管理、物资管理以及人力资源管理系统所识别，设备变动信息能够直接反映到各关联系统中；物资采购付款、工程付款信息将与预算管理和资金管理实现互联；各单位生产经营指标完成情况及时反馈到全面预算管理、人力资源管理等系统中，实现对部门和员工的绩效考核；煤炭生产、运输和营销三大环节之间信息渠道被打通，利用调度模型，对各煤矿生产计划、储备计划、汽车发运次序和线路进行及时调度，最大化资源配置，节省成本。

纵向上，集团各单位的年度生产经营计划和预算将通过电子报表的形式上报、审批和下发；会计核算、资金收支管理、预算拨付将统一由集团管理，实现企业一套账、一个管理机构分级控制。

4. 集团全方位信息生产与安全自动化管理机制

建立"管控一体"的安全生产管理大平台，从现场作业、基层监控管理、集团监督管理等不同层面贯通安全信息的实时性，同时建立安全管理的优化体系，强化集团安全管理的持续优化能力。建立不同层面面向现场的生产指挥平台，实时监视生产现场的状况。

建立矿级生产指挥集控中心包括自动化控制系统、安全环境监测系统、自动计量系统、工业电视系统等,实现面向生产现场的实时综合监控。建立集团指挥中心监视联网,便于了解生产现场情况。

实施了集团企业综合自动化工程,选用先进的罗克韦尔自动化的工业控制产品和工业网络技术,构建起信息层、控制层和设备层高度集成的现代化全方位自动化体系,具体包括带式运输系统自动化系统、井下三遥(遥测、遥信、遥控)系统、通风机三遥系统、井下供排水三遥系统、生产调度及综合信息管理网、矿井工业电视、井下风门自动控制系统、综采工作面监测系统和主井带式输送机振动及轴温检测系统。通过对生产过程的实时参数监测、实时过程控制、历史数据查询、设备故障及模拟量超限报警、生产实时画面监测和生产作业计划优化,对生产的各个子系统、各个环节实行了全过程的计算机监控,实现了管理点的集中化和透明化,不仅进一步简化了生产环节,减少了人员使用,提高了生产系统的运行效率,而且大大提高了整个生产系统运行的可靠性,各种关键设备的运行实现了实时监控,设备故障能够及时发现,各种数据能够快速统计,自动生成报表,为正确、快速决策提供了保证。

## 第七节 物流集约—精细化管理

西山煤电集团有着独特的强大的煤炭主业,雄厚的物流资源,巨大的物资需求,便利的交通运输条件,优化的市场运行机制。随着煤炭产业集团化的发展,做强煤炭主业的同时,必然会推动煤炭物流的产业化、集团化、专业化、信息化、集约化和国际化发展。

### 一、西山煤电集团物流集约化管理的组织结构

1. 西山煤电集团物流管理集约化的组织结构与功能

集团设运销物流产业化发展领导小组,负责集团物流系统的管理、协调与建

设。集团的煤炭销售总公司、国际贸易有限责任公司、物资采购中心为物流网络一级集约化管理节点集,各分公司设二级物流网络节点,集管理、指挥、调度、信息、衔接及货物处理功能为一体的物流综合设施。使整个物流系统的运转有序化和正常化,提高了整个物流系统的效率和水平。

2. 物流的信息集约化技术创新

西山煤电集团物流信息技术与标准化两大关键技术的系统化集成应用,对焦煤物流网络系统进行整合与优化,包括网络规划、优化理论与方法、自动化、智能化,大大降低了物流成本,在新的技术平台的支持下不断创新。

(1)建设了商品代码、数据库、运输网络和销售网络信息化管理、物流中心管理电子化、电子商务和物品条码技术应用等。

(2)建设信息平台、电子数据交换系统(EDI)、事务处理系统(TPS)、管理信息系统(MIS)、决策支持系统(DSS)、销售时点信息系统(POS)、地理信息系统(GIS)、全球卫星定位系统(GPS)、智能交通运输系统(ITS)等信息处理和条形码技术、射频标识技术在物流中广泛运用。

信息实现共享,信息传递更加方便、快捷、准确,增强运输、保管、装卸搬运、包装、流通加工、配送等物流各环节的功能,使物流与商流、资金流、信息流融为一体,提升生产、流通和消费的综合效益,实现物流跨越式发展。

(3)物流技术创新,智能化交通运输、无人搬运小车、机器人堆码、无人操作叉车、自动分类分拣系统、无纸化办公系统、模块化技术、仿真技术等现代物流技术,大大提高物流机械化、自动化和智能化水平,提高供应链管理质量,使物流进入新的发展阶段。

**二、物流集约化管理机制**

1. 创建新的营销战略集约化管理体系

面对经济全球化、产品知识化、消费个性化、信息网络化为特征的新的市场竞争形势,山西焦煤抢抓"市场、政策、环境"三大发展机遇,创建新的营销战略集约化管理体系。"以市场为导向、以客户为中心、以效益为目标"的营销宗旨,进行市场营销集成组合,强化煤电、煤钢、煤港、路企合作联盟,培育有核心竞争优势且可持续的发展能力,为推进大集团建设奠定了扎实的基础。

2. 强化内统外合，实施内部统一销售集约一体化管理

作为我国目前最大的炼焦煤生产销售企业，西山煤电集团在全国煤炭行业首开整合营销先河，集成整合和构建营销新体系，实施统一销售集约一体化管理，加强客户关系管理，加强对煤炭生产经营销售全过程的监督、考核和管理，树立一流焦煤品牌和大集团形象，推动了集团现代化供应与营销的物流产业的发展。西山煤电物资配送流程，如图8-7所示。

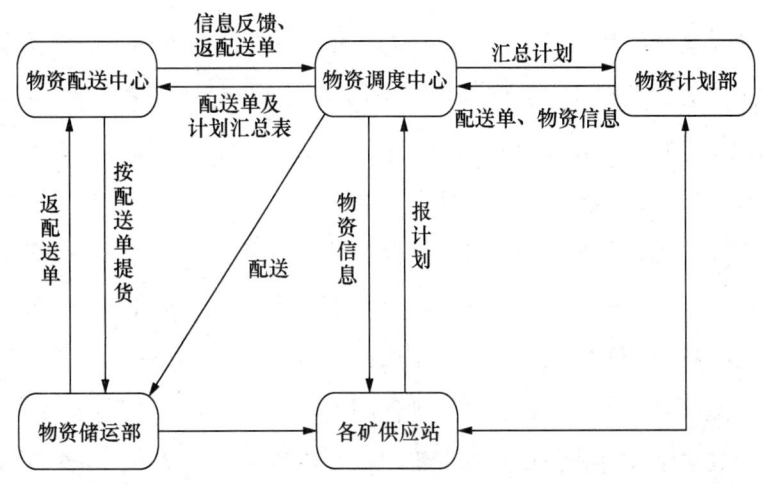

图8-7 物资配送流程

强化内统外合尤其是实施内部统一销售管理，充分体现出大集团优势和一体化管理的效益。

西山煤电集团提升国有重点煤炭企业的市场竞争力及其在国家能源安全战略中的地位。集团集中发挥统一协调作用，通过提高销售集中度，提升煤、焦的市场竞争力，通过制定统一的营销策略，增强国际、国内两个市场的有效供给和竞争能力，实现全体成员收益最大化；实行内部统一销售集约一体化管理是西山煤电集团实质性意义的重大管理机制创新。

1. 整合和构建营销新体系，实现煤炭销售管理"六统一"

西山煤电集团公司自成立后，按照高度统一、垂直管理、精干高效、科学合理的原则，制订并出台了《煤炭产品统一销售管理相关运行办法》、《用户分类

管理规定》、《经济运行信息管理规定》等35个管理办法,规范了54个统计报表,制定了28个业务流程,构建了煤炭销售总公司集中领导,统一合同、统一计划、统一调运、统一结算、统一清欠、统一煤质管理,各部门(公司)职责明确,横向协调,纵向管理的煤炭销售组织模式。

2. 管理机构运行机制模式

集团公司通过成立煤炭销售总公司,经集团公司授权,各子(分)公司委托,统一销售管理集团所属各矿、厂生产的所有煤炭产品。这在机构总体设计上符合煤炭产品销售的基本目标。设置模式采用直线职能式营销组织结构和条块结合、以条为主的管理模式。合同、计划、调运、结算等主要销售业务高度集中,按生产地域设置驻各子分公司分支机构。煤炭销售总公司根据西山煤电集团公司的经营方案,根据各子分公司生产状况和产品情况,并征求其意见,提出年度煤炭销售方案。销售方案的主要内容包括分区域、分流向、分用户、分矿厂、分品种及煤炭产品销售的数量、质量、价格等基本要求。依据集团的年度煤炭销售方案,统一组织各子分公司煤炭产品购销谈判,合理划分市场份额,科学确定煤炭产品价位,签订煤炭产品购销合同,确保同地区、同品种、同质级、同用户价格的一致性。煤炭销售总公司总经理受集团授权和各子公司委托,组织签订煤炭合同。煤炭销售总公司设立专业部门管理合同,从合同的签订到监督兑现、变更、终止,实施专业化、规范化管理。

西山煤电集团在整合营销的具体实践中,不断巩固和完善煤炭销售的集中统一管理,规范各子(分)公司内部煤炭使用的销售行为和工程煤、副产品的销售管理。根据市场变化和工作实际,不断完善销售环节各项管理制度,优化和理顺各部门业务流程,着眼于提高工作效率。大力加强督查督办工作,建立和完善各项督查督办工作制度,做好日常性工作和阶段性重点工作的督查督办,不断提高营销工作的执行力,确保各项营销策略和措施的有效执行。同时大力强化煤炭销售责任制,推行内部绩效考核,以责任激发动力,用制度规范行为,使实施考核过程成为推动和检验各部门(公司)营销一体化运作水平的过程,有效推动了煤炭统一销售一体化管理的进程,形成了集团内外和上下团结协作、高效有序的营销管理新体系,实现了整合营销的战略重组。

3. 制定和完善价格新体系，落实稳健的销售策略

集团以市场最大化、供需双方合作持久化和企业可持续发展为前提，以市场供求关系变化为导向，参照国际国内煤价调整浮动范围，兼顾企业和用户生产成本，确定科学合理的煤价涨跌区间，适时适度调整煤炭价格，同一煤质、同一级别执行同一煤价，不同地区、不同用户执行不同煤价，市场调节户煤价高于重点长协户煤价，长协户和重点冶金户实行相对优惠价和稳定价，形成相对稳定的价格体系和适应市场变化的价格机制。集团公司自成立以来，价格体系逐步完善，议价能力显著增强，煤炭价格逐步恢复性上涨。

西山煤电集团建立健全货款回收预警、预控机制，增强企业防范市场风险能力。一是加强煤炭货款回收的源头控制，在与用户签订合同时，明确限定用户付款的时间、比例、额度和结构，确保当期货款100%回收，并按合同约定偿还欠款；在用户的选择上，积极实施和扩大煤炭直销，一律取消委托的中间代理商，降低货款风险。二是建立健全货款风险预警机制，杜绝无合同、无计划和无预付款"三无"发运，严格执行"预付、预警、预控"的货款"三预"监督制度，防范新增欠款。三是加大清欠力度，化解债权风险，相继建立健全了齐抓共管、综合治理的清欠机制，依据欠款户的经营状况、资信等级和难易程度，合理划分欠款户种类，灵活采取联销清欠、锁定清欠、抵抹清欠、司法清欠、核账清欠、物资串换和债权风险转移等措施，严格执行一户一策激励机制，充分调动了清欠人员的积极性和创造性。

4. 实施五大策略

集团提出"坚持两个立足，实施五大策略"，即立足长远保持平稳健康发展，立足于办好企业自己的事情；采取从严的安全策略，稳定生产秩序；实施稳健的运销策略，防范销售风险；实施灵活的生产策略；实施紧缩的财务策略；实施审慎的发展战略。在此基础上，提出了"两定、两择、两全"的营销策略，即以款定销、以销定产、降价择稳、增量择优、全面加强用户合作、全面实行财政紧缩。

集团公司认真落实稳健的营销策略，成立了销售业务协调组、拓展市场营销组、货款回收组三个工作组，每天对当日的煤炭产、运、销工作，铁路运行情况及用户货款回收情况进行跟踪，确保煤炭营销工作的正常进行。专门出台了《精煤促

销专项考核办法》，提出"全员营销"的理念，将驻外市场公司每月的任务完成情况与绩效考核进行一一对接，并加大了奖惩力度，保证销售目标的顺利实现。

5. 全面质量管理机制

集团公司积极围绕"质量管理"主题，从修订完善各项管理制度、注重过程控制，强化质量考核等方面入手，全面提升经济运行质量。《质量管理实施方案》的出台对营销产品质量、工作质量、管理质量、安全质量和重点工程建设质量等提出了具体要求，进一步推动了质量管理的进步；《建设节约型企业构建和谐焦煤的实施意见》明确了煤炭资源节约标准、节能标准、检查标准和环保标准，提升了精细化管理水平；《煤炭质量管理办法》的修订，进一步规范了煤炭质量管理，减少了商务纠纷，巩固和扩大了市场。

全面推行质量标准化管理，认真组织抓好采掘、运输、洗选、装车等各环节的质量管理工作，形成了下游环节是上游环节客户的管理理念；充实完善质量管理体制、管理标准，对标国际国内优势企业，形成了一整套稽查、抽检、考核、通报、兑现的工作体系；加强新建、扩建矿井煤质化验室建设，确保人员、资金、设施及时投入到位，对新上岗的煤质管理人员全部进行了专业化培训。作为山西焦煤煤炭质量监督检查部门，销售总公司进一步加大了对商品煤的监督稽查力度，坚决杜绝不合格产品装车外运。两级煤质部门抓住煤质管理的重点和难点，认真解决存在问题，开展多种形式的交流活动，加强煤质方面的信息沟通，使煤质管理工作有创新、有活力。目前，西山煤电集团生产矿（厂）全部引入了ISO9000质量管理体系，大部分矿井推行了ISO14000环境管理体系，三家中心化验室均获得中国合格评定国家认可委员会颁发的实验室认可（CNAS）证书，其出具的煤质检验数据获得国家认可，使得产品质量得到了有效管理和控制，企业品牌得到了良好的塑造和维护。

6. 实行营销文化管理，树立"西山煤电"品牌形象

西山煤电集团积极培育具有企业特色的营销文化，推行文化管理，在广大营销员中积极宣传和倡导"诚实守信、合作共赢"的营销管理理念，在实践中内化为精神品质和道德风范，提高营销员思想水平和业务素质。积极开展面向用户、面向矿厂、面向市场公司的"三面向"服务活动和"情洒市场、心系用户"等主题教育活动，引导和带动广大营销员带着对企业的忠诚和对用户的深厚感情

从事营销工作。品牌优势逐步被广大用户、社会各界所认可,知名度、影响力、控制力显著提高,拓展了统一销售发展领域,实现了规模效益,从而增强了市场竞争力,进一步提升了西山煤电品牌和大集团形象。

7. 构建全面战略合作联盟,发展大集团商贸与物流产业

加强运销商贸环节衔接与下游用户沟通,培育和实践煤炭生产经营销售新理念,构建煤电、煤钢、煤港全面战略合作联盟,稳步推进大集团商贸物流产业健康发展。西山煤电成立以来,在打造和形成西山煤电品牌的过程中,建立和发展了与重点用户的中长期战略合作伙伴关系,巩固和扩大了国内外市场。

(1) 对销售市场进行合理布局。

根据国家产业政策和铁路流向布局,集团公司按照"保证重点、兼顾一般"的原则,对销售市场进行了合理布局。在东北市场,长期以来为鞍钢发展提供了大量优质焦煤,早在2003年双方就建立起良好的战略合作伙伴关系。2006年11月19日,焦煤集团与鞍钢签订《全面战略合作框架协议》和《长期购销战略合作协议》。双方在协议中就煤炭资源开发、煤化工、煤炭利用技术、煤焦产品贸易、物流运输和信息交流等方面确立多元化合作方案。在华北市场,与首钢总公司签署深入合作框架协议,与太钢集团联合组建了山西煤钢联能源开发有限公司,共同抵御市场风险,实现煤钢企业共赢发展。在华东市场,把宝钢作为"走出去、引进来"的重要战略合作伙伴,开展项目合作或全面合作,建立与宝钢的合作平台,提升与宝钢的合作关系。在华中市场,加强与武钢、华菱集团的合作。多年来,在炼焦煤主体市场上,形成了以鞍钢、本钢为主的东北市场,以首钢、河北钢为主的华北市场,以济钢、莱钢为主的山东市场,以宝钢、马钢为主的华东市场,以武钢、华菱集团为主的华中、华南市场,36个长协重点户炼焦煤供应量占到集团公司炼焦煤供应总量的86%,焦煤集团主体市场份额始终保持在20%以上。西山煤电集团为主要实施单位,承担了以上合作单位炼焦煤的主要供应商,开辟并占领了主要市场。

在动力煤主体市场布局上,西山煤电加大与包括华能、华电、国电等国家主力电厂合作力度,培育形成了比较稳定的华北、山东市场。通过市场布局的调整,主体市场构建更加牢固,确保了煤炭销售的稳定健康又好又快发展。

(2) 实施路企合作与煤港合作战略,构建有效的物流供应链体系。

西山煤电集团按照互惠互利的原则，主动适应铁路运输流向，加强矿港合作，缩短中转周期，减少港口费用，积极开发潜在市场用户中转港口，提高煤炭综运量。作为国内最大、品种最全的焦煤企业，山西焦煤是目前连云港煤炭中转的优质资源和重要客户。近年来，集团高度重视煤港合作，把连云港列为其煤炭南下的主要通道，不断增加经连云港的焦煤中转量。

在煤炭铁路发运方面，与各铁路局互签合作、互保协议，形成利益共同体，通过精心组织、有效衔接，实现煤炭铁路运销量大幅增长。西山煤电煤炭产品销往全国20多个省市，大部分产品依靠铁路运输。尤其在企业快速发展，外运需求不断加大的情况下，对铁路的运输能力和服务质量也提出了更高的要求。2008年，根据西山煤电发展实际，通过与太原铁路局的诚信牵手，合作共赢，太原铁路局在铁路运输总量、去向、计划等方面优先审批计划、优先配置车辆，同时，彻底取消了过去由铁路各站段报送请求车几十年的惯例，改由销售总公司调运部统一通过铁道部门户网站请车，成为目前全国唯一可以自主请车的企业，为解决运输瓶颈制约起到了关键作用。2012年煤炭市场剧变，销售遇到困难，太原铁路局对西山煤电的运输做到去向优先、装车优先，确保煤炭全年总运量。

（3）培育和实践营销新理念，建立内外相协调的服务体系，不断提高服务质量。

在服务用户上，西山煤电始终坚持"用户第一、服务至上"的营销理念，真正做到了市场变，服务用户的宗旨不变。一是严格执行重点用户调发运方案，对告急求援的重点用户，实行"优先组织资源、优先提报计划、优先配车发运"的三优先原则，确保了85%以上的商品煤资源和85%以上的铁路运力资源优先满足长协户、重点户需要。二是在条件相对成熟的10个中长期战略合作伙伴户中，开展了完全服务手册试点工作，进一步充实和完善了服务内容，提高了服务质量和水平。三是集团公司领导多次带队走访用户，开展高端交流，进一步密切了与重点用户的战略合作伙伴关系。

在服务生产上，集团根据不同时期市场需求变化，及时指导矿（厂）调整产品结构。针对市场变化，集团公司第一季度增加电煤产量，第二三季度增加炼焦精煤和高硫精煤产量，第四季度再次调整增加电煤产量，确保了产品适销对路。建立了每日产运销视频例会制度，及时沟通产销信息，有效组织装车外运。组织矿厂对重点用户进行了走访交流,促进了用户与生产单位的良性互动。每月及时组织处理商务纠纷,减少因货款长期滞留带来的损失,全年共解决商务纠纷56起。

在服务营销一线上,大力开展转变机关作风建设活动,办事效率进一步提高。一是制定下发了《煤炭销售总公司机关工作人员下基层工作的有关规定》,实行了结算票据限时办结制。二是在销售总公司实行了班子成员和机关部室分片包户增销量促回款工作责任制,并进行专项考核,确保了炼焦煤销量和货款的足额回收。三是积极开展应收账款对账工作,对账率达到98.5%,许多账务问题得以圆满解决,为加快货款回收创造了条件。

(4) 实行大集团合作与开放战略,内统外合。

西山煤电集团有焦煤、肥煤、瘦煤等多个品质的煤种,优质强黏煤产品硫分低、黏结性强、发热值稳定,是大型焦炉用煤的理想原料,在大钢铁企业的生产中是不可或缺的高炉配煤,赢得了大型钢铁企业对山西焦煤的青睐,2001年以来,集团与德国鲁尔集团、日本新日铁、韩国浦项、宝钢、鞍钢、首钢、武钢、华能等80多个国内外大公司结成了紧密型战略合作伙伴关系;与世界500强的国际大公司开展了多方面合作,在技术引进、合作制造、科研攻关、人员培训等方面都迈出了实质性步伐。同时,还先后与省内多家民营企业在焦化、煤矿联营等方面进行了合作,以收购兼并、要素管理等形式实现资源和规模扩张。大集团对外开放取得了很大的进步。

### 三、集约化物流管理和集约整合营销的社会经济效果

集约化物流管理和集约整合营销社会经济效果显著,显示出了大集团在市场竞争中的整体优势和规模效益。

1. 实现煤炭企业的集团化、规模化发展

西山煤电确立整合营销策略,实施统一销售一体化管理,有利于推动大集团运作,提高市场集中度,改善交易条件,增强议价能力,增强企业的市场竞争力;有利于资源合理配置和优势互补,确保合同兑现,拓宽市场边界,提高服务用户能力;有利于企业横向联合,纵向联盟,形成稳定的市场结构,提高抵御市场风险的能力,促进产业链的可持续发展;有利于推动和实施用户一体化发展战略,与用户形成互为市场、共赢发展的良性循环;有利于产生"西山煤电"品

牌的联动效应,增强企业的凝聚力和向心力,促进区域经济的发展和社会稳定,对于煤炭企业的发展有重大的理论和实践意义。

2. 合理配置企业资源,优化企业组合,提高企业经济效益

整合营销体系通过内部一体化,加强了企业内部的管理,统一使用所有资源,并注意各部门、各环节的协调一致,从而加大了资源的利用率,减少了企业内部的消耗,降低了企业的经营成本,有利于提高企业的经济效益。同时,西山煤电整合营销的实施也有利于煤炭企业外部的整合。通过对外一体化,有利于合理的利用外部资源,优化企业外部环境,减少企业外部的不经济,也有利于提高煤炭企业的经济效益。

3. 形成统一有序的产品价格体系和快速联动的价格反应机制,提高产业集中度和市场集中度,实现煤炭产品效益最大化

在大集团战略选择上,综合考虑西山煤电煤炭产品的特性,统一制定形成了煤炭产品价格体系,逐步达到确保同品种、同制级、同地区价格一致,并从体制上建立由领导决策组、专家论证组、市场调研组几个层次的及时灵敏、快速反应的立体闭路价格调节机制。实现煤炭产品效益最大化,不断提高公司自我积累和自我发展的能力。

4. 企业更好地满足消费者的需求,实现企业的可持续发展

可持续发展是企业未来营销的主流,也是未来企业经营目标。煤炭企业要发展,就必须得到消费者的支持。企业的市场营销活动是企业经营活动的中心,如何赢得消费者,与企业的战略、策略、管理、人才及内外关系等紧密相关,整合营销所倡导的一体化、组合化、优质化的营销理念,就是主张为消费者提供更为完善的服务,协调企业与消费者之间的关系。同时,通过内外一体化,减少成本,提高为消费者服务的水平,更好地满足消费者的需求,企业也在服务消费者的过程中,不断地发展壮大。西山煤电集团的整合营销体系在这一方面给我国煤炭企业也带来了一些有益的启示。

5. 企业上下各层次和各个部门的集约整合,最大限度地发挥煤炭企业大集团作战的优势

整合营销策略,使企业各部门相互配合、相互协调、相互保证、相互制约。从职能和活动内容上看,整合各部门活动实际上就是整合企业的经营活动,使企

业的供产销相互衔接。生产、销售、财务、人事、技术、设备、质量、后勤活动相互协调、相互保证；从战略的高度看，整合各个部门活动的同时也是正确处理全局与局部关系的重要手段，使各部门的活动服从和服务于企业的方针和大局，从而最大限度地发挥煤炭企业大集团作战的优势，实现企业的跨越式发展。

## 第八节 二、三级集约化管理——分公司—矿（厂）集约化管理

### 一、矿（厂）的集约化管理主要内容

西山煤电集团公司在对二级经营单位即下属分公司进行高度集成集约化管理之外，对其三级的经营单位实体实行了集约化管理。三级经营单位主要的核心单位，矿（厂）的集约化管理主要包含三个方面的内容，或者说是从三个方面对原本分散化的管理体系进行了系统集成，构建起了高度集成化的集约化管理模式。

一是将不同生产单位（厂、矿）共同具有的生产辅助与生活服务业务集中起来，由分公司分别成立相应的机构进行统一管理，从而构建起了集中管理、分散布点的辅助与服务体系，避免了机构和人员的重复设置。这一方面的集成管理可以称之为业务组织的系统集成化或企业组织体制的集成化。

二是在设备技术配套集成的基础上，借助于计算机网络系统，通过对生产系统进行优化，将分散的管理点汇集到一起进行集中统一管理，从而减少了许多中间环节，使企业生产系统的各个子系统及生产的全过程直接处于中央控制机构的统一监控之中，大大减少了管理协调工作量，管理及辅助服务人员因此而成倍减少。这一方面的集成管理可以称之为生产运作过程的系统集成。

三是在上述两方面集成管理的基础上，通过建立先进的计算机信息网络系统和大规模管理软件系统的开发应用，实现整个企业运行的集成管理。

上述三方面集成都是经营单位内部的集成（Intra-enterprise Integration），是按照一定的目标和规则，借助于一定的技术手段，对企业自身管理资源、能力、对

象等通过整合、重组、优化,以促进企业组织体系、生产过程等系统功能的提高。

## 二、生产矿组织集成管理模式

西山煤电集团的分公司业务组织集成管理的内容具体来讲就是实行了"公共管理集约—精细化",将企业全部业务按性质划分为生产、生产辅助、多种经营和公共服务事业,将原本交织在统一系统中的业务分离开来,组建成相对独立的组织体系,各自独立运行,相互之间按照市场机制发生关系。生产矿只负责煤炭生产,准确地说是只负责煤炭生产过程中的采掘、洗选和装车发运环节,变成了纯粹的生产单位,相当于工厂里的车间;为生产一线提供物资供应、设备维护检修、生产用电等服务的生产辅助环节从各生产矿分离出来,由公司成立专门机构集中统一管理,为此公司设立了总机厂、机电管理中心、热电厂、物资供应处和运销处等单位,向上归口集成为集团公司的集约化系统,将与主业相关、社会性强的非煤产业如建筑安装、工业生产加工、建筑材料制造、商业贸易等十多个门类的二十多个经济实体统一纳入多经公司管理,独立核算,自负盈亏,成为与煤炭生产并行的经济体系;将具有社会服务性特点、提供公共产品的机构如生活中心、文体中心、教育培训中心、医院、给排水管理、环保绿化、社保及离退休职工管理等从生产矿分离出来,使其产业化,为矿区提供有偿服务,为此成立了公共事业发展公司,分公司集约化管理脊椎结构,如图 8-8 所示。

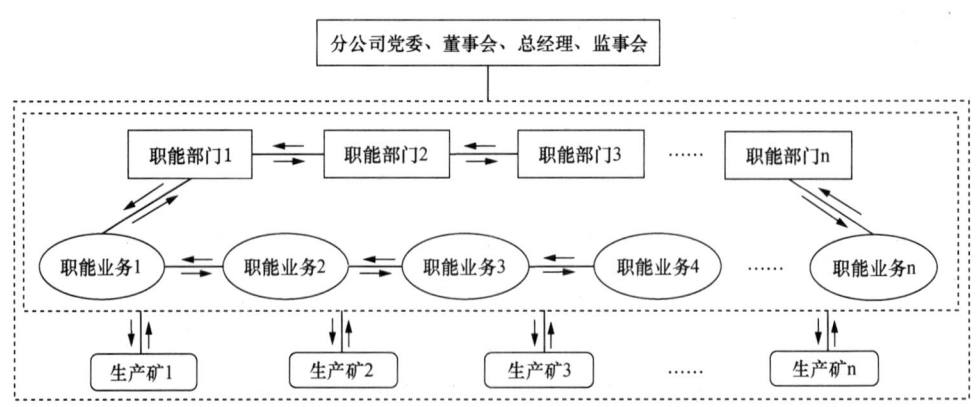

图 8-8 分公司集约化管理脊椎型结构

## 第八章 西山煤电集团的八大集约——精细化管理体系

由于生产辅助、生活服务、非煤产业等业务从生产矿分离了出来，相应地也就大大减少了生产矿的管理环节、管理内容和各项管理工作的任务量，为扩大管理幅度，减少管理层级，将原来相对分散的管理职能重新集中和上移成为可能。在生产矿一级，相应减少了许多职能管理部门和辅助性的业务部门，矿一级不仅大大减少了职能管理部门的数量，而且其职能也大大弱化了，将许多职能管理工作上移至了公司。通过加强公司各职能部门对生产矿的管理服务职能，实行更加科学化、系统化、集约化和规范化的管理，使各生产矿职能管理部门的规范、协调等职能得到简化，最终实现了组织结构的扁平化和管理人员的精减。取消了矿一级领导与生产一线之间的中间层，使过去复杂庞大的组织结构变得简约，形成了脊椎组织结构特色。

经过业务分化重组及组织机构调整以后，公司的组织结构也就不再是传统的直线职能制和事业部制的结合，而是发生了根本的改变。分集团公司变成了管理中心，职能管理职能大大加强。各生产矿仍然具有事业部性质，但其内部的职能管理职能已大大弱化，名义上虽然还具有各种职能管理职能，实际上仅剩一些操作性事务。这种组织结构更加接近于矩阵制结构，或者说是事业部制和矩阵制的有机结合的脊椎型组织结构，可以说是西山煤电集团公司的一大创新。因为脊椎型组织结构既不同于典型的以横向的产品经理与纵向的职能经理之间权利平衡为特征的矩阵式结构，也不同于其两种主要的演化形式——职能式矩阵组织和产品式矩阵组织，而是一种独特的事业部式组织。这种结构既很好地适应了煤炭企业生产场地高度分散（两个矿之间的距离往往相距几十公里）且具有隐蔽性，生产系统复杂多变的特点，使各生产矿保持了相对完整的组织管理体系；又避免了组织机构、岗位及人员的重复设置，使集团公司对各生产矿的组织与协调能力大大增强。实践证明，这种组织结构是非常有效的。

### 三、管理机制与实施效果

对于从生产矿分离出来的辅助服务、生活后勤、非煤产业及其他业务工作，则在公司一级通过重组，形成了多个专业化的公司或业务中心，包括多种经营公司、公共事业发展公司、总机厂、机电管理中心、热电厂、物资供应中心和运销处等，这些公司和中心具有事业部的性质。它们的业务都覆盖集团公司下属的所有生产矿及其他有关部门,其组织形式类似于网络结构,即管理职能及基本的生产加工活动集中在公司层,业务点主要分布在各生产矿。通过计算机网络及其他现代通信手段和交通工具,有效地实现了对高度分散的业务活动集中进行远程组织、协调与监督控制,取得了良好的规模效益。"公共服务集约化管理"与业务组织集成,如图8-9所示。

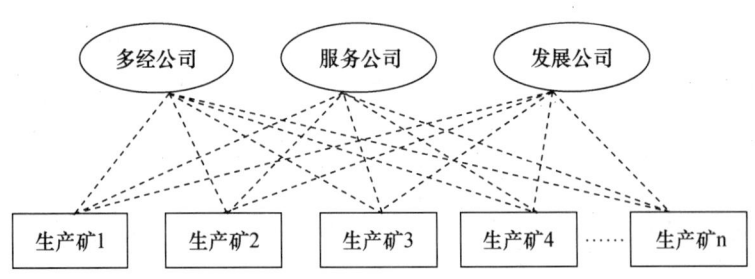

图8-9 "公共服务集约化管理"与业务组织集成

将辅助服务、生活后勤等从各生产矿分离出来,并按各种业务的性质进行了系统重组,重新构建了精干的组织运作体系,使"四条线"都形成了独特的优势,"四条线"之间则形成了优势互补的局面,从而产生了组合放大效应。

而在进行业务分解和系统重组的过程中,一方面,消除了生产矿在辅助服务、生活后勤等业务组织与管理的薄弱环节,实现对各生产矿的"减负";另一方面,通过"减负"使各矿的组织运作体系更加精干,能够将精力集中在煤炭生产上,使煤炭生产得到了加强,又达到了"增正"的目的。并且通过将生产辅助和生活后勤服务集中由专门的单位和部门进行经营和管理,提高了管理的专业化水平,扩大了各个专业经营机构的业务规模,减少了管理机构和人员,大大降低了运作成本,使原来各矿的负担变成了有关部门效益的源泉,对全公司来讲无疑也具有"增正"效应,取得了巨大的经济与社会效益。

### 四、运作过程集成管理模式

西山煤电集团的分公司运作过程的集成管理首先是对生产过程组织运作管理的集成化。煤炭企业传统的高度分散的管理模式是由管理点的高分散性特征决定的，而煤炭企业管理点的高分散性则是由煤炭生产的多系统、多环节、大范围、高隐蔽性及高分散性决定的。因此，要克服管理模式上的高分散性，实行集成管理，就必须克服煤炭生产系统的这种局限性。一方面，必须尽可能简化生产系统，缩小生产系统的分布范围，减少生产运作环节，减少管理点的数量；另一方面，必须使高度分散且高度隐蔽的管理点集中起来并且透明化。要做到这一点，单纯进行组织变革显然是不行的，必须先进行技术集成，通过技术的集成创新，实现生产系统的简化，减少生产运作过程中的不确定因素，提高系统运行的稳定性和可靠性，在此基础上通过计算机网络技术和自动控制技术，实现生产过程组织运作的集成管理。为此，西山煤电集团的分公司从设备技术、生产工艺构架和生产组织模式三个方面进行了集成创新。

1. 设备技术及相关资源的配套集成

各分公司立足于世界采煤技术的最新发展水平，根据煤田地质条件和自然资源状况，全部选用世界上技术最先进、性能最优良、能力最强的采、掘、运、洗选加工和装车发运设备，并通过以下措施，实现了设备技术及相关资源的配套集成。从技术与组织上对设备系统进行优化；结合世界采矿装备技术的新发展，不断进行设备改进与优化升级；建立全方位综合自动化系统，使设备系统运行及监控适时化，提高各种设备及设备系统不同环节间协调运行的水平或集成度；建立以设备综合管理为主要内容，以工单为核心的设备资产全寿命管理系统——企业资产管理系统（EAM），使设备始终处于良好和受控状态，以保证整个系统稳定、可靠地运行；通过优化引进配件计划管理，在矿区建立保税库，与国内先进专业厂家建立协作关系以推进进口设备整机和配件的国产化等，建立起高效率的配件供应系统；通过合作大修、合资或独资建修理厂、委托修理等多种形式，充分利用国内外专业技术资源，建立起高度专业化且与企业设备更新升级同步发展的设备维修网络体系，为企业生产系统稳定、可靠和高效率运行提供强有力的技术支持。

2. 生产工艺系统的优化创新

（1）改变井田布置模式，简化生产系统，提高系统生产能力和绩效水平。

首先结合煤层赋存条件，主要大巷均布置在主采煤层中，由一条主运输大巷、一、二条辅助运输大巷和一条回风大巷组成，大巷与井筒直接相连。这样，不仅取消了投资巨大的井底车场，而且不需要开拓大量的永久性联络巷，减少了许多中转环节。其次,改传统的多盘区布置、多工作面生产模式为条带式布置、单一工作面生产模式,并不断优化综采工作面推进长度,由传统的几百米延长到6000~7000米,不仅大大缩小了生产系统的分布范围,简化了工作面准备工作,减少了巷道掘进量和生产运作环节,工作面搬家次数大大减少,综采设备的运转率大大提高,使先进技术装备的潜力得到了充分发挥,而且大大提高了生产系统的稳定性,减少了管理点。

(2) 革新采掘工艺。

采用先进的连续采煤机、提高采掘工作效率和采出率。采用采掘一体化采煤工艺,不仅减少了生产设备使用量,简化了生产系统和地面设施,缩短了矿井基建周期,而且工作面布置受地质构造影响小,工作面搬家速度快,使矿井生产组织更加灵活,可实现生产的即进即退,能采则采,不能采则退。当市场运销好时,可以集中精力采煤;当外销不畅时,则集中精力掘进煤房,以实现经济效益的最大化。

(3) 采用国际上最先进的辅助运输方式。

该方式将辅助运输系统由传统的轨道车运输改为无轨胶轮车运输,采用一进一回两条混凝土铺底、单线布置的辅助运输巷,车辆运输速度可达30千米/小时。在巷道开拓上,突破了尽量缩小巷道断面以降低开拓成本的传统思路,采用大断面巷道,以提高巷道通过能力,实现了辅助运输的快速化,不仅大大缩短了人员及辅助材料、设备等的运输时间,提高了辅助运输工作效率,而且减少了辅助运输系统的维护工作量和辅助人员使用量,降低了辅助运输成本。传统的轨道车运输所需辅助人员常常占到生产人员的1/3,而且运输费用高,占煤炭生产成本的近1/3。而胶轮车运输由于可以从地面直接开车到工作面,基本上没有中间环节,管理维护工作量很小,几乎不需要专门的辅助运输人员,吨煤辅助运输成本最少。并且,无轨胶轮运输速度快,特别适合长距离运输,更能满足规模化生产的需要。井下生产人员到工作面及从工作面回到地面,也不再需要长距离负重步行,乘坐胶轮车只需10分钟时间。

在此基础上还建立起了工作面快速搬家系统,使用全套引进的大功率、安全性能最好的支架搬运车、多功能运输车等特种车辆,由公司组建的专职搬家准备队负责全公司各生产矿井综采工作面的回撤、安装及调试工作,并负责所有特种车辆的使用、维护与保养,使工作面搬家时间由过去的一个月左右缩短到十天左右。

3. 革新生产组织模式,增强生产系统持续、稳定运行的能力

在对先进技术装备进行配套集成的基础上,通过对矿井布置模式、采掘工艺和辅助运输系统的革新,为矿井生产系统高强度、高效率生产奠定了装备及工艺技术基础。但是,如果没有与之相适应的生产组织模式,生产系统持续、稳定地高强度、高效率运行就没有保证。为此,公司还从以下两个方面革新了生产组织模式。

(1) 对作业时间的组织方式进行了革新。

由传统的三班生产一班准备改为全天集中生产 22 小时,2 小时检修,检修时间以综采队停机(交接班时间)为重点,以确保有效生产时间。作为配套措施,在设备管理上利用 EAM 系统,对设备进行全寿命状态跟踪管理,并实行"点检制"和"强制保养制",每个生产班配备一名业务精、技术好的点检员,及时排除生产中出现的一般故障,全面掌握生产中设备的运行情况,及时填写设备运行档案,监督生产班检修项目的执行情况,规范操作人员的行为,以便于根据点检记录安排和调整集中检修计划和材料配件领用计划。同时,各生产班根据每日产量安排设备的日常维护与保养,利用交接班的一小时,对设备进行标准化、程序化的强制保养,使设备始终在良好的状态下运行。同时,公司还对设备保养及检修所需配件实行 24 小时统一派送服务制度,及时将各单位所需零配件送到工作现场。

(2) 对生产运作管理模式进行革新。

生产动作管理模式革新后增强生产系统的稳定性和可靠性。传统的煤炭生产管理模式都以采掘为中心,机电管理被置于辅助地位,服从和服务于采掘的需要。但对于这种技术装备世界一流,生产系统各环节高度集成化的矿井,机电设备的完好程度和运行的稳定性和可靠性就成了制约生产效率的决定性因素。为此,公司在不断探索的基础上,逐步形成了以机电设备管理为龙头的生产运作管理模式,建立了矿、队、班三级管理机构行政一把手作为第一责任人亲自抓机电设备管理的职责体系,对各种主要生产设备实行"点检制"和强制保养制度,实现了设备运行的动态监控,尽可能将生产系统的事故率(或故障率)降到最低水平,使各个管理点处于透明、可控的状态,从而极大地减少了各种事务性的巡视、检查、事故处理以及业务协调工作。

# 第九章　西山煤电集团管理创新社会、经济效益评价

近几年，面对国内经济增速回落、煤炭市场弱势下行的不利局面，西山煤电集团公司挖掘管理潜力，以新资源管理模式为抓手，运用新的资源管理理论和方法取得了骄人业绩。

作为煤炭开发型大企业集团，西山煤电集团在研创资源开发的煤炭产业循环经济、大型煤炭企业集团精细化管理、煤炭资源整合、稀缺煤炭资源保护性开采战略管理创新等领域做了大量卓有成效的探索，形成了大型煤炭企业经营管理经验和模式，促进了公司的快速发展，实现了大集团经济总量与经济效益同步扩张，给集团带来了巨大的社会与经济效益。西山煤电集团企业内部管理与外部环境同步改善，集团公司积极性与子（分）公司积极性同步发挥，产业结构调整与提高经济运行质量同步发展，精神文明建设与物质文明建设同步推进，并在企业提效益、压开支、降成本、挖潜力、争资金等方面取得了良好的管理效果。2013年原煤产量4676多万吨，比山西焦煤考核指标增加202多万吨；电力行业在连续亏损7年后一举扭亏，实现盈利1.8亿元；焦化产业吨焦成本同比降低423.17元，焦化全年减亏1.2亿元，取得了巨大的管理、经济、环境与社会效益。

# 第一节 西山煤电集团管理创新取得管理效果

1. 管理体制得到集约化整合

自集团推行企业精细化与集约化管理以来，完善了集团法人治理结构，制定了董事会、党委会、经理层职责和议事规则，明确了集团公司与子（分）公司的管理体制、管理序列和运行机制。对子（分）公司，集团公司以资本联结为纽带，行使资本受益权、重大决策权和选择管理者等权利，明确了"子公司为利润中心，生产单位为成本管理中心"的"二、三级管理"体制，推行了"责任法人制度"，确定集团公司所属各个单位、各部门为责任主体，定期进行严格的责任考核。同时，集团内部整合销售体制，实行集中统一管理、统一调配、一致对外，使西山煤电的品牌形象大幅提升。

对西山煤电集团全面实施集约与精细化管理，创新与改进一种新的组织结构模式——集约化脊椎结构，依据战略、财务和运作管理与控制的模式，对集团一、二级管理层次实施战略集约化管理，对主要业务流程进行了集约化管理创新。通过管理体制的集成整合，使各家之长迅速成为大集团之长，填补各家之短。因此，集团管理体制得到大整合，管理效率大大提高，综合优势成了一个新的经济增长点。

2. 生产规模取得跨越增长

西山煤电集团实行资源开发管理创新战略，深入贯彻落实科学发展观，优先做大做强煤炭主业，积极发展相关产业，联合参股上下游企业，放开搞活其他行业，使煤炭产量屡创新高，产业链条不断延伸，文明和谐建设取得了长足进步。同时，"煤—电—材"、"煤—焦—化"链式产业集群累积效应逐步显现，成功转型为以煤为主，跨地区、跨行业，产权多元、产业多元、产品多元的新型现代企业，集团生产规模取得了大跨越发展。

西山煤电集团的循环经济产业与煤炭生产主业相得益彰，和谐与协同发展。2010年，原煤产量完成4606万吨，精煤产量完成1808万吨，发电量完成47.6

亿度，焦炭产量完成 359.8 万吨，水泥产量完成 53 万吨，销售收入 330 亿元，利润 35 亿元，在岗职工人均收入 56891 元。截至 2010 年底，共有职工 81166 人，资产总额 521 亿元。

2011 年实现原煤产量 4920 万吨，力争突破 5000 万吨，精煤 1950 万吨，力争突破 2000 万吨，发电量 93.8 亿度，焦炭产量 508 万吨，销售收入 435 亿元。

2012 年 6 月以来受煤炭市场弱势运行的影响，完成原煤产量 2794 万吨，洗精煤产量 1342 万吨；焦煤产量与计划持平；发电量 124.03 亿度。主营业务收入 3066298 万元，相比上年同期 2984764 万元，增加了 81534 万元，增幅 2.73%。

2013 年全年再次实现安全"零"目标；生产原煤 4676.5 万吨，比考核指标增加 202.5 万吨；精煤 1883.3 万吨，比考核指标增加 53.3 万吨；销售收入 865 亿元，比考核指标增加 115 亿元。

2014 年西山煤电集团的工作总体思路是稳中求进，以质量效益为中心，以改革创新为动力，坚持"34811"工作目标，正确处理好应对危机和长远发展的关系，守住安全、环保、稳定的红线，保住生产不停、资金不断、工资正常发放的底线，坚定信心，迎难而上，为实现千亿集团的"西山梦"而努力奋斗。

3. 集团产业结构得到调整优化，产业转型发展得到促进

西山煤电集团坚持走循环经济、绿色经济的资源开发和协发展模式，大力发展以煤炭深加工为主的产业链和产业群，不断增加煤炭产业的附加值。集团投入大量资金对选煤厂进行大范围建设和大面积技术改造，配采、配洗、配煤、配销，产品结构更加科学合理，经济附加值大幅提升。电厂的建设力度不断加大，古交电厂成为我国目前最大的燃用洗中煤坑口电厂，可实现产业联动、优势互补和资源综合利用，大集团产业结构得到大调整。以古交电厂和汾阳焦化园两个循环经济产业园区为龙头，连同西山热电厂、太原选煤厂矸石电厂、杜儿坪矿瓦斯发电站、东曲矿瓦斯发电站等循环经济项目，西山煤电实现了由"资源—产品—废物排放"的线性物流模式向"资源—产品—废弃物再生资源物质循环"模式的成功转化，走在了全国煤炭行业前列。西山煤电集团发展循环经济、构建节约型煤炭集团的和协模式被称为循环经济"西山模式"。

西山煤电集团先后被授予"全国五一劳动奖状"、"全国思想政治工作优秀企业"、"全国模范职工之家"、"全国五四红旗团委"、"全国安康杯竞赛优胜企

业"、"国家职业卫生示范企业"、"煤炭工业科技进步先进企业"、"特级安全高效矿井",特别是2009年以"循环发展、清洁生产"的突出成绩,获得"联合国清洁煤技术示范企业"荣誉称号。

4. 集团技术进步得到发展,技术创新体系已经形成

西山煤电集团实现开采技术的精细化开采的管理模式。以古交矿区稀缺优质煤炭精细化开采综合技术为代表的技术与管理集成创新体系,该体系集薄煤层开采的刨煤机、螺旋采煤机、钻煤机、无人工作面开采和中厚煤层轻型支架放顶煤采煤机开采、复合铝土泥岩条件下中厚煤层开采等先进设备和绿色开采清洁生产的煤柱回收、"三下"开采、沿空留巷"Y"型通风、厚煤层错层位巷道布置无煤柱开采、边角煤开采、不规则煤柱及块段高效开采、煤矿残采区遗弃资源回采等技术集成创新,该体系创造了我国采煤回采率95%新纪录,打破了薄煤层开采的0.8米技术极限,累计共多回采优质煤炭5600万吨,产生巨大的技术、经济、环境和社会效益,同时创造了领先世界的薄煤层开采技术,推动了我国采矿技术的发展与进步,为我国稀缺优质煤炭精细化开采提供了工程与技术示范。

在煤的综合利用开发方面,创新先进的精洗精选技术,如"西山矿区多煤种不同可选性烟煤的高效分选工艺研究"、"无压三产品重介旋流选煤技术"和"快开式隔膜式压滤机"等先进技术,以及"表面改质机+微泡浮选机为核心的浮选工艺"、"酸性高泥化煤泥水处理"、"焦精煤快速装车取样系统"等一系列技术。工业园区污水处理系统采用"撇油预沉调节+絮凝反应+斜管沉淀+砂层过滤(水力自动反洗)+加药消毒"工艺。工业园区研创自动化综合配煤技术,古交配煤厂是目前国内工艺先进、规模最大的配煤厂,年设计配煤能力540万吨,自动化程度高、运行可靠,整个配煤、运输、取料全部集中控制,自动完成。取料机是目前亚洲最大的桥式刮板混匀取料机,处理能力达到1500吨/小时,堆取方式采用水平分层堆放、全断面取料,堆煤层可达123层,混均程度高,均化比可达到0.6。集成先进发电技术,古交发电厂是全国最大的燃用洗中煤坑口电厂,规划装机容量为3000兆瓦,电厂具有燃用中煤、高效脱硫、直接空冷、中水复用、GIS组合开关、封闭式储煤配煤等特点。是一个科技含量高、经济效益好、资源消耗低、环境污染少的新型发电企业。

工业园区研发清洁型焦炉余热发电技术,使单一的炼焦变为焦电联合生产,实

现节能减排、清洁生产，保护环境；降低了焦炭的生产成本，提高了企业经济效益。

工业园区采用先进的炼焦装备和工艺，新技术焦化厂，焦炭生产设备为QRD-2000型清洁型热回收焦炉。设计焦炭年生产能力为60万吨冶金焦。燃烧产生的热量除部分供焦炉焦炭生产外，其余以热烟气形式排放。焦炉完全达产后，每小时热烟气（1050℃）排放量为38.4万立方米，实现每小时128.86吉焦的热量损失综合利用。

工业园区综合开发煤层气综合利用新技术煤层气地面抽采、瓦斯发电技术、乏风氧化技术；粉煤灰综合利用技术：粉煤灰加气混凝土砌块技术、粉煤灰陶粒技术、高掺量粉煤灰复合水泥工艺。

西山循环经济园区各产业链节点的先进技术集合，形成了强大的园区集成创新技术体系与管理创新体系。该集成创新体系为园区产业链的良好运行和产生巨大的社会经济及环保生态效益提供了可靠的技术支撑，推进了大集团技术进步。

5. 集团管理水平得到提高

目前随着精细化管理的不断推进，西山煤电集团各个管理环节更加科学高效。经过精细化管理的锤炼，企业管理水准大为提升，经营活力不断焕发。

集团坚持"管理、装备、培训并重"的原则，不断完善了以"一个标准"、"两个计划"、"两个办法"、"四项制度"为主要内容的安全管理制度和"舆论引导、警示提示、现场教育、业余帮教、技能培训、干部示范"为支撑的安全文化体系，有力地保证了安全生产的巩固和加强。西山煤电百万吨死亡率连续六年控制在0.15以下，安全生产达到了国际先进水平。

集团坚持"效益优先、兼顾公平、按效分配"的原则，充分发挥导向调节作用，让各种生产要素参与分配，推进了管理人员、技术人员、技术工人三个系列的人才建设。全部生产矿厂引入ISO9000质量管理体系，在有条件的矿井推进ISO14000环境管理体系。

在企业当前面临沉重经营压力的情况下，集团推进精细化管理这个管理手段，进行节支降耗、提升效能。2013年针对精细化管理精神推出了《加强经营管理的二十条规定》，成为精细化管理的强力举措，具体内容包括矿井、选煤厂、电力企业增量增效益，五麟煤焦公司、煤气化公司及多经三产、机电修造等地面生产单位要减亏，严控成本费用支出，强化内部银行贷款和内部欠款管理，严格现金流管理等。根据规定的要求,各部门各单位要层层分解指标、明确责任、落实考核,从人员、体制、素质等各方面与同行业先进企业对标,大力推行内部市场化精细管理,提效率、降成本、堵漏洞。部分单位已经制定了具体的管理办法和措施,取得了明显的经济效益,实现精细化管理目标。

6. 集团企业文化得到融合,集团职工生活得到改善

坚持广泛开展大集团大公司意识的教育,在全体干部职工中进行以"大集团、大公司、大发展"为主题的大讨论,使广大干部职工逐步树立了建设具有国际竞争力的大企业大集团的主流价值观。坚持深入实施"素质工程"、"阳光工程"、"温暖工程",为加强企业文化建设提供充实的内容和丰富的载体。坚持广泛开展企业理念的宣传灌输和企业视觉标识规范应用,坚持宣传"以人为本、以法治企"的核心价值观,"精心管理、精打细算,精工操作、精益求精"的工作理念等价值体系。企业名称标识应用广泛,对外形象明显提升。大集团企业文化得到大融合,大集团的归属感日益增强。

在企业效益增长的同时,职工人均年工资收入水平逐年增长,2007年以来,在岗人均工资达到34968元,比组建前净增26396元,是组建时的3.08倍。大幅度提高井下一线工人的待遇,井下一线职工年平均工资达到了37490元,是组建时的4.5倍。企业累计拿出86亿多元为职工支付养老保险、医疗保险、失业保险、工伤保险、住房公积金等。新增职工住宅面积557242平方米,10000户棚户区职工迁入新居。新建工业广场和花园面积163238平方米,投入10亿元改善矿区环境并完成了矿区大量的水、电、气、暖改造工程,矿区的人居环境发生了很大的变化。职工享受到了集团发展带来的利益,生活得到大的改善。

不断加大文明创建力度,积极组织开展"文明单位"、"文明家庭"、"文明小区"创建活动,文明单位、文明小区的数量逐年递增,职工的文化活动阵地和活动设施有了明显的改进和提高。中央电视台"同一首歌"和"心连心"节目组曾专程到西山矿区进行慰问演出,得到了社会的普遍关注和一致好评。坚持"依法治访、以情息访、制度包访、领导包案、责任追究"的工作思路,制定并落实安全稳定工作责任制、重点工作包保责任制、失职渎职责任查究制、重大问题否决制,传递了压力,落实了责任,信访工作不断加强,取得进展,形成了党委领导下全体职工共创、共建、共享"和谐西山"的良好局面。大集团和谐稳

定得到大巩固，呈现出人气旺、士气高、市场和谐、社会效益稳步提升的良好发展态势。

## 第二节 管理创新经济效益

### 一、整体经济效益情况

随着西山循环经济园区产业链条的完善和建设规模的扩张，其营业收入和利润都有了大幅度的提高。2007～2011 年，营业收入分别为 78.02 亿元、132.55 亿元、123.37 亿元、169.42 亿元和 303.72 亿元；税后利润分别为 12.86 亿元、29.59 亿元、22.29 亿元、26.44 亿元和 28.15 亿元。集团公司营业收入累计 807.08 亿元，利润总额 119.33 亿元。

2012 年通过"主业增量增收、经营减亏提效、物流贸易壮大、新兴产业做优、建筑板块做强、机电修造提升、并购步伐加快、矿区扩张加速"八轮驱动，吨煤成本在山西省煤炭集团中保持了最低水平，成功化解了煤炭市场危机，实现销售收入 640 亿元，为实现收入三年过千亿元战略奠定坚实基础。

2007 年始，资源开发的创新管理——循环经济开发模式建设效果初步显现，2007～2011 年营业收入呈明显上升趋势。

2008 年 9 月起全球金融动荡使得世界经济同步放缓、国内外市场需求下降，主要耗煤产业产品产量或价格下降等因素使得煤炭需求迅速减少，我国的煤炭行业不可避免地受到了冲击，阻滞了煤炭经济的发展。企业利润由于受到经济危机影响，在 2009 年有所下滑，但在近两年经济形势仍然艰难的情况下，西山煤电集团依靠循环经济项目的建设和投产，企业利润依然逆势而上，体现了资源开发管理创新的循环经济模式的优势。

### 二、优化调整产业结构

2007 年，西山煤电集团积极调整产业结构，落实循环经济发展战略，实践循环经济,积极发展非煤产业,以古交电厂、五麟煤焦公司为关键节点,古交配煤厂、屯马自营铁路等项目配套运行的"煤—电—材"、"煤—焦—化"链式产业集群的综合效益开始显现。2007年,煤炭产业产值66.39亿元,非煤产业产值实现11.63亿元;在非煤产业中,电力热力产值10.55亿元,其他1.08亿元。2008年,煤炭产业产值119.65亿元,非煤产业产值实现12.90亿元;在非煤产业中,电力热力产值11.82亿元,其他1.08亿元。2009年,煤炭产业产值108.35亿元,非煤产业产值实现15.02亿元;在非煤产业中,电力热力产值12.21亿元,煤气产值0.04亿元,焦炭产值0.88亿元,焦油产值0.05亿元,建材及化工产值1.84亿元。2010年,煤炭产业产值149.94亿元,非煤产业产值实现19.48亿元;在非煤产业中,电力热力产值11.94亿元,煤气产值0.07亿元,焦炭产值4.12亿元,焦油产值0.1亿元,建材及化工产值3.25亿元。2011年,随着循环经济效果显现,公司生产能力增强,各产业产值大幅增长,煤炭产值达到172.53亿元,非煤产值达到131.19亿元;非煤产值中,电力热力产值25.40亿元,同比增加112.78%;焦化产值100.54亿元,同比增加2249.07%。

# 第十章　西山煤电资源开发与企业管理创新模式经验总结与决策参考

作为煤炭开发型大企业集团，西山煤电集团研创资源开发的煤炭产业循环经济、大型煤炭企业集团精细化管理、煤炭资源整合、稀缺煤炭资源保护性开采战略管理创新等领域做了大量卓有成效的探索，形成了大型煤炭企业经营管理经验和模式，取得了巨大的管理、经济、社会与环境效益。但面对近几年国内经济增速回落、煤炭市场弱势下行的不利局面，集团需要不断地创新管理理论，运用新的资源管理理论和方法，在提效益、压开支、降成本、挖潜力、争资金方面不懈努力，保证企业在危机之中稳步前进、持续发展。

总结目前的管理经验，根据企业现状和面临的形势，提出几点管理方略建议，用于决策思考。

## 第一节　坚持资源开发的循环经济创新管理模式，实现煤炭产业的转型

在当代中国，坚持发展是硬道理的本质要求就是坚持科学发展。以科学发展为主题，以加快转变经济发展方式为主线，是关系我国发展全局的战略抉择。要适应国内外经济形势新变化，加快形成新的经济发展方式，把推动发展的立足点转到提高质量和效益上来，着力激发各类市场主体发展新活力，着力增强创新驱

动发展新动力,着力构建现代产业发展新体系,着力培育开放型经济发展新优势,不断增强长期发展后劲。习近平主席也指示:要充分利用国际金融危机形成的倒逼机制,积极推进产能过剩行业调整,坚决遏制产能过剩和重复建设。要把使市场在资源配置中起决定性作用和更好发挥政府作用有机结合起来,坚持通过市场竞争实现优胜劣汰。同时,要推动战略性新兴产业发展,支持服务业新型业态和新型产业发展,加快传统产业优化升级,扎实推进产业结构转型。

多年来,传统国有煤炭企业中过分注重煤炭开采,单纯的煤炭采掘和生产占绝对的垄断地位,难以动摇,新兴产业发展曾失去应有的政策支持和发展空间,尚处于艰难的起步阶段,形不成规模优势,特别是煤炭深加工产业链得不到有效延伸,产业附加值少、科技含量低、经济效益差。随着新的市场环境和环境保护、节能减排形势的变化及煤炭资源的锐减,经济增长乏力,发展活力不足和环境污染的矛盾日益显现,并上升为制约煤炭企业发展的主要矛盾。转变经济发展方式,成为实现煤炭企业大集团生存与发展的必由之路。

西山煤电集团在资源开发的管理战略上采取资源、经济与环境协调发展的循环经济开发管理创新模式,建设了"煤—焦—化、煤—电—材、煤—伴生资源(煤层气、铁、铝)"三大产业链;形成了三维立体空间:地下、地面、空间合三位一体全方位循环经济体系与"首—末"端结合全过程治理、"点—线—面"新老矿区结合全系统延拓、"大—中—微"循环结合三结合全面循环经济体系及五大循环经济园区,各产业链节点的先进技术集合,形成了强大的园区集成创新技术体系,为我国节点最多、复杂度最大的煤炭资源型循环经济园区。它的成功实施和建设为我国稀缺资源优质煤炭的保护性开采和综合利用提供了工程示范,具有广泛的推广价值和深远的示范引领意义,也奠定了煤炭产业转型发展的基础。

这种资源开发的先进管理创新模式也提供了转变经济发展方式的契机,应坚持不懈,深入与可持续地发展下去。为此,西山煤电集团应实施如下几点战略。

1. 转变经济发展方式,实现集团科学发展

对于西山煤电集团,其发展战略不仅是做"大",关键是做"强";不仅仅是原有煤矿数量和煤炭产量的叠加,而是要加大对传统产业的技术升级改造和实现产业转型发展。为此应建设循环经济产业链,加快产业结构的优化和经济发展方式的转变,只有这样才能体现"大"的特色,发挥"大"的优势,推动西山

煤电集团成功走出循环经济优化产业布局的集约化道路，实现转型发展。

2. 发挥大集团比较优势，延伸优势产业链和做强产业集群，着力实现"资本循环、劳动力循环、资源循环"三者互动，走出循环经济推进产业升级的特色化道路

西山煤电集团在企业发展和产业布局的过程中，应更加注重资本循环、劳动力循环、资源循环的三者统一互动，更多考虑到企业承载能力、生态承载能力、社会承载能力，更大限度地开发自然资源、创造社会财富、获得经济利润，实现物质集成、能量集成、信息集成三大要素的整合和循环经济的有序发展。

3. 发挥大集团区位优势，加强工业园区和配套基地建设，着力推进"地域化集聚、专业化分工、社会化协作"三大进程，走出促进城乡发展的一体化道路

西山煤电集团应以重点培育"煤炭、电力、焦化"三大产业为"引擎"，以着力发展循环经济为动力，按照产业发展规律，进一步延伸产业链式开发，提升产业能级，推进产业集群化发展、专业化分工、社会化协作的实践进程。实现企业产业的成功转型发展。

## 第二节 稀缺优质煤炭资源保护性开发技术与战略管理创新发展

**一、坚持稀缺优质煤炭资源保护性开发技术集成管理创新**

要实施在西山煤电集团的技术与管理创新驱动发展战略。科技创新是提高生产力的战略支撑，坚持走自主创新与集成创新结合的特色创新道路，提高原始创新、集成创新和引进消化吸收再创新能力，更加注重协同创新。深化科技体制改革，加快建设创新体系，着力构建以企业为主体、市场为导向、产学研相结合的技术创新体系。

依据古交循环经济园区建设立足于技术高起点的基本原则，在煤、电、化工、冶金和建材项目建设中，采用先进技术、先进设备和先进工艺，积极引进国

内尖端人才和先进技术，加快消化、吸收和创新步伐，各产业链节点的先进技术综合集成，重点开发与完善如下的技术创新体系，形成有知识产权的技术群。

1. 古交矿区稀缺优质煤炭精细化与高产高效开采集成创新技术体系

特别是以古交矿区稀缺优质煤炭精细化开采综合技术为代表的创新体系，体系集薄煤层开采的刨煤机、螺旋采煤机、钻煤机、无人工作面开采和中厚煤层轻型支架放顶煤采煤机开采、复合铝土泥岩条件下中厚煤层开采等先进设备和绿色开采清洁生产的煤柱回收、"三下"开采、沿空留巷"Y"型通风、厚煤层错层位巷道布置无煤柱开采、边角煤开采、不规则煤柱及块段高效开采、煤矿残采区遗弃资源回采等技术集成创新，创造了领先世界的薄煤层开采技术，打破薄煤层开采厚度0.7米的极限，开采了厚度0.6米的薄煤层，并创造了工作面回采率达94%的纪录，为我国稀缺优质煤炭精细化开采提供了工程与技术示范，推动了我国的采矿技术的发展与进步。

2. 稀缺优质煤炭高效综合利用技术体系

继续完善先进的精洗精选技术集成创新：无压三产品重介旋流选煤技术、快开式隔膜式压滤机、表面改质机＋微泡浮选机为核心的浮选工艺、酸性高泥化煤泥水处理、焦精煤快速装车取样系统等一系列技术，进一步提高精煤回收率；完善创新污水处理技术："撇油预沉调节＋絮凝反应＋斜管沉淀＋砂层过滤（水力自动反洗）＋加药消毒"工艺；完善创新先进发电技术：如古交发电厂是全国最大的燃用洗中煤坑口发电厂，其高效脱硫、直接空冷、中水复用、GIS组合开关、封闭式储煤配煤技术；进一步创新清洁型焦炉余热发电技术：该技术是为古交循环经济园区各龙头煤矿产业独特设计，首次使用。该技术使单一的炼焦变为焦电联合生产，实现节能减排、清洁生产，保护环境；完善先进的炼焦装备和工艺。焦炭生产设备为QRD－2000型清洁型热回收焦炉，每小时热烟气（1050℃）排放量为38.4万立方米，实现每小时128.86吉焦的热量损失综合利用；开发煤层气综合利用创新技术：煤层气地面抽采、瓦斯发电技术、乏风氧化技术，推进煤层气综合利用新技术推广应用。完善粉煤灰综合利用技术：粉煤灰加气混凝土砌块技术、粉煤灰陶粒技术、高掺量粉煤灰复合水泥工艺技术，该系列工艺技术先进，综合利用效果好，最终实现产业链末端三级产业群落的闭合。

西山煤电集团必须坚持开发创新自己特点的稀缺优质煤炭资源保护性开发技

术，保持在这一技术创新的领先地位。

**二、推动精细化开采管理体制创新，提供实现资源开发管理模式创新和产业转型基本保障**

当前处理好企业经济效益与环境和生态效益的关系，解决好国家压降产能与企业增产扩能的矛盾，特别是在当前雾霾治理、节能减排新形势下，实现企业效益、环境生态保护与治理效益的最大利益化。这些必须通过提高技术原始创新、集成创新和引进消化吸收再创新能力协同创新，依靠西山煤电集团独特的技术创新与管理创新体系，即稀缺优质煤炭精细化与高产高效开采集成创新技术体系、稀缺优质煤炭高效综合利用技术体系与精细化开采与管理创新体系来实现。同时，这种管理创新体制与技术创新体系是实现资源开发管理模式创新和产业转型的基础与保障，提供实现资源开发管理模式创新和产业转型基本保障，特别是在古交与新开发的矿区，应继续全面推进精细化开采的技术管理创新体系，实施在西山煤电集团的技术与管理创新驱动发展战略。

## 第三节　进一步深化大型煤炭企业精细化与集约化管理模式创新，提高管理效率

西山煤电集团创建资源开发大企业集团的精细化与集约化管理的新模式。在煤炭产业企业组织结构上改变传统的金字塔式结构形式，开展了组织结构扁平化创新，构建起"责任法人"的企业治理结构和产业板块化管理、业务专业化管理和循环经济园区化管理相结合的体制构架。进行大集团集约化管理中人流、物流（销售和采购）、资金流、信息流、技术创新、安全服务等重大业务集约化管理模式创新与实践。

在母子公司重大体制制约下，优先从重大业务事项集约化管理入手，实现管理体制创新，促进管理集约化进程；在结构调整、产业升级、循环经济建设、多元化产业发展大的时代背景下，进行国有大集团的管理模式改革，推行组织结构

扁平化和流程化创新,构建专业化和业务集约化管理和园区化管理体制构架,进行全方位的资产重组和流程再造,实现组织结构与运行集约化管理的根本改造,对管理业务流程的节点——每个经营单位的管理效率和效果进行管控与保障,在经营单元—单位内实行全面精细化管理。对创新大集团的管理模式,集约—精细化管理的模式。

## 一、优化、精简组织机构,进一步提高组织运行管理效率

经过对西山煤电集团的集约型管理创新研究。西山煤电集团组织集团化,实行现代母子公司管理体制,分为集团公司、子分公司、基层矿厂三个管理层级。充分发挥与利用大集团所具有的各种优势,实施集约化管理,三级管理层功能打通,将集团、分(子)公司的相同功能按模块归一,形成全集团公司物资与装备集约化,建立集团物流管理网络;采用资金管理与控制的大集团模式,融资与财务管理集约化管理;技术创新管理体制建设,实现集团技术中心统领各分公司技术中心集约化管理体系;人力资源管理和信息化管理与安全服务管理集约化。

西山煤电集团作为山西焦煤集团的二级管理层——子分公司,实行的集约化管理解决了大集团企业的结构的集约、整合、优化与组合等提高管理效率的问题。

集团的业务流程运行过程中,要保证在各个经营管理单元高效的情况下保证质量与效果,完成其设计的功能、职能,必须要实施全面精细化管理,这点尚需要加强,部分职能部门的精细化管理体系、运行机制、业务流程没有实现精细化;同时,在集团公司、子分公司、基层矿厂三个管理层级的组织结构中,西山煤电集团分(子)公司的组织机构、部门功能设置与一级管理山西焦煤集团公司重复,存在人力资源冗余浪费、机构需要精简和管理效率需要提高的问题。所以,需要机构设置简化,提高管理效率。

## 二、继续扎实深入推进企业内部经营精细化管理实施,节支降耗,提升效能

集团近几年全面开展精细化管理,对实施精细化管理的重要性和迫切性都有了深刻的认识,企业在严峻的形势下,再不能重生产、轻管理,重结果、轻过程,重控制、轻激励。通过精细化管理提升效能方面取得了显著效果。在企业当

前面临沉重经营压力的情况下，推进精细化管理算是一件节支降耗、提升效能的法宝。

目前随着精细化管理的不断推进，西山煤电各个管理环节将会变得科学高效，应对危机也会变得沉稳从容。经过精细化管理的锤炼，企业管理水准必将大为提升，经营活力必将不断焕发。集团在2013年针对精细化管理精神推出了《加强经营管理的二十条规定》，精细化管理的强力举措，其具体内容包括矿井、选煤厂、电力企业增量增效益，五麟煤焦公司、煤气化公司及多经三产、机电修造等地面生产单位要减亏，严控成本费用支出，强化内部银行贷款和内部欠款管理，严格现金流管理等。根据规定的要求，各部门各单位要层层分解指标、明确责任、落实考核，从人员、体制、素质等各方面与同行业先进企业对标，大力推行内部市场化精细管理，提效率，降成本，堵漏洞。部分单位已经制定了具体的管理办法和措施，取得了明显的经济效益。精细化管理必须结合实际情况，对企业面临的经营管理问题进行调研，诊断问题，各基层单位要采取切实措施，实现精细化管理目标。

在企业当前面临沉重经营压力的情况下，推进精细化管理是节支降耗、提升效能的有效管理手段，集团制定了《2014年经营方案》、《2014年工资分配方案》、《2014年文明和谐创建活动安排意见》、《2014年职工培训计划》具体的管理措施。同时亏损单位在管理上下功夫，把亏损降到最低；盈利单位要发挥最大能力；发电公司要加大发电力度，争取开机时间，强化成本控制，实现效益最大化；多经局、贸易公司要巩固成绩，及早安排明年物流贸易工作；机械修造单位要高标准、高起点，积极开辟市场，扩大产销，创收增效，以低成本扩张为重点突破方向，以高产业集中度抵御风险；机电系统要开展修旧利废工作，实现库存和资金占用最小化；群众路线教育实践活动要结合自身实际早安排，借助教育活动转变干部作风。

建设"千亿西山"靠提升管理。不能否认还存在着经营管理科学化水平不高、精细化程度不够、运行质量不高等问题，制约着企业转型跨越的步伐，提升管理水平还是当前的一项重要工作。今后集团公司要重点突出经营绩效考核管理、内部市场化精细管理、全方位对标管理、信息化管理、内部控制管理、资金管理、资本运作管理、风险防范管理八项管理。这八项内容涉及企业经营管理的方方面面，真正实现了由内而外、由表及里的全面管控。

## 第四节　进一步推进落实稀缺优质资源保护性开发战略管理创新

炼焦煤在国民经济发展中的作用，不仅体现在其能源属性，更重要的是它在钢铁冶炼、化工等行业的原料性质。依据炼焦煤的特有属性，在未来较长的时期内，我国对炼焦煤的需求量仍将维持在9亿～10亿吨左右。而我国炼焦煤的储量非常有限，且不可再生，是稀缺的战略资源，存在一定的资源风险。西山煤电集团拥有丰富的炼焦煤储量，是中国和山西省重要的主焦煤生产基地。按2010年炼焦煤可采储量及产量计算，炼焦煤最高可采年限约61年，其中焦煤可采48年，肥煤可采57年，对这些珍贵的稀缺资源施行保护性开发战略势在必行。作为我国稀缺优质煤炭资源——焦煤的生产基地大企业，必须对我国稀缺优质煤炭资源焦煤战略资源高度负责，实行有计划保护性开发战略，在开发顺序与开采计划中充分体现这一战略思想，保证我国稀缺优质煤炭资源——焦煤供应，实现我国煤炭资源的安全，与国民经济发展的长治久安，应进行如下稀缺优质煤炭资源焦煤管理的举措。

1. 炼焦煤作为战略资源进行保护

针对炼焦煤稀缺资源未进行立法保护的现状，应加快立法进程，对炼焦煤实行保护性统一规划、科学限产、有序开发、有效利用，禁止任何乱采滥挖和浪费行为。同时，应定期对炼焦煤资源的储量、产量及资源损失量进行核查，以科学调控开发利用总量，制止无序开发。

炼焦煤产量、价格、销售实行国家计划，按地区、煤层赋存条件、开采条件、煤种差异等制定相应的税收与补贴标准。限制炼焦煤资源出口量，增加出口关税。同时，按炼焦煤种稀缺程度分别制定不同回收率标准，禁止炼焦煤作为动力煤使用。

2. 加大技术创新力度

加大开采及洗选加工技术创新力度,提高炼焦煤资源回收率、精煤回收率;加大钢铁冶炼技术创新力度,减少炼焦煤消耗量。

3. 加大勘查力度,增加炼焦煤储备资源

加大资金投入,寻找新的炼焦煤田,并制定相关激励政策,鼓励炼焦煤老矿区进行资源勘查。

4. 加强资源开发规划和生产监管

实施严格的行业准入制度、环境准入制度;实施严格的炼焦煤指令性生产计划编制、下达和监管制度。

5. 开发国际市场,利用国际资源

针对炼焦煤用户,出台相关政策,鼓励企业进口;寻找国外优质炼焦煤资源,鼓励企业境外开发、合作,形成安全可靠的炼焦煤供应体系。

6. 提高炼焦煤产业集中度

支持大企业以资本为纽带,通过跨地区跨体制的联合、兼并、重组等方式,大力推进资源整合,提高产业集中度。

## 第五节  以煤炭资源整合开发管理创新为龙头,进一步实现资源优化整合

西山煤电集团抓住山西省大规模煤炭资源整合的历史机遇,以市场为导向,充分发挥国有大集团的优势,以 21 座生产矿井为重组整合主体,通过实物资产投资、股权投资和国有划拨等方式积极稳妥地对划定区域的小煤矿进行了重组,并从资源、资金、资产、技术、管理、人才等方面进行优化整合,提升了资源整合煤矿的安全水平、技术水平和管理水平,为西山煤电集团做大做强和可持续发展提供了强有力的支撑。西山煤电集团应以煤炭资源整合开发管理创新为龙头,进一步实现资源优化整合。

1. 发挥大集团战略优势，调整优化资本布局和产业布局，着力发展"煤炭、电力、焦化"三大"引擎"产业，走出兼并重组资源整合的规模化道路

西山煤电集团应实施跨地区、跨行业、跨所有制、跨国经营的"四跨"发展战略，按照"突出企业发展优势，能够形成生产力要素集聚的新的区位点；发挥产业链式效应，能够形成带动区域经济发展的新的增长点；适应市场经济需求，能够形成朝阳产业持续发展的新的活力点"的产业规划要求，选择"煤炭、电力、焦化"产业作为"引擎"产业，能够产生起步、带动作用的主导产业，以此为龙头，加大资源整合和产业升级的力度，在短期内实现了资本布局和产业布局的优化调整，巩固煤电焦主导产业的基础地位，拓展了资源开发疆域，完成了资源的战略储备，为大集团的科学发展和战略扩张奠定了坚实基础。

2. 认清煤炭产业的发展趋势，用好政策机遇，实施低成本扩张战略

把优化资源管理、加快资源扩张作为企业的发展战略之一，作为实现可持续发展的最根本途径加以研究、探索，开创企业低成本扩张之路。

在资源整合重点的选择上，着眼于重组、接收、改造地方小矿和扩充资源，实现跨地区经营。

在资源整合对象的选择上，坚持"五个结合"的整合策略。一是把资源整合工作与矿井利益结合起来；二是把上组煤整合与下组煤规模开采结合起来；三是把资源整合与企业经济效益结合起来；四是把资源整合与推进企业规模发展相结合；五是把资源整合工作与企业发展战略结合起来。

在资源整合方式的选择上，坚持因矿制宜，兼顾各方利益，稳步推进。对不同区位、不同资源、不同规模、不同技术的各类煤矿，区别对待，分类实施，采取不同的合作方式，充分尊重和保障所有权人的合法权益，充分尊重和保障国家、集体和当地政府、群众的合法权益。一是确定总价款，以分期付款、收购股权的方式实现绝对控股。对紧邻后备区、有扩界条件或具有战略意义的矿井采取这种方式为主。二是以自身拥有的国有大型煤炭企业品牌和煤炭安全生产各方面拥有的专有技术等无形资产入股，达到绝对控股。

3. 以扩大对外开放为契机，实现强强联合，拓展发展领域

西山煤电集团应积极参与山西焦煤集团的全球性资源整合和战略扩张，北移西进，到内蒙古、新疆等地调研考察煤炭资源情况，确定挺进新疆的资源扩张战

略;南下北上,在澳大利亚、俄罗斯寻求煤矿项目开发。在内蒙古规划建设千万吨级大型矿井;与首都钢铁集团签订了合作协议,共同开发建设河北唐山曹妃甸一期420万吨/年焦炉项目;与武汉钢铁集团达成合作意向。

4. 从资源、资金、资产、技术、管理、人才等方面进行优化整合,提升资源整合煤矿的安全水平、技术水平和管理水平

2013年,西山煤电集团围绕"34811"年度目标,即深入贯彻落实党的十八大精神,以山西省经济西山煤电集团已经制定工作会议和山西焦煤集团公司工作会精神为指导,全心全意依靠职工群众,以质量和效益为中心,牢牢把握安全、发展、民生三大主题,围绕安全生产、应对危机、转型跨越、文明创建四件大事,八轮驱动,完成十大指标,办好十件实事,向着三年千亿赶超目标奋力迈进,为"安全焦煤、百年焦煤、十强焦煤、美丽焦煤"建设勇立新功。全年再次实现安全"零"目标;生产原煤4676.5万吨,比考核指标增加202.5万吨;精煤1883.3万吨,比考核指标增加53.3万吨;销售收入865亿元,比考核指标增加115亿元。

2014年的总体思路是稳中求进,以质量效益为中心,以改革创新为动力,坚持"34811"工作目标,正确处理好应对危机和长远发展的关系,守住安全、环保、稳定的红线,保住生产不停、资金不断、工资正常发放的底线,坚定信心,迎难而上,为实现千亿集团的西山梦而努力奋斗。

2014年七项重点工作:一是抓三基治本攻坚,坚决实现安全生产;二是重环保节能减排,建设生态文明企业;三是挖内潜增量增效,实现规模效益提升;四是强管理双效并举,提升整体盈利水平;五是抓关键项目提速,加快转型跨越发展;六是破瓶颈深化改革,激发创新创造活力;七是倡新风求真务实,优化企业发展环境。

同时,亏损单位在管理上下功夫,把亏损降到最低;盈利单位要发挥最大能力,为企业做贡献;发电公司要加大发电力度,争取开机时间,强化成本控制,实现效益最大化;多经局、贸易公司要巩固成绩,及早安排明年物流贸易工作;机械修造单位要高标准、高起点,积极开辟市场,扩大产销,创收增效,以低成本扩张为重点突破方向,以高产业集中度抵御风险;机电系统要开展修旧利废工作,实现库存和资金占用最小化。

# 第十章 西山煤电资源开发与企业管理创新模式经验总结与决策参考

西山煤电集团不断创新发展资源开发新思维和新方法,已构建起以"煤炭开采为基础,煤与非煤有机结合、资源高效循环利用的多元化产业"为核心的资源开发体系,引导西山煤电集团资源开发工作快速发展,全面提升。在"千亿西山"战略目标的指引下,以靠主业增量,靠非煤增效,全面提升资源开发管理水平,创新资源开发新模式,管理水平获得快速提升。作为中国规模最大、世界知名的优质炼焦煤生产企业和炼焦煤市场的主供应商,西山煤电集团坚持建设具有西山煤电特色的资源开发管理的模式,实现企业的绿色转型、跨越发展。

# 参考文献

[1] 邓峰. 整合矿产资源实现资源利用最优化 [J]. 国土资源, 2008 (2): 25.

[2] 胡文国, 吴栋, 李乐夫. 我国煤炭行业管理体制研究 [J]. 煤炭经济研究, 2006 (6): 23.

[3] 刘铁华. 浅论我国资源安全战略新思维 [J]. 中国矿业, 2009 (9): 6-8.

[4] 蔡莉, 熊文, 高山. 大企业集团风险投资的模式选择及风险效用决策模型分析 [J]. 吉林大学学报 (工学版), 2003, 33 (3): 72-76.

[5] 陈佳贵. 培育和发展具有核心竞争力的大公司和大企业集团 [J]. 中国工业经济, 2002 (2): 5-10.

[6] 中国煤炭工业协会. 以精细化管理为切入点全面推动煤炭企业管理创新 [J]. 中国煤炭工业, 2008: 16-18.

[7] 刘彦岭. 对企业实现精细化管理的思考 [J]. 产业与科技论坛, 2008 (4): 240-241.

[8] 郄自成, 孙学军. 新形势下煤矿企业精细化管理工作初探 [J]. 当代矿工, 2007 (12): 40.

[9] 郭云涛, 严国荣. 借鉴国外经验, 组建我国大煤炭企业集团 [J]. 中国煤炭, 2003 (1): 6-8.

[10] 张幼蒂, 姬长生. 煤炭集中化开采与集约化经营 [J]. 煤炭学报, 2003 (10): 454-458.

[11] 宋华岭, 金智新, 李金克. 企业管理系统复杂性评价的三维尺度模型

建模与实证研究 [J]. 管理工程学报, 2006 (1): 103-108.

[12] 严天科, 张烁, 李德政. 我国煤炭行业结构现状及与主要产煤国家的差距 [J]. 中国煤炭, 2000 (4): 28-33.

[13] 康纪田, 刘卫红. 全国性煤炭资源整合的效率分析 [J]. 中国能源, 2009 (7): 19-21.

[14] 原俊恩. 煤炭资源整合是社会发展的需要 [J]. 山西煤炭, 2009 (3): 1-2.

[15] 马志贤等. 煤炭企业煤基多元发展及产业链延伸研究 [J]. 煤炭经济研究, 2009 (12): 15-16.

[16] 刘海滨, 王立杰. 我国煤炭资源综合开发布局与模式研究 [J]. 自然资源学报, 2004, 19 (3): 401-406.

[17] 张金锁, 姚书志, 齐琪, 张伟. 我国煤炭资源安全绿色高效开发研究综述 [J]. 资源与产业, 2013, 15 (2): 73-78.

[18] 王再岚, 吴苏海, 智颖飙, 路战远, 李淑芳. 鄂尔多斯煤炭资源开发可持续发展研究 [J]. 科学管理研究, 2005, 23 (6): 36-38.

[19] 杨佳泉. 海外煤炭资源开发战略研究 [J]. 中国煤炭, 2009, 35 (4): 116-118.

[20] 马蓓蓓, 鲁春霞, 张雷. 中国煤炭资源开发的潜力评价与开发战略 [J]. 资源科学, 2009, 31 (2): 224-230.

[21] 郑文升, 王晓芳, 丁四保. 蒙东地区与东北三省煤炭资源开发的区域合作研究 [J]. 人文地理, 2010 (5): 92-96.

[22] 罗景一, 牛建英. 我国煤炭资源开发利用中某些问题的探讨 [J]. 中国煤田地质, 2006 (3): 6-10.

[23] 李慧智. 新疆煤炭资源开发思路与建设水平探讨 [J]. 煤炭工程, 2012 (S2): 4-6.

[24] 胡青江, 罗强. 新疆煤炭资源开发及其可持续发展分析 [J]. 前沿, 2013 (14): 100-101.

[25] 金智新. 煤矿可持续发展工业生态共生系统研究 [J]. 中国矿业, 2008, 17 (5): 29-32.

[26] 周海魂, 黄新兰. 新疆煤炭资源开发与生态环境保护[J]. 中国煤炭, 2011(6): 16-19.

[27] 耿殿明, 宋华岭. 矿区可持续发展的战略模式与实现途径[J]. 中国煤炭, 2005, 31(1): 25-26.

[28] 刘立波, 李士金, 沈玉志. 煤炭企业发展循环经济产业链模式研究[J]. 价值工程, 2009, 5(28): 77-79.

[29] 黄清. 试论资源产业发展的循环经济模式建构[J]. 煤炭经济研究, 2005(4): 22-23.

[30] 王如松, 杨建新. 产业生态学和生态产业转型[J]. 世界科技研究与发展, 2000(5): 24-31.

[31] 张象枢. 人口、资源与环境经济学[M]. 北京: 化学工业出版社, 2004.

[32] 孙国强. 循环经济的新范式[M]. 北京: 清华大学出版社, 2005.

[33] 金智新, 沈玉志, 宋华岭. 可持续发展的因素分析及同煤集团应对措施[J]. 集团经济研究, 2007(1): 20-21.

[34] 魏一鸣, 傅小锋, 陈长杰. 中国可持续发展管理理论与实践[M]. 北京: 科学出版社, 2005.

[35] 耿殿明. 矿区可持续发展研究[M]. 北京: 中国经济出版社, 2004.

[36] 宋华岭. 企业管理系统复杂性评价的三维尺度模型建模与实证研究[J]. 管理工程学报, 2006(1): 103-108.

[37] 宋华岭, 金智新. 科学方法论研究——组织复杂科学的基本方法与主要工具[J]. 山东工商学院学报, 2005, 19(5): 106-111.

[38] 宋华岭, 温国锋, 李金克, 张漪. 基于信息度量的企业组织系统协同性评价[J]. 管理科学学报, 2009(3): 22-36.

[39] 唐方成, 马骏, 席酉民. 和谐管理的耦合机制及其复杂性的涌现[J]. 系统工程理论与实践, 2004, 11: 68-75.

[40] 乾泉. 中国和谐哲学的构建与使命[EB/OL]. http://www.china-efe.org/article/article_show.php?article_id=1774.

[41] 陈引亮. 矿区工业生态经济[M]. 北京: 煤炭工业出版社, 2005.

[42] 循环经济和清洁生产战略与机制课题组. 中国推进循环经济和清洁生产的战略与机制研究 [R]. 2003: 210-234.

[43] 金智新, 宋华岭. 同煤集团可持续发展综合评价 [J]. 山东工商学院学报, 2009, 4 (23): 25-32, 45.

[44] 陈玉和, 孙广义. 可持续发展理论与中国矿区可持续发展模式研究 [M]. 徐州: 中国矿业大学出版社, 2002.

[45] 刘敏, 牟俊山. 煤炭生态经济系统研究 [J]. 煤炭经济研究, 2003 (9): 10-13.

[46] 晚春东. 基于生态经济理论的矿区可持续发展研究 [D]. 哈尔滨工业大学, 2004.

[47] 穆东, 黄卜龙. 关于建立矿产资源开采专项环境基金的研究 [J]. 中国软科学, 2001 (8): 3-7.

[48] 李金峰, 于建君, 曹永平. 煤炭行业如何走循环经济之路 [J]. 煤炭经济研究, 2005 (11): 19-22.

[49] 周仁, 任一鑫. 煤炭循环经济发展模式研究 [J]. 煤炭经济研究, 2004 (1): 23-24.

[50] 王兆华等. 基于生态学的工业共生模式比较研究 [J]. 科学学与科学技术管理, 2002 (2): 66-69.

[51] 赵炳贤. 资本运营 [M]. 北京: 企业管理出版社, 1997.

[52] 王成, 李经伟. 新汶矿业集团发展循环经济的探索与实践 [J]. 煤炭经济研究, 2004 (5): 64-66.

[53] 周文宗等. 生态产业与产业生态学 [M]. 北京: 化学工业出版社, 2005.

[54] 刘成武, 杨志荣, 方中权等. 自然资源概论 [M]. 北京: 科学出版社, 2002.

[55] 封志明. 资源科学导论 [M]. 北京: 科学出版社, 2004.

[56] 张庆祥, 孙振泽. 资源整合方法论 [M]. 北京: 人民武警出版社, 2007.

[57] 金建国. 企业无形资源的相关问题探析 [J]. 企业管理, 2001 (8):

79-82.

[58] 陈政立. 道论 [M]. 北京: 中国经济出版社, 2005: 127-137.

[59] 刘强达. 基于资源整合的物流企业技术创新研究 [D]. 中国海洋大学管理学院, 2009: 1-59.

[60] 国家安监局煤矿安监局. 关于加强煤矿安全生产工作, 规范煤炭资源整合的若干意见. 2006.

[61] 金智新. 和协管理理论与实践——煤矿资源开发循环技术与循环经济体系和协模式研究 [M]. 北京: 企业管理出版社, 2011.

[62] 严红卫. 煤炭资源整合中一些问题的思考 [J]. 中国矿业, 2007, 16 (12): 29-30.

[63] 崔得桥, 王广玲. 浅析煤炭资源整合过程中的人力资源整合 [J]. 煤矿现代化, 2008 (50): 9-10.

[64] 闫凌云, 王瑞华. 煤炭企业并购中的财务风险探析及防范 [J]. 煤, 2009 (2): 74-76.

[65] 高建国. 煤炭并购项目后评价内容与方法 [J]. 陕西煤炭, 2009 (1): 35-36.

[66] 李立明. 煤炭资源整合中的财务风险防范 [J]. 会计之友, 2009 (30): 7-8.

[67] 李永增. 送小煤矿退出历史舞台 [J]. 中国石油石化, 2009 (18): 29.

[68] 刘文国, 武勇, 储强. 岂容煤炭资源如此浪费 [N]. 中国矿业报, 2007-12-01.

[69] 赵秋艳. 浅析当前俄罗斯经济中的"新国有化"趋势. 俄罗斯中亚东欧市场 [J]. 2006, (7): 13-16.

[70] 付庆云, 兰月, 王威. 世界主要国家能源供需现状和政策分析 [M]. 北京: 地质出版社, 2008.

[71] 吴易风. 西方国家的国有化与非国有化. 福建论坛: 经济社会版 [J]. 2001 (9): 10-15.

[72] 山西焦煤集团课题组. 旗帜引领方向——科学发展观在山西焦煤的实践 [M]. 太原: 山西人民出版社, 2010.

[73] 卫志明. 政府干预的理论与政策选择 [M]. 北京: 北京大学出版社, 2006.

[74] 徐滢. 一战时期英国煤矿改制观点述评. 今日财富 [J]. 2009 (11): 182.

[75] 贾彩彦. 中美国有化的历史比较分析——对危机下"国进民退"的思考. 中州学刊 [J]. 2010 (1): 48-52.

[76] 牛仁亮. 山西省煤炭开采对水资源的破坏影响及评价 [M]. 北京: 北京科学技术出版社, 2003.

[77] 山西省水利厅. 山西省水利统计年鉴 [M]. 2007.

[78] 曹金亮. 山西省煤炭资源开发对生态环境损害评估 [J]. 地质通报, 2009, 28 (5): 685-690.

[79] 吴德建, 武爽, 严家程. 煤炭资源整合存在问题及几点建议 [J]. 山东煤炭科技, 2008 (6): 165-167.

[80] 吴永平. 基于我国能源安全战略——煤炭资源安全战略研究 [M]. 北京: 煤炭工业出版社, 2008.

[81] 葛振华. 国外矿产资源保护政策研究及对我国的启示 [J]. 国土资源情报, 2003 (1): 17-19.

[82] 时寒冰. 当前世界战略资源战争中, 我们处于何位? [J]. 关注, 2009 (2): 16-19.

[83] 宋华岭, 金智新, 耿殿明等. 论我国煤炭储备与供应国际化延伸战略 [J]. 中国软科学, 2005, (3): 18-97.

[84] 人民日报. 看各国如何储备战略资源确保国家安全 [EB/OL]. 2009-07-03. http://www.gxnews.com.cn/staticpages/20090703/newgx4a4d5215-2137664-5.shtml.

[85] 席来旺, 于青. 世界各国如何储备战略资源 [J]. 资源论坛, 2009 (7): 4-5.

[86] 山西省煤炭管理条例 [EB/OL]. 2001-01-12. http://www.chinasafety.gov.cn/file/fgmt/aqfg31.htm.

[87] 山西省煤炭资源整合和有偿使用办法 [EB/OL]. 2008-03-17. ht-

tp://www.shanxigov.cn.

[88] 山西省人民政府关于加快推进煤矿企业兼并重组的战略部署文件[EB/OL].2008-10-16.http://www.shanxigov.cn.

[89] 山西省人民政府关于进一步加快推进煤矿企业兼并重组整合有关问题的通知[EB/OL].2009-04-27.http://www.shanxigov.cn.

[90] 山西省煤矿企业兼并重组整合方案编制提纲[EB/OL].2009-12-21.http://www.shanxigov.cn.

[91] 山西省人民政府印发山西省煤炭企业办矿标准暂行规定的通知[EB/OL].2008-03-31.http://www.shanxigov.cn.

[92] 宋晓倩,郝占刚.东西部煤炭企业资源整合的经济学分析[J].煤炭经济研究,2008(11):38-41.

[93] 李永清,宋晓倩.东西部煤炭企业资源整合的条件及障碍[J].管理学报,2008,5(5):759-761.

[94] 宋晓倩.煤炭企业优势资源整合与竞争力构建[J].煤炭经济研究,2008(5):11-13.

[95] 张兆响,廖先玲,王晓松,宋晓倩.基于协整关系的中国区域煤炭消费与经济增长比较研究[J].资源科学,2009(6):1081-1087.

[96] 张兆响.煤炭工业和我国能源发展的战略选择[J].中国能源,2000(12):20-26.

[97] 张兆响,耿殿明,姜文芹.煤炭企业改革发展论[M].北京:中国广播电视大学出版社,2000.

[98] 韩智勇,魏一鸣,焦建玲等.中国能源强度与经济结构变化特征研究[J].数理统计与管理,2004(11):1-6.

[99] 张怀新.中国煤炭的约束与扩张[J].煤矿现代化,2005(1):1-3.

[100] 毛节华,许惠龙.中国煤炭资源预测与评价[M].北京:科学出版社,1999.

[101] 纪成君,刘宏超.中国煤炭产业市场结构分析与产业组织政策[J].中国软科学,2002,1:24-27.

[102] 潘伟尔.中国煤炭产业结构调整分析[J].中国煤炭,2002,1:

12 - 16.

[103] 周梅华. 论地方煤炭企业整合中的政府功能 [J]. 煤炭经济研究, 2002, 12: 27.

[104] Steven W. Pack. Industial Ecology: From Theory to Prsctice [EB/OL]. http://newcity.ca/pages/industrial - ecology.html.

[105] JinZhi - xin, Yu Hong, Yu Bin, Song Hualing. Back - and - forth Mining for Hard and Thick Coal Seams—Research About the Mining Technology for Fully Mechanized Caving Working Face of Datong Mine [J]. Journal of Coal Science & Engineering (China), 2005, 1.

[106] Michael A. Hitt, Leonard Bierman, Katsuhiko Shimizu & Rahul Kochhar. Direct and Moderating Effects of Human Capital on Strategy and Performance in Professional Service Firms: A Resource - Based Perspective [J]. The Academy of Management Journal, Vol. 2001, 44 (1): 13 - 28.

[107] Wu Haifeng, Jin Zhixin, Bai Xijun. Research of Database - based Modeling for Mining Management System [J]. Journal of Coal Science & Engineering (China), 2005, 11 (1): 98 - 101.

[108] Li Jinke, Song Hualing. Geng Causality Relationship Between Coal Consumption and GDP: Difference of Major OECD and Non - OECD Countries [J]. Applied Energy, 2008 (85): 421 - 429 (SCI index).

图书在版编目（CIP）数据

煤炭资源开发整合管理创新模式与实证研究/宋华岭，张漪，韩丽丽著．—北京：经济管理出版社，2014.12
ISBN 978-7-5096-3520-9

Ⅰ.①煤… Ⅱ.①宋… ②张… ③韩… Ⅲ.①煤炭资源—资源开发—研究—中国 ②煤炭资源—资源管理—研究—中国 Ⅳ.①F426.21

中国版本图书馆 CIP 数据核字（2014）第 283711 号

组稿编辑：申桂萍
责任编辑：申桂萍　赵晓静
责任印制：黄章平
责任校对：赵天宇

出版发行：经济管理出版社
（北京市海淀区北蜂窝 8 号中雅大厦 A 座 11 层　100038）
网　　址：www.E-mp.com.cn
电　　话：(010) 51915602
印　　刷：北京晨旭印刷厂
经　　销：新华书店
开　　本：720mm×1000mm/16
印　　张：14
字　　数：228 千字
版　　次：2014 年 11 月第 1 版　2014 年 11 月第 1 次印刷
书　　号：ISBN 978-7-5096-3520-9
定　　价：49.00 元

·版权所有　翻印必究·
凡购本社图书，如有印装错误，由本社读者服务部负责调换。
联系地址：北京阜外月坛北小街 2 号
电话：(010) 68022974　邮编：100836